物院学子看社会

——北京物资学院思想政治理论课大学生社会实践调研报告（2013 年）

主　编　李邢西　高书文

副主编　张震环　高亚春　李淑文
　　　　冯凡彦　崔志宏　王志利

中国财富出版社

图书在版编目（CIP）数据

物院学子看社会：北京物资学院思想政治理论课大学生社会实践调研报告：2013 年 / 李邢西，高书文主编 . —北京：中国财富出版社，2014.7

ISBN 978－7－5047－5204－8

Ⅰ. ①物… Ⅱ. ①李… ②高… Ⅲ. ①北京物资学院—大学生—社会实践—调查报告 Ⅳ. ①G642.45

中国版本图书馆 CIP 数据核字（2014）第 093467 号

策划编辑	王宏琴	**责任印制**	何崇杭
责任编辑	戴海林　苏　娜	**责任校对**	饶莉莉

出版发行	中国财富出版社（原中国物资出版社）		
社　　址	北京市丰台区南四环西路 188 号 5 区 20 楼	**邮政编码**	100070
电　　话	010－52227568（发行部）		010－52227588 转 307（总编室）
	010－68589540（读者服务部）		010－52227588 转 305（质检部）
网　　址	http：//www.cfpress.com.cn		
经　　销	新华书店		
印　　刷	北京京都六环印刷厂		
书　　号	ISBN 978－7－5047－5204－8/G·0578		
开　　本	710mm×1000mm　1/16	**版　　次**	2014 年 7 月第 1 版
印　　张	22	**印　　次**	2014 年 7 月第 1 次印刷
字　　数	383 千字	**定　　价**	45.00 元

前言

思想政治理论课是对大学生系统地进行思想政治教育的主渠道，承担着培养社会主义事业合格建设者和“四有”公民的历史责任。如何抓好思想政治课教学，落实好思想政治课“三进”要求，使之成为学生真心喜欢、终身受益的课程是一个极为迫切的课题，而开展实践教学已成为各高校破解教学难题的一种有益的尝试。2005 年中共中央宣传部、教育部 5 号文《关于进一步加强和改进高等学校思想政治理论课的意见》（以下简称《意见》）强调：“要加强实践教学。高等学校思想政治理论课所有课程都要加强实践环节”。这一指示明确指明了思想政治理论课进行实践教学的必要性与重要地位。《意见》进一步指出：“要建立和完善实践教学保障机制，探索实践育人的长效机制。围绕教学目标，制定大纲，规定学时，提供必要经费。加强组织和管理，把实践教学与社会调查、志愿服务、公益活动、专业课实习等结合起来，引导大学生走出校门，到基层去，到工农群众中去。要通过形式多样的实践教学活动，提高学生思想政治素质和观察分析社会现象的能力，深化教育教学的效果”。实践教学是马克思主义理论联系实际的必然要求，通过实践教学可以提高思想政治理论课的现实感、吸引力和实效性，对于帮助大学生提高综合素质和增强社会责任意识，树立正确的世界观、人生观和价值观具有重要的现实意义。

为了提高思想政治课教学的实效性，响应中宣部、教育部《意见》精神，北京物资学院思想政治理论课教学与研究部统筹安排，各个教研室任课教师指导大学生理论与实践相结合，扎扎实实开展了形式活泼多样、内容丰富多彩而又行之有效的实践活动。而这其中，指导学生深入农村、城市、街道、厂矿、企业、学校进行实地调研，深刻掌握“毛泽东思想和中国特色社会主义理论体系概论”课的理论内容，进而写出调研报告，是实践教学的重要内容之一。2013 年上半年，在老师的指导下，大学生们自由组合，3 ~ 6 人为一组，对北京物资学院教学与管理问题，大学生生活、学习与就业问题，北京市通州区区域发展、交通状况与住房等问题，京郊农民就业状况问题以及其他一些社会热点问题展开了调查，结合马克思主义中国化的教学内容，写出了调研报告。这次活动，总共收到了三百多份调研报告，从其中选取了较为优秀的四十余篇结集出版。这些报告从理论的深度到文章的写作，尚显稚嫩，有许多不成熟之处，但我们可喜地看到，在调研过程中，学生们将思想政治课理论与实践紧密结合，进行了卓有成效的探索，提高了对思想政治课理论知识的认识。我们结集出版，期望以此促进思想政治课实践教学的进一步开展。

毛泽东曾说过：“实践、认识、再实践、再认识，这种形式，循环往复以至无穷，而实践和认识之每一循环的内容，都比较地进到了高一级的程度”。“没有调查就没有发言权”。实践教学在思想政治课的教学过程中占据重要地位，而社会调研作为实践的重要内容，理应得到足够的重视。此次社会调研是我校思想政治课的初步探索，其中有许多不足之处，敬请专家和同行批评指正。

李邢西

2013 年 12 月 20 日

目录

第一篇 北京物资学院教学与管理问题调研

第二篇 大学生生活、学习与就业问题调研

第三篇　北京市通州区区域发展、交通状况与住房等问题调研

第四篇　京郊农民就业状况问题调研

第五篇 其他问题的调研

第一篇

北京物资学院教学与管理问题调研

北京物资学院思想政治理论课教学现状调查报告

调查时间： 2012 年 10 月

调查地点： 北京物资学院

调查目的： 了解北京物资学院思想政治理论课教学的基本情况

调查对象： 500 名北京物资学院在校大二和大三学生

调查方法： 问卷调查

调查人员： 郭路路　吴英豪　马莹　周健夫　程艳　徐程儒　邓如柯

调查分工： 郭路路、马莹设计表格

吴英豪等负责问卷发放、回收、统计和分析

前言

目前，我国大学生对思想政治理论课普遍缺乏兴趣，这与教学缺乏针对性、实效性以及模式化的授课方式直接相关。为了能够让思想政治理论教学与时俱进，不断增强学生的兴趣，提高教学的感染力和吸引力，青年马克思主义协会受思想政治教研部委托，利用问卷调查的方式，对我校的 500 名学生进行了调查，以了解我校思想政治理论课教学的基本情况。

本次调查的对象主要是大二和大三的学生，因为他们正在接受或已经系统地学完了思想政治理论课的全部课程。此次调查共发放问卷 500 份，收回问卷 456 份，有效问卷 456 份。调查问卷共设计 15 个问题，主要涵盖了学生对思想政治课的兴趣、对思想政治课任课教师的看法以及建议等。此报告以图文和表格方式直观介绍了调查结果，同时对结果所反映的问题进行分析，

最终基于调研结果提出了一些改善教学效果的建议。

一、调查结果介绍与分析

本次调查主要从以下几方面对思想政治课的现状和学生的建议进行了解，调查结果主要以图表的方式进行展示，结合文字说明，以直观明了的方式呈现给读者。在每一个调研结果之后紧接着进行简单分析，分析结果背后所反映的事实，从而为后面得出结论和建议提供依据，奠定基础。

（一）对学生感兴趣课程情况的调查

1. 调查结果

思想政治课共有四门课程，分别为《思想道德修养与法律基础》《马克思主义哲学基本原理》《毛泽东思想和中国特色社会主义理论体系概论》和《中国近现代史纲要》。每门课受学生欢迎程度如图1所示。

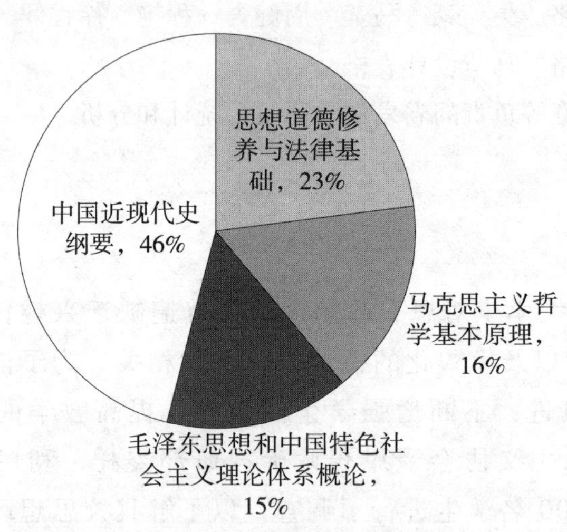

图1　每门课受学生欢迎程度

一门课程受欢迎程度与什么因素相关呢？图2给出了相关答案。

从图1可知，最受学生欢迎的课程是《中国近现代史纲要》，将近有一半的学生持此观点，受欢迎程度占受访学生的46%。

图2显示，学生喜欢某一门政治课的主要原因是基于任课教师的课堂感染力，占比为24.9%，其次为教学课程轻松，能够在课堂过程中鉴赏一些相

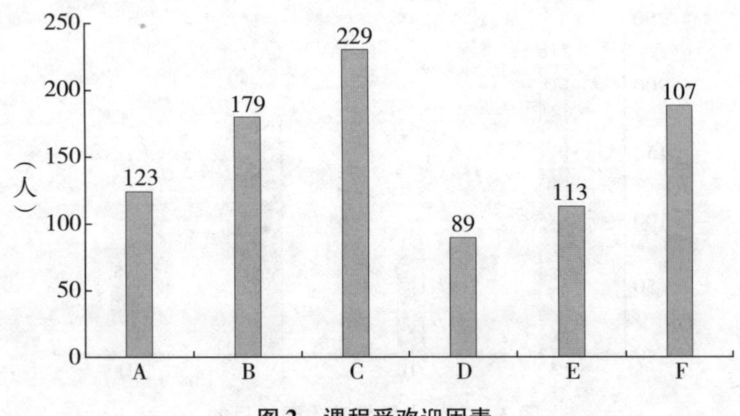

图 2　课程受欢迎因素

A：教材生动有趣；B：课程知识对自己有用；C：任课教师有个人魅力，是我喜欢的类型；D：教学过程参与度高，能够自由发表意见；E：理论联系实际，能够解决我们的思想问题；F：教学过程轻松，能够看看电影之类

关影片，占比为 20.3%。

2. 结果分析

教师对于调动学生学习本门课程的积极性具有重要作用，因此，各位老师应该着重提升个人魅力，提高学生的上课积极性。学生平均年龄为 20 岁左右，对新生事物以及现代化教学方式追求强烈，决定了他们倾向于在课程中欣赏一些相关影片。单一的授课模式已经难以满足学生的要求，老师应该与时俱进，及时利用现代技术的多样性改进教学方式，以学生感兴趣的方式进行授课，增强他们上课的兴趣。

（二）对学生上思想政治课目的的调查

1. 调查结果

作为必修课，每位学生都必须完成一定学时的思想政治课。由于具有强制性质，学生上课的目的可能各不相同，图 3 所示为学生上思想政治课的目的情况。

由图 3 可知，有 218 名受访学生表示学习思想政治课的目的是使自己的思想更为成熟，约占受访人员的一半；另有 161 名受访学生表示上课只是为了应对期末考试，拿到相应学分；而为今后入党、从政奠定基础和为考研、考公务员做准备的受访学生分别为 73 名和 55 名。

2. 结果分析

由于国际间交流越来越密切，各种文化相互激荡，且随着我国改革开放

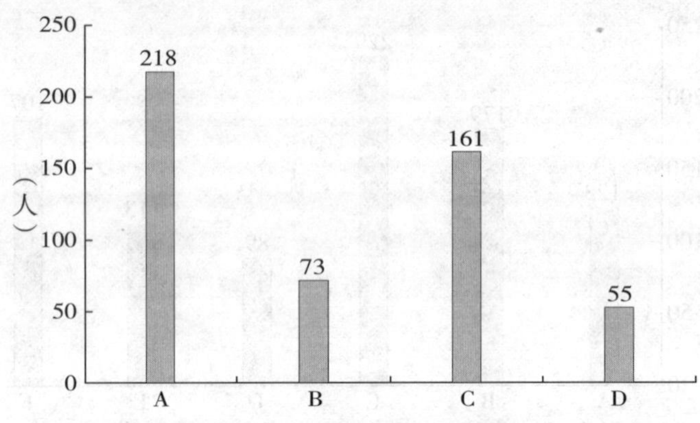

图3　学生上思想政治课的目的

A：学习思想政治理论，使自己的思想更为成熟；B：为今后的入党、从政奠定基础；C：应对期末考试、拿到相应学分；D：仅为考研、考公务员需要

的不断深入，市场经济的日益发展，西方思潮对国民日益渗透，对于大学生的思想理念有很大的影响。大学时代是人生生理、心理均逐步走向成熟的重要阶段，在这个阶段，我校大学生认为学习思想政治课的目的主要是武装自己的思想，充分证明我校大学生在思想觉悟方面有很大的优势性。但不容忽视的问题是仍然有31.8%左右的同学认为设置课程的目的是应对期末考试，拿到相应的学分。

（三）对学生上课积极性情况的调查

1. 调查结果

对学生逃课及逃课原因情况的调查结果如图4所示。

旷课问题是每位授课教师最头疼的事情，在对学生旷课情况进行的调查中，仅有8.2%的受访者承认自己在大学阶段没有缺过四门思想政治课。而在缺课原因上，有34%的受访者认为上课枯燥，实在不想去，25.8%的受访者认为是课程没有意义，不如利用时间学习实用性的东西。其他缺课原因还有社团活动等事情耽误或者受同学影响而不去。

2. 结果分析

从调研结果看出，学生缺课的主要原因是课程枯燥，由此可见，问题还是出在课程上。解决这一问题的关键还是要积极改革授课方式，以学生感兴趣的方式进行授课。

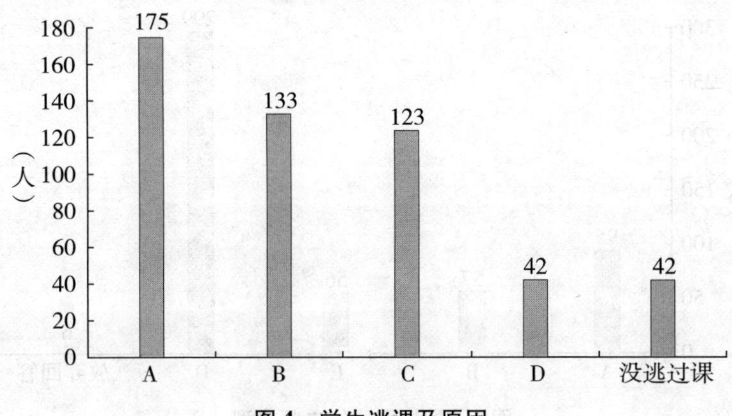

图 4　学生逃课及原因

A：上课枯燥，实在不想去；B：课程没意义，不如利用时间学习实用的东西；C：社团活动和其他个人事务繁忙；D：受室友及其他同学的影响，容易放任自己

（四）教师对学生上课积极性的影响调查

1. 调查结果

从以上第一个问题的研究结果表明，学生对思想政治课是否感兴趣，教师起着重要作用，而学生喜欢或者反感什么样的老师呢？相关调研结果如图 5 和图 6 所示。

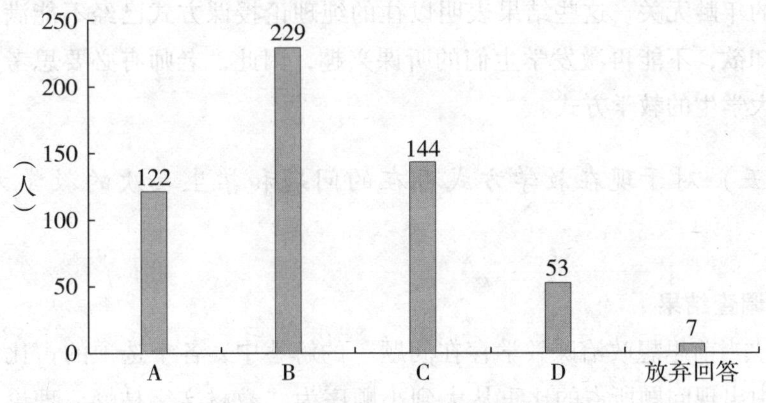

图 5　教师缺乏吸引力的原因

A：教师的言谈举止，性别，年龄，个性以及对学生的态度；B：教学方法陈旧单一，难以激发学生学习热情；C：语言表达缺乏感染力，导致课堂气氛沉闷；D：理论功底欠缺，对本学科知识把握缺乏必要的广度和深度

由图 5 和图 6 可知，教师不受欢迎的主要原因是教学方法陈旧单一，以

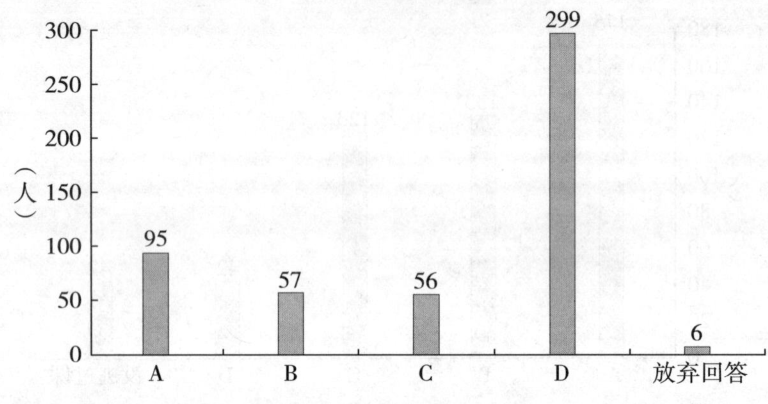

图 6　学生喜欢的老师类型

A：年轻有朝气的青年教师；B：成熟稳重的中年教师；C：经验丰富的老教师；D：幽默的教师

及言行举止缺乏感染力，难以激发学生学习热情，导致课堂气氛沉闷。而对于受欢迎老师情况的调查中，在 507 名回复的受访者中，有 299 名喜欢幽默的老师，95 名喜欢年轻有朝气的青年教师，57 名喜欢成熟稳重的中年教师，还有 56 名喜欢经验丰富的老教师。

2. 结果分析

以上调研结果显示，课程难以吸引学生兴趣的主要原因是教学方法陈旧单一，教师语言表达等上课技能欠缺；而学生普遍喜欢幽默的教师，并且这与教师的年龄无关。这些结果表明以往的纯理论授课方式已经不能满足学生们的求知欲，不能再激发学生们的听课兴趣，因此，老师有必要思考更为贴近当代大学生的教学方式。

（五）对于现在教学方式存在的问题和学生喜欢的教学方式情况调查

1. 调查结果

在“当前思想政治课教学存在问题”的解答中，各个选项的占比基本持平。其中出现问题所占的比重从大到小顺序为“教材文字枯燥，理论与现实脱节；任课教师照本宣科，缺乏创造性；灌输型的教学模式，学生参与度低；学生对课程不感兴趣，只为了应试”。具体结果如图 7 所示。

2. 结果分析

可以得出结论，纯理论教学方式已经不能适应当代社会的发展，学生越来

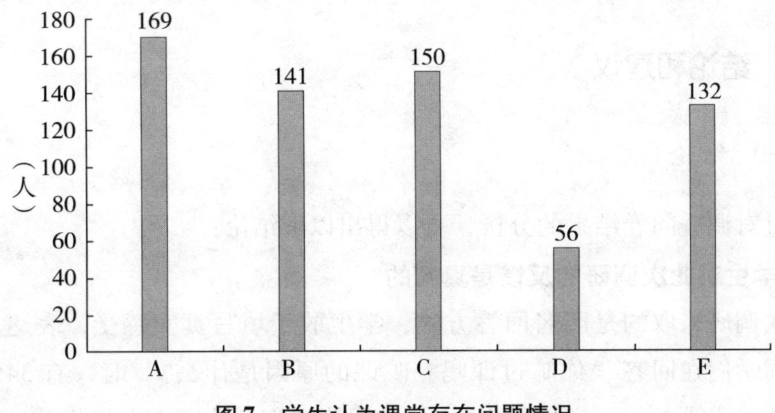

图 7 学生认为课堂存在问题情况

A：教材文字枯燥，理论与现实脱节；B：灌输型的教学模式，学生参与度低；C：任课教师照本宣科，缺乏创造性；D：学生和任课教师有代沟，沟通交流比较困难；E：学生对课程不感兴趣，只为了应试

越认同“开展课外学习及社会实践活动”“课堂材料分析和案例教学”和“交流讲座”等教学方式。其中，任课老师在授课方式上存在很大问题，大多数老师在上课时照本宣科，完全灌输式教学，或者直接按照 PPT 授课，这样的课程令人昏昏欲睡，难以引起学生们上课的热情，有必要引起各位教师的重视。

（六）学生对不满意行为情况调查

在回答“您比较满意的老师”的问题中，有一部分人拒绝回答或是已经忘记老师姓名，普遍比较喜欢的教师为：毛概老师、思修老师、近现代史老师等，学生认为，思想政治部老师应定期开展交流讲座，各位教师交流教学经验，分享心得，积极改进授课方式。调查的“最不满意教师行为”中，照本宣科、点名、上课枯燥、纯理论教学、死板、不认真备课、古板、不尊重学生、讽刺学生、总让学生回答问题、有口音、期末不划重点、对不了解的事妄下定论、故意刁难学生、直接按照 PPT 授课占据了很大比重。

（七）学生对提高思想政治课教学实效性的建议

针对这些问题，学生普遍认为教师授课应多组织实践活动，理论联系实际，采用案例分析的授课方式，增加上课的趣味性，增加与课程有关的新闻分析，讲课突出重点，上课加强师生交流，增加影视观赏，可适当介绍一些与课程有关的书籍，不能照本宣科，只是 PPT 教学，注重大学生的思想变化，与时俱进。

二、结论和建议

（一）结论

通过对调查问卷结果的分析，可以得出以下结论：

1. 学生对此次调研的反馈是真实的

这次调研采取的是匿名回答方式，学生敢于填写真实感受，表达真实想法。如同学们在回答“你旷过课吗？旷课的原因是什么？”时，有34%的受访者承认“上课枯燥，实在不想去”；在回答“您认为现在上思想政治理论课的主要目的”时，有32%的受访者认为为了“应对期末考试”，功利性较强。从这些回答中可以看出受访者并没有刻意回避对自己不利的答案，由此可以推断出受访者对此次调研的反馈是真实的。

2. 思想政治理论课是必要的

虽然很多学生感到思想政治课枯燥而无聊，但调研结果显示，有将近50%的受访者认为学习思想政治课有助于更好地武装他们的思想，使他们的思想更加成熟。这说明思想政治课有助于学生完善自己的心智，有助于学生确立正确的人生观和价值观。因此，对于处在身体和心智发展重要阶段的大学生来说，思想政治课是必要的。

3. 教师是思想政治理论课的关键

虽然思想政治理论课本身内容决定了其不容易受欢迎，但从调查结果得知，学生是否喜欢政治理论课在很大程度上与任课教师有关。诸如在提及“喜欢某一门政治课的原因”时，有27%的受访者认为是“任课教师有个人魅力”，在问到“老师上课对学生缺乏吸引力，最主要的因素”时，有41%的受访者认为教学方法陈旧单一，难以激发学生学习热情；有53%的受访者认为幽默的教师更能激发同学们上该门政治课的兴趣。而无论是教师个人魅力还是授课方式，这都取决于任课教师，因此不难看出，教师是思想政治理论课的关键。

4. 思想政治理论课的教师队伍总体上受学生欢迎

同学们在回答“您比较满意的老师”时，列举了一些他们喜欢的教师。这说明学生心里还是比较认可思想政治课教师队伍的。

5. 思想政治理论课在教学方面还有很大的改进空间

调研结果显示，同学们对教师的如下行为感到不满，如照本宣科，教学死板，不认真备课等。同时给出的建议普遍集中在：理论结合实际（如多组织实践活动、分析现实案例等），讲课要突出重点，加强师生交流，增加上课的趣味性等。这些结果说明学生对思想政治课当前的授课方式还有很大不满，思想政治课距离学生的期望还有一定距离，拥有较大的改进空间。

（二）建议

为了提高思想政治理论课的实效性，结合以上分析得出的结论，现提出以下建议：

1. 加强对授课教师的培训

调研结果显示，教师是思想政治理论课的关键，其中教师的言行举止，授课方式以及幽默感等因素对课程的影响尤其明显。鉴于目前学生对老师的期待越来越高，为了提高学生上课兴趣，增强课程效果，可以对思想政治课的教师队伍进行针对性培训，比如上课流程如何设置，锻炼语音语调，保持兴奋度和幽默感等，以及为课堂上可能出现的各种不利于教学的现象（如沉闷压抑感等）提前制定应对措施。

2. 制定一套教学标准

由于目前学生普遍反映授课方式单一、照本宣科等令课程枯燥乏味的情况严重。针对这一问题，可以在教学大纲的基础上，开发出一系列使学生感兴趣的教学模式，最终开发制定出一套既能令学生接受，又能达到效果的教学标准。比如在教学标准中增加案例分析的内容，从相关视频中提炼出授课主题，在考核方式中增加实践活动等。

结语

思想政治理论课作为一门必修课，对于处在身体和心智重要发展阶段的大学生而言具有重要作用。由以上的分析可知，授课教师对课程实效性起到关键作用，一位幽默而充满魅力的老师往往能够使学生对课程增加好感。同时，与时俱进地改变授课方式，改变以往单一枯燥、照本宣科的方式，适时引进新的模式也势在必行。思想政治理论课不受学生欢迎的现状使人感到担忧，但值得欣慰的是，大部分学生对课程仍持认可态度。如果能够提高教师队伍质量，对授课方式进行合理改进，思想政治理论课定能在学生中焕发出新生机。

（指导老师：李邢西）

关于北京物资学院教学环境的调查

调查时间： 2013年4月9日

调查地点： 北京物资学院

调查目的： 客观具体地了解本校教学环境，发扬优点，改进不足，达到学校与学生氛围和谐、共同进步的效果

关 键 词： 学校内外（周边）教学环境

调查对象： 北京物资学院在校大学生

调查方法： 问卷调查

调查数量： 发放100份，收回100份，有效率为100%

调查人员： 王蓉　王嘉维　王永仪　韩傲　柳颖　田喆

调查分工：

1. 全体组员每人提供3个问题，由田喆挑选汇总为10个问题
2. 全体组员共同参与调查，调查中王蓉、柳颖负责拍照摄像，王嘉维、王永仪负责发放及回收问卷，田喆负责整理问卷
3. 全体组员每人撰写各自的心得体会
4. 由韩傲完成后期PPT制作及资料整理
5. 全体组员共同完成调研报告

前言

现在的大学生越来越多，在以后的生活和工作中会面临着严重的社会压力和自然压力，因此，我们要在大学中培养其良好的学习和生活习惯，争取在大学中学到更多的知识。而学校的教学环境直接影响到其能否正常地学习和生活。学校教学环境作为学生校园生活的重要组成部分，是学生学习生活的重要保障。为此，我们小组对北京物资学院的教学环境进行了调查。

一、图书馆建设

图书馆是大学校园里最重要的设施之一，是重要的人才培养基地，是莘莘学子课余生活中首选的精神归宿，所以图书馆的优化建设显得尤为重要。

调查数据显示：43%的同学对图书馆藏书数量和种类提出了很多具体问题，30%的同学觉得馆内空气流通情况较差，70%同学对占座情况反响很大，此情况尤以考前复习阶段较为严重。针对占座问题，我们进行了具体的询问。其中，63%的同学认为占座不应该，这样做不仅浪费了学习资源，还影响了其他同学的学习，20%的同学认为占座可以理解，16%的同学对占座行为持无所谓的态度。由此来看，大部分同学是反对占座行为的。对此，我们建议相关部门积极宣传文明使用图书馆资源，不占座，同时采取相关有效措施从根本上解决占座现象。

二、教师教学工作

学习是大学生的主要任务。老师的教学方式、教学态度等对学生的学习具有重要影响，师生之间的良好沟通对双方具有重要作用。因此我们针对老师的教学方式进行了调查。

数据调查显示70%的同学认为老师应该更好地调动课堂气氛，60%的同学认为老师应该加强与学生的沟通，10%的同学认为老师的教学态度有待提高。

三、食堂建设

古人云：“民以食为天”，马克思也充分阐述了人只有在衣食住行得到满足过后，才可能进一步地发展自己。而在当今的大学里，食堂与学生群体之间也存在着复杂的关系，基于食堂对学生群体生活影响的重要性，我们对学校三个食堂的现状、存在的问题以及改进措施三个方面作出充分调查，并进行分析，进而提出一定的建议。

此次调查我们力求做到真实客观，同时，我们更多地从学生的角度来阐述，因为学生才是大学的主体。因此，我们开展的调查，主要从学生对食堂的具体情况入手，包括学生对学校食堂的饭菜口味、服务质量、价格、卫生状况、对食堂的意见和建议等方面。在调查中，我们发现，食堂和学生之间存在着矛盾，一方面学生对食堂存在很大的异议，另一方面食堂工作人员因自己辛苦的工作没有得到认可而困扰。此次调查一方面力求对现状有一个客观真实的报道，另一方面则提出了改进措施。我们的调查仅是一种尝试，但对现状的改进也有一定的参考意义。

通过我们的观察和对食堂工作人员的问卷调查和走访，我们得出一些结论，具体为：同学认为食堂饭菜不合胃口，所以大多数选择出去吃；还有同学认为食堂工作人员服务态度不好、吃饭环境差。根据对调查结果的整理和认真分析，我们针对上述问题提出以下五点建议：

1. 大学生要提高自身修养，养成良好的卫生习惯

大学生要养成良好的卫生习惯，打饭自觉排队，自觉使用一卡通，主动放回用后的餐具。学生一直以来都没有自觉排队，有的学生在高中就读时有自觉主动的排队习惯，但是到大学每个人都不排队也就慢慢放弃排队这一良好的习惯了。我们建议学校学生组织（例如学生会等）在食堂张贴一些提示，学生会自觉主动地形成排队的习惯。只要大家养成排队打饭的习惯，不仅食堂吃饭有秩序了，也可以缓解吃饭拥挤的问题。

2. 食堂工作人员严格遵守卫生标准，进一步提高食堂饭菜的卫生和质量

建议如下：第一，食堂饭菜的选料要好，无变质食品。第二，米、菜一定要洗干净。第三，丰富菜品，努力让不同口味的同学有不同的选择。学生饮食习惯都不一样，建议学校食堂可以提供不同口味的饭菜，例如北方口味稍重与南方偏好清淡、辣的与不辣的菜、面食与米饭等。第四，要加强对工作人员的服务态度进行培训，可评选出每周服务明星，以资奖励。

3. 加强对食堂的统一管理

这样既可以控制食堂卫生又可以培养学生一日三餐的正常饮食习惯。打饭付费统一使用一卡通，这样做一方面很好地节省了服务员找钱的时间，缓解了拥挤问题；另一方面也有效地避免了服务员接收钱款后触摸食物造成的卫生问题，一定程度上加强了卫生保障；统一安排食堂清洁卫生，分工明确，责任到位；统一餐具的使用，这不仅能更快更好地回收餐具，也方便餐具的清洁消毒。

4. 学校加强监管，建立奖罚机制

我们建议学校对食堂进行定时或不定时的检查、抽查，设立投诉信箱，狠抓卫生。学校对不符合要求的承包者及卫生服务人员给予严厉惩罚，对先进者给予表扬和激励。

5. 培养学生良好的饮食习惯，提倡健康按时饮食

通过调查了解到很多同学经常不吃早餐，长此以往会影响身体健康、智力的发展。为了学生有更好更健康的身体，德智体的全面发展，学校要加强健康饮食的宣传，提高学生的饮食素质。

食堂是学生集中就餐的地方。食堂饭菜质量卫生的好坏直接关系到学生的身体健康。良好的就餐环境有助于愉快地饮食，更好地学习。同学们热切希望学校有关监管部门加强对食堂工作的监管，不过这更需要同学们积极配合食堂工作人员的工作。

由此我们得出结论：北京物资学院食堂整体情况为一般或不理想，存在问题为分量少，菜品单一，服务不尽如人意，口味及营养方面有所欠缺。但大部分同学还是比较满意的。

四、校园网建设

我们现在都处在信息时代，网络对于学校教师及同学都是非常重要的。为此，我们针对学校校园网问题进行了一番调查。调查结果表明，高达80%的同学对校园网建设不太满意，比如网络连接不上、连接运行速度慢等问题，同时一部分同学也主动给校方提出了许多建议。

1. 进一步提高校园网络基础设施的水平

绝大多数同学提出，虽然安装了校园网，但仍然满足不了广大学生上网的需要，并且还存在着资源分散的问题。校方做得到位的地方是将校园网引入学生宿舍，使学生便于在宿舍进行网上学习，而且图书馆借阅书籍时能够检索及自由连入网络终端，使查阅书籍效率提高。但在此问题上，学生认为学校网络应扩大校内资源开放度，开放各院各系服务器，在重点办公室、工作室及实验室之间组建高带宽网络，以利于开展专门的技术论坛，实现资源共享。

2. 加强校园网络信息资源的开发

在此方面，学校建立了较完善的 FTP 站点，学生可以下载最新的软件以供学习和使用。但也有学生提到，目前在校园网络信息资源方面存在信息内容太少、信息更新慢、关于专业及科研方面的信息缺乏。针对这些问题，有学生指出，可以将学校的宣传版制成网页，多多利用学校和各院各系的主页以及部分学生主页，同时定期推荐好的网址，指导学生正确上网。

3. 普及使用网络知识

普及使用网络的知识，是接受调查的同学呼声最强烈的内容之一。他们提出，影响自己上网的积极性与效率的主要障碍，是对网络缺乏详细的了解，而目前一些网络知识讲座，因缺乏系统性而达不到很好的效果。因此他们希望学校能将网络培训作为一个经常性的建设计划，通过多组织一些网络知识讲座和选修课，或将网络应用渗透到有关课程中，来提高学生使用网络的水平。另外，在注意传授网络应用知识的同时，还应加强网络素质教育，注意网络使用的道德规范，使学生在上网时能够进行比较好的自我管理。

4. 促进网络在教育中的应用

学生反映，目前校园计算机网络的应用范围还偏窄，在以教学科研为主的大学中，并未充分发挥出它在教育学术上应有的作用。学生提出，首先，要将网络应用到教学中去。大部分同学提出，在加快教学软件开发的同时，应加强其在教学中的应用，尝试用网络教学代替部分课程，以改善目前的教学方式；应调动教师利用网络进行教学的积极性，在教师中间普及网络教学的基本知识，使他们能在网上提供更多的有用信息，例如将教学讲义在网络上发布；其次，应利用网络加强学生与教师的联系与交流。在校园网上开辟教师网页，教师也可以走进网络去了解学生，师生之间可通过 E－mail 等方式促进沟通，也可通过网络收发作业、进行学术思想交流；最后，要将网络应用到学校管理中。一方面学校可利用网络收集学生对学校事务的建议及学生关注的问题；另一方面，学生可以利用网络了解学校的形势、政策。

结语

通过此次对北京物资学院教学环境的调查，我们发现学校的教学环境整体上还是不错的，大多数同学对此都很满意，但是也有很多需要改进的地方，我们主要针对存在的问题进行调查并提出我们的建议。同学们也呼吁校方采取相关措施，让学生能够在更好的环境中学习生活。

附录

关于北京物资学院教学环境的调查

同学你好！相信你在北京物资学院度过了你的美好时光。为了使学校为学生提供更好的教学环境，学生能够更好的学习、生活，我们对在校大学生进行问卷调查，希望能够得到你的支持。

问卷以不记名方式填写，希望你能直接表明你的真实看法和态度，以使我们获得较为准确的信息和资料。一般问题均为择一，请在赞同的答案题号上画圈；个别问题需要多项选择，请注意排序；有些问题需要费些笔墨，请在横线处用文字说明。占用了你的宝贵时间，谨此致歉！致谢！

1. 你觉得学校的绿化环境怎么样？

A. 不好　B. 一般　C. 好　D. 非常好

2. 你对学校草坪的看法：

A. 给大家休息用的可以坐

B. 可以适当坐一下，如在拍照的时候

C. 严禁践踏草坪

3. 你觉得学校的食堂怎么样？

A. 不好　B. 一般　C. 好　D. 非常好

4. 你觉得学校的图书馆藏书多吗？

A. 不多　B. 一般　C. 比较多　D. 非常多

5. 你觉得学校的德育教育开展得怎么样？

A. 不好　B. 一般　C. 挺好的　D. 非常好

6. 你觉得学校的校园网建设得怎么样？

A. 不好　B. 一般　C. 挺好的　D. 非常好

7. 学校是否为学生建立了学科资源网站？

A. 是　B. 否

8. 你觉得学校的专业课建设怎么样？

A. 不好　　B. 一般　　C. 挺好的　　D. 非常好

9. 教师在上课时经常采用的互动方式是：

A. 教师与全班同学　　B. 教师与学生小组

C. 教师与个别学生　　D. 以上三种方式经常用

10. 你是否意识到教室抽屉内和地面上垃圾太多？

A. 是的，难以忍受　　B. 无所谓，有人打扫

C. 无意识中我也会留下　　D. 我不会留下任何垃圾

E. 不仅自己不留下垃圾，见到别人这样做也会阻止

11. 你觉得学校的体育设施建设怎么样？

A. 不好　　B. 一般　　C. 挺好的　　D. 非常好

12. 你认为学校的教学设备是否完善？

A. 不完善　　B. 一般　　C. 好　　D. 很完善

13. 你认为学校外的街道环境如何？

A. 不好　　B. 一般　　C. 还行　　D. 比较好

E. 很好

14. 你们课间通常会做什么事？

A. 写作业　　B. 学习，预习下节课知识

C. 做游戏　　D. 共同讨论

E. 其他

15. 你觉得学校关于教学环境还有哪些需要改进？

（指导老师：李邢西）

关于北京物资学院食堂和浴室情况的调查研究

调查时间： 2013 年 3 月 25 日至 2013 年 4 月 7 日
调查地点： 北京物资学院
调查目的： 调查北京物资学院学生对食堂和浴室的满意度
调查对象： 在校大学生
调查方法： 问卷调查法、抽样调查法
调查人员： 金颖（组长）　杨琪　赵悦　黄舒艺　王宝英　罗仁秀
调查分工： 金颖负责问卷设计、印制、发放、统计和分析
杨琪负责查找资料和发放问卷
赵悦负责发放问卷和 PPT 制作
黄舒艺负责发放问卷和 PPT 制作与演示
王宝英负责发放问卷和调查报告撰写
罗仁秀负责查找资料和发放问卷

前言

大学为大学生提供了一个提高学习能力、充实自我的平台，而大学中的吃饭、洗澡等日常生活细节，则成了与我们休戚相关的问题。为了了解北京物资学院的大学生对食堂和浴室的现状是否满意，有何看法，以便加强学校的后勤管理、提升同学们的生活质量，我们在 2013 年 3 月 25 日至 2013 年 4 月 7 日期间对此展开了问卷调查。

一、调查情况

问卷总数共 150 份，收回 145 份。其中，废卷 4 份，实际有效问卷共 141

份。有效问卷中，女生 106 人，男生 35 人。

针对食堂问题，有 92 人经常在潞河居（清真食堂）吃饭，有 10 人经常在京杭源吃饭，有 36 人经常在第三食堂（三食）吃饭，有 3 人选择不在食堂吃饭；在食堂里吃饭的人有 95 人，打包的人有 46 人。

针对浴室问题，有 133 人经常在学校洗澡，有 8 人不经常在学校洗澡；浴室洗澡时间调整后，有 9 人表示满意，有 103 人表示不满意，有 29 人表示没影响，无所谓；关于浴室设施问题，有很多人发现水龙头和插座都有不同程度的损坏。

二、调查情况分析

（一）关于食堂

1. 学生对食堂的选择

调查结果显示：经常在食堂吃饭的人中，有 65% 的人选择潞河居（清真食堂），7% 的人选择京杭源，26% 的人选择第三食堂（三食），2% 的人选择其他。而关于食堂价格的比较中，7% 的人认为潞河居（清真食堂）的价格较低廉，4% 的人认为京杭源的价格较低廉，89% 的人认为第三食堂（三食）的价格较低廉。

上述数据表明，大多数人认为第三食堂（三食）的价格相对低廉，但是只有较少的人选择在第三食堂（三食）吃饭，更多的人愿意在潞河居（清真食堂）吃饭。因此，在食堂的选择问题上，价格的高低，并不是影响我校学生选择食堂的主要因素，更多的学生也注重食堂的环境卫生、食品的口感味道等方面。这种情况的产生并不是偶然，这也体现了如今随着社会生活水平的提高，人们不仅仅停留在温饱的需求层次上，而更注重自身的健康和自我享受等问题。

2. 关于打包

调查结果显示在选择食堂的学生中，在食堂里吃饭的占 67%，打包的占 33%。关于同一种饭，打包与在食堂吃的饭量情况，48% 的人觉得食堂的多，13% 的人觉得打包的多，16% 的人觉得一样多，23% 的人没有注意这个问题。打包要多收 0.5～1 元的打包费，关于这个问题，有 94% 的人知道，仅有 6%

的人不知道；选择打包的原因有很多，78%的人是因为食堂人太多，没座位，12%的人是因为想回宿舍休息，3%的人是因为想直接去上下午的课，为了占座。还有7%的人有其他原因，如食堂饭味太大，太难闻，还有没人陪着去食堂，所以打包回宿舍吃等。

上述数据表明，学生普遍愿意在食堂里吃饭，说明食堂的环境能够基本满足学生的需要；但仍有33%的人选择打包。原因如下，由于食堂空间的限制，能够容纳的人较少，没有多余的座位；上了一上午课想提前回宿舍休息，能有一个相对安静舒适的环境进行饮食；下午还有课，时间较紧，提前打包去教室占座位，还有其他原因如个别人不喜欢食堂的味道或者不愿意一个人在食堂吃饭等。因此打包产生的额外打包餐具附加费，以及打包的饭量会比在食堂吃的相对少（由于打包餐具自身容量的限制）等问题，虽然大家心里清楚但相比以上因素也居于次席，但仍有学生表示更希望打包的价格可以更低或者打包的餐量能够与在食堂进餐的餐量相等。另外，打包的一次性餐盒存在卫生问题及环境污染问题，因此减少打包数量较为必要。

（二）关于浴室

1. 是否经常在学校洗澡

调查结果显示，有94%的人经常在学校洗澡，有6%的人不经常在学校洗澡。选择在浴室洗澡的人中，有96%的人在潞河居对面的浴室洗澡，4%的人选择在体育馆附近的浴室洗澡，还有少数人愿意在宿舍洗。

上述数据表明，大多数人愿意在学校浴室洗澡，调查问卷中女生人数较多，这也反映了一种现象，女生比男生更关注洗澡的问题，这体现出男女生对浴室和洗澡的要求不同，女生对洗澡的要求更多一些。由于调查人群较为集中在潞河居附近，因此选择潞河居对面的浴室的同学较多，这反映出地理位置是影响学生选择浴室的主要因素。

2. 浴室开放时间的调整对学生学习和生活的影响（针对潞河居对面的浴室）

调查结果显示：6%的学生对浴室开放时间的调整表示满意，21%的学生觉得浴室时间调整不调整都无所谓，73%的学生对浴室开放时间的调整表示不满。浴室开放时间调整后，对学生的学习和生活都产生了不同程度的影响。

141 人中，74 人会调整自己的洗澡周期以适应浴室开放时间的调整；40 人会在浴室开放前提早去占位；62 人会牺牲吃饭时间去洗澡，以免没时间洗；34 人会选择不上晚自习去洗澡；32 人会减少洗澡次数；28 人会认为没时间去洗澡了，只能在宿舍里洗头。

上述调查数据表明，大多数人不希望浴室开放时间调整，但也有一部分人认为浴室开放时间调整对其没有影响。浴室开放时间调整后，由于同一时间段洗澡人数变多，所以部分学生选择提前去占位，以免洗不上或者等候；还有部分学生由于找不到合适的时间去洗澡，而选择不去上晚自习而去洗澡，可见洗澡的时间与上晚自习的时间冲突，这也影响了学生的学习情况；还有学生选择减少洗澡次数，甚至不洗，只在宿舍洗洗头就行了，长此以往，不利于学生养成良好的卫生习惯。

3. 浴室设施的问题（针对潞河居对面的浴室）

调查结果显示：针对洗浴水龙头的好坏问题，有 1% 的学生认为没有坏的；有 54% 的学生认为有坏的，但数量不多；有 45% 的学生认为有坏的，而且数量很多。针对浴室内插座好坏的问题，有 6% 的学生觉得好用的插座多，有 73% 的学生觉得好用的插座不多，有 21% 的学生认为浴室的插座几乎都不能用了。

上述调查数据表明，学校浴室内设施的确存在一定问题。大多数学生认为浴室内洗浴水龙头有坏的，还有部分学生觉得坏的数量很多，这说明浴室内水龙头坏后，学校没能及时进行修理，导致水龙头越坏越多；女学生更爱洗澡，并且很多人会在浴室内吹干头发（宿舍内不允许使用吹风机），而很多人发现好用的插座数量不多甚至都不能用了，因为学校没有及时处理浴室内的插座问题，没能进行及时的调整和更换，当天气变凉或遇刮风等天气，头发不干极易造成感冒发烧等疾病，影响身体的健康，也影响了学生正常上课的进程。因此，浴室的设施问题急需学校的处理。

三、建议

（一）关于食堂的容量较小，座位不够的问题

学校可以改善食堂格局增大座位密度，确保更多的学生有机会在食堂吃饭。

（二）关于打包饭量和餐具安全的问题

打包饭量因餐具大小不同与在食堂内的饭量有所区别，学校可以统一打包用的餐具的规格、价格和数量，定期对学校的食堂进行卫生安全检查，确保学生的利益，并且排除食品安全隐患，同时保护环境卫生。

（三）关于食堂环境的问题

食堂的饭味较重，建议将食堂后厨与餐厅隔开，合理排放油烟，保持良好的就餐环境。

（四）关于浴室开放时间调整的问题

建议学校考虑到夏天快到了，会有更多人经常洗澡，把时间集中在某个时间段并不方便大家洗澡，严重的可能会造成浴室内东西丢失或踩踏事件的发生，威胁到学生的财产和人身安全，因此学校应该及时了解具体情况，将洗澡的时间进一步分散开或者延时。

（五）关于浴室设施的问题

浴室内水龙头和插座等设施经常会有坏的，学校应该找维修工定期查看更新，以免造成严重后果，影响到学校的信誉以及学生的安全。

结语

根据以上所有调查数据显示，北京物资学院在校大学生对学校食堂和浴室的情况整体满意度不容乐观。学校这些基础性设施仍存在或多或少的问题。这些问题有待学校进行处理和解决。学校的环境是大学生的日常生活环境，影响在校大学生的学习生活和业余生活。学校重视这些基础性问题，为在校学生提供更好的服务，也是在提升学校的信誉程度，塑造学校良好的形象，更是在为本校培养更多的优秀人才，为国家输送更多的新鲜血液。因此，学校应注重此类问题。

在这次调研活动中，我们有很多收获。

第一，有关调查问卷的设计问题。调查问卷应以单项选择题为主，题量应在30题以内，尽量少涉及多选题和问答题，这样可以节约被调查者的回答时间，也有利于统计调查结果；调查问卷中的每一道问题都要有针对性、有同时性，每个问题都应对调查分析和得出结论有所贡献。

第二，关于发放和回收问卷的问题。小组成员分工合作，负责发放和回收自己那部分的问卷；每个人细心等待每一位被调查者填完问卷后立即回收，否则收回的问卷数量会相对减少很多。

第三，关于PPT制作和展示的问题。PPT制作过程中应注意展示调查内容的相关问题，至于动画效果、声音效果以及背景图片等都是次要的；调研报告与信息发布存在明显区别，不应该向大家介绍过多的有关信息而忽视了调查内容和结果的详细展示。

第四，调研活动是一个小组的整体活动，小组成员之间的团结协作是调研活动按时完成的核心，每个人有效率地处理好自己所负责的那部分工作才能促使整个调研活动圆满成功。

附录

关于北京物资学院食堂和浴室情况的调查研究

同学，你好！

这次调查是为了完成我们的调研任务，以及改善我们的食堂与浴室问题。此次调查为不记名调查，并且我们将会对您的选择进行保密处理，请您放心并如实填写，感谢您的合作！

1. 你的性别是（　　）

A. 女　　B. 男

2. 你所在的学院是（　　）

A. 经济学院　　B. 物流学院　　C. 劳法学院

D. 信息学院　　E. 外语学院　　F. 商学院

关于食堂

3. 你经常在哪个食堂吃饭？（　　）

A. 潞河居（清真食堂）　　B. 京杭源

C. 第三食堂（三食） D. 其他

4. 你觉得哪个食堂的价格相对便宜？（ ）

A. 潞河居（清真食堂） B. 京杭源

C. 第三食堂（三食）

5. 午饭时间，你经常在食堂吃饭还是打包回宿舍吃？（ ）

A. 在食堂 B. 打包回宿舍

6. 如果你经常打包，你觉得打包的饭和在食堂吃的饭相比，哪个更多？（ ）

A. 食堂的多 B. 打包的多 C. 一样多 D. 没注意

7. 你知道打包需要多加0.5～1元钱吗？（ ）

A. 知道 B. 不知道

8. 潞河居涨价后，你还经常打包吗？（ ）

A. 经常 B. 偶尔 C. 几乎不

9. 你打包的原因大多是因为（ ）

A. 食堂人太多，没座位 B. 想回宿舍歇会儿

C. 想直接去上下午的课，占座位 D. 其他

关于浴室

10. 你经常在学校洗澡吗？（ ）

A. 是 B. 不是

11. 你经常在哪个浴室洗澡？（ ）

A. 潞河居对面的浴室 B. 体育馆附近的浴室

12. 浴室内水龙头有坏的吗？坏的多吗？（ ）

A. 没坏的 B. 有坏的，但不多 C. 有坏的，很多

13. 你对浴室洗澡时间做了调整的情况满意吗？（ ）（13～16题针对经常在潞河居对面浴室洗澡的同学）

A. 满意 B. 不满意 C. 一般

14. （多选题）浴室开放时间调整后，对你的学习生活和业余生活有什么影响？（ ）

A. 调整自己的洗澡周期 B. 在浴室开之前提前准备进去占位

C. 牺牲吃饭时间去洗澡 D. 不上晚自习去洗澡

E. 减少洗澡次数　　　　　　　　F. 没时间去洗，只能在宿舍里洗头

15. 你经常在浴室里吹干头发吗？（　　）

A. 是　　　　B. 不是

16. 浴室里好用的插座多吗？（　　）

A. 多　　　　B. 不多　　　　　　C. 几乎都不能用了

问卷调查结束啦！谢谢你能坚持做完！非常感谢你的配合！

（指导老师：张震环）

关于北京物资学院公共设施破损情况的调查与思考

调查时间： 2013 年 3 月 31 日至 2013 年 4 月 20 日

调查地点： 北京物资学院校园内的第一教学楼、第二教学楼、学生宿舍、学生餐厅、操场、路边（包括教室桌椅、墙面、操场健身器材、路灯、广告牌等校园公共设施）

调查目的： 校园环境是我们学习生活的基础，这里不仅仅是我们学习的殿堂，更是我们生活的第二个家。校园的环境与我们的生活息息相关，校园公共设施更是我们所有人的财产，但是现在这些公共设施却有许多遭到了破坏。因此，我们对物资学院校园公共设施的破损情况展开调查、研究并讨论出解决方案，在调研的过程中增强同学们对公共设施的保护意识，由此号召大家弘扬优良的校园道德，做一名全面发展的高素质文明大学生

调查对象： 调查对象主要包括全校在校师生，覆盖一、二、三年级；教职工调查涉及学生工作老师、任课老师、食堂工作人员

调查方法： 除了问卷调查形式，我们组还进行了实地调查、访问调查；增强调查内容的真实性和可靠性

调查人员： 王佳慧（组长） 毕振明（副组长） 梁淼（副组长） 蒋文菊 韩佳伦 刘彤 李鑫印 马茹玉 马如飞 平源 田明智 谢思琪 卓桂斌 张鑫童 张宇卉

小组分工：

<table>
<tr><td rowspan="3">实地调查</td><td>教学楼、第二教学楼</td><td>王佳慧、卓桂斌、刘彤、田明智、平源</td></tr>
<tr><td>校园内操场、食堂、运动器材等</td><td>毕振明、张宇卉、谢思琪、张鑫童、蒋文菊</td></tr>
<tr><td>图书馆、宿舍楼等</td><td>梁淼、韩佳伦、李鑫印、马茹玉、马如飞</td></tr>
<tr><td rowspan="3">调查问卷</td><td>调查问卷的设计</td><td>马茹玉、张鑫童、卓桂斌、刘彤</td></tr>
<tr><td>负责调查问卷的发放以及回收</td><td>毕振明、韩佳伦、平源、田明智、谢思琪、张宇卉、蒋文菊</td></tr>
<tr><td>负责调查问卷的整理以及结果汇总</td><td>梁淼、马茹玉、马如飞、平源、田明智、李鑫印</td></tr>
<tr><td rowspan="2">整理分析</td><td>调查问卷以及实地调查结果分析</td><td>小组全体成员</td></tr>
<tr><td>调研报告撰写</td><td>王佳慧、卓桂斌</td></tr>
</table>

针对北京物资学院校园公共设施存在大量破损的情况，为了物资学院的校园环境得到更好的改善，商品二班第二小组于 2013 年 3 月 31 日至 2013 年 4 月 20 日开展课题为“关于物院公共设施破损情况的调查与思考”的调查研究。

我们小组主要使用问卷调查，结合实地调查、访问法等调研方法，以求增加调研结果的可靠性和真实性。

以下是我们对问卷的整理分析。

（一）发放问卷

共发放问卷 150 份，回收 142 份；其中教职工发放 20 份，收回 20 份，回收率 100%；学生发放问卷 130 份，男生发放 40 份，女生发放 90 份，大致符合学校男女生比例，收回问卷 122 份，回收率为 93.8%。

（二）数据统计和分析

在现实生活中，不受环境影响的人很少，人的状态和环境有很大关系，当人在赏心悦目的环境里就自然感到愉悦，在寒风秋夜里，就不免让人伤感。春天是万物复苏、花开的季节，人在花丛走，精神自然抖擞，在这样的环境，人的心情是非常好的。但是在脏乱、噪声很大的环境里，人的心情自然也就不好，学习的劲头以及积极的心情也会消磨殆尽。我们的小组在物资学院的问卷调查中得出了同样的结论，虽然有的学生的自制力强，所受环境的影响小，但是在142个被调查者中，43%的人认为环境对他们的生活和学习影响很大，36%的人认为影响比较大，20%的人认为影响一般，只有1%的人认为环境不会影响他们的生活和学习，如图1所示。由此可见，环境的好坏对物院人的生活和学习或多或少会有影响，也就是说营造维持一个舒适的环境是必要的。

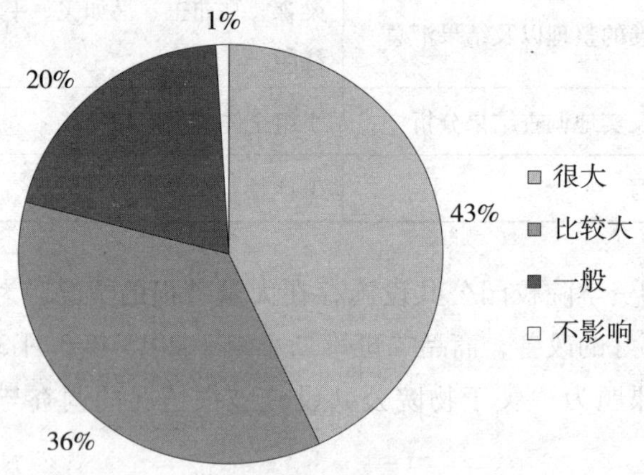

图1　环境对学习和生活影响程度

作为学生，我们的大部分时间是在宿舍与课堂度过的，对于宿舍公物保护的情况，15%的人认为很好，认为较好、一般、不好及不清楚的人数分别占38%、37%、6%和4%。由此可得出结论，学生们对宿舍的保护情况相对较好。宿舍由于是学生的长期居住环境，大家共同生活四年的地方而得到大家的重视，宿舍里的公共设施保护相对较好。但是由于我们不在固定的教室上课，许多同学不爱护教室的公共设施，随意踩踏桌椅墙壁，在桌椅上乱涂乱抹，破坏教学设施。在问卷中当被问及物院桌椅墙壁的胡乱涂抹破坏情况如何时，有15%的同学认为非常严重，61%的同学认为较多见，选择很少见和未留意的人数分别占21%和3%，如图2所示。选择很少见的一大部分原因是有些老师在学院的办公室上班很少进入教学楼内。调查表明，物院的涂鸦文化比较盛行，破坏了整洁的公共环境，引起了多数老师和同学的不满。

经过调查，在课桌椅上乱涂抹的原因多种多样，但大部分意见集中于无事可做，此项占35%，这一点说明物院的学生对自己的学业不上心；考试前

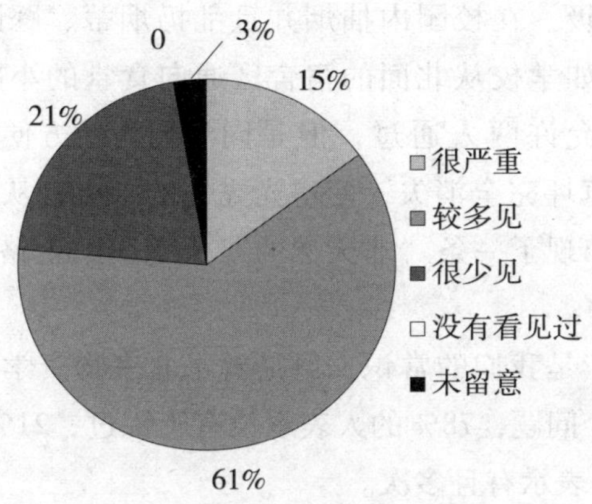

图 2　物院桌椅墙壁的随意涂抹情况

在别的方面下功夫，在桌子上写公式，抄答案，为考试做准备，这种情况占调查的 16%；随手记事和无意识的乱画占 15%；没有演算纸作为第四大原因，所占比例为 12%；选择原因为“写下自己的爱情宣言”和“写下自己创作的歌词诗词歌赋，名人名言”的人数分别占 9% 和 6%；“展示绘画才艺”和“自己的励志誓言”这两项所占比例分别为 40% 和 3%。

针对物院校园内的公共设施保护情况，认为得到很好保护的同学只占 7%，认为公共设施得到较好保护的占 45%，而认为没有得到较好保护的比例占了 43%，还有 5% 的人认为物院公共设施没有得到较好的保护，如图 3 所示。看来相比较学生宿舍的公物，校园内像指路牌、篮球筐、垃圾箱、健身器材等公共设施没有得到同样的保护力度。

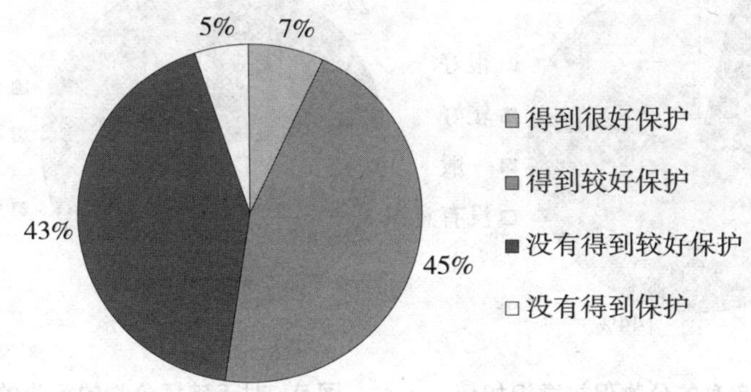

图 3　物院公共设施的保护情况

同学们看到的破坏校园环境以及公共设施的具体情况是：抄近路踩踏

草坪、随处乱丢垃圾、在校园内抽烟并且乱扔烟蒂、踩踏桌椅和粗鲁暴力地对待公共设施。如学校从北面的宿舍区通向食堂的小路上由于小路的宽度有限，一次只能允许两人通过，但是同学们为了方便自己，经常踩踏草坪导致小路两侧的草坪完全消失，变得光秃秃的。还有从学校花房附近到惠民服务区的区域也出现了一条“非天然的”人工脚踏土路，非常影响学校的环境。

损坏东西要赔偿是我们的常识，但是对于北京物资学院是否有因损坏公物而赔偿的前例这个问题，78%的人表示没有听说过；21%的人表示听说过，但少；另有1%的人表示有且多次。

在问卷中我们对被调查者做了一项自身对公物保护意识的调查，结果显示有22%的被调查者认为自身的公物保护意识很好；44%的人认为较好；30%的人表示自身的公物保护意识一般；认为自身不具备公物保护意识的占了4%，如图4所示。这反映了我们学校的部分师生缺乏公物保护意识，保护公共设施的意识有待提高。更值得令人深思的是：在被调查人员中只有8%的人在看到破坏公物行为时，会主动上前制止；68%的人则选择有意愿但须看情况；还有24%的人会装作看不见。其中选择会上前制止这8%的人均为我校教职工，如图5所示，也就是说当遇到有人破坏校园公物时，学生及部分教职工没有意愿上前制止。大家都还没有把校园的公共设施当成自己家物品去保护，没有树立主人翁意识。

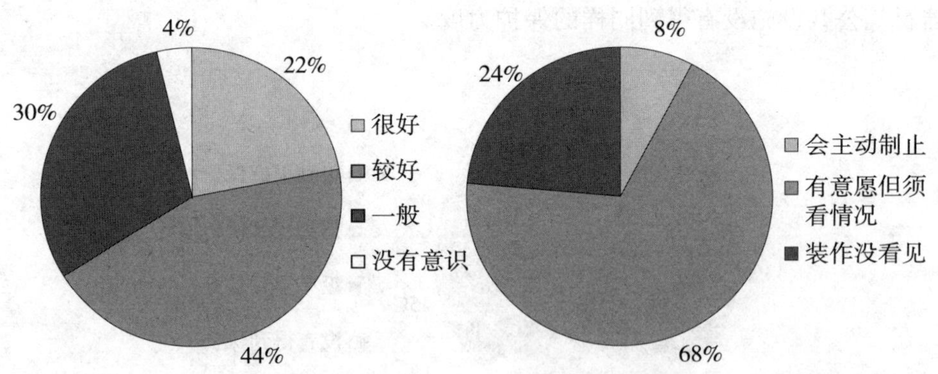

图4　自身的公物保护意识如何　　**图5　对于破坏公物的行为的反应**

若现有保护公物志愿活动，你会参加吗？针对这个问题70%的被调查者认为若时间允许会选择参加；而有20%的人认为自己根本就没有时间参加这些活动；只有9%的人会踊跃参加；还有1%的人认为与己无关。这说明在校师生对学校公共设施的保护意识还是存在的，只不过这种意识比较弱，需要加强。学校可以多开展此类活动，比如说趣味活动，树立理想、道德的讲座等。

对于是否需要通过加强校规来提高师生的公物保护意识这个问题，39%的被调查者认为可以尝试一下；37%的被调查者认为有必要；12%的被调查者认为很有必要，没必要的比例也为12%。大部分的被调查师生还是认为可以通过加强校规来提高师生的公物保护意识。说明一定的强制规定和管理有助于校园形成良好的保护公共设施的风气。除了通过加强校规来提高师生的公物保护意识，老师和同学们还给出了别的意见，如加大保护校园的宣传力度、加大惩罚力度以及完善校规校纪。

小组总结

（一）校园公共设施遭到破坏的原因

1. 物资学院的校园比较广阔，各种各样的人都可以在校园中通过，有些人的素质较低，没有保护公共物品的意识。

2. 学生没有进行完整的素质道德教育学习以及学生自身家庭教育、学校教育和学生性格的差异。

3. 校园考核制度不完善，一部分学生缺乏足够的纪律意识和道德文明意识。

4. 学校成绩考核宽松导致许多同学对待学习不严肃，上课不专心听课，在桌椅上乱写乱画。

5. 校园的道路设计不合理，草坪间的小路太窄，导致人流多的时候通行受阻，出现踩踏草坪的现象。

6. 打扫卫生、收拾教室的同学不负责任，对于卫生清扫工作草草了事，清扫工作不彻底。打扫卫生的任务分配不具体，黑板擦经常太脏而不能使用，任课老师只能将其在黑板下方的墙面拍打使其能够使用导致墙面变脏。

（二）对于现有污迹，小组经过讨论的建议

1. 在全校开展爱我校园的校级大清扫活动，每班负责一片区域打扫卫生，最后评出优秀的班级给予评优和奖励。

2. 请收拾卫生的学校工作人员进行全面彻底的大清扫，将桌椅上、墙面、多媒体上痕迹以及灰尘彻底地清洁干净，将被破坏的设施找有关部门的工作人员修理好。

（三）最后我们小组给出的建议

1. 由学校学生会组织开展宣传工作，加大同学们保护校园的意识，校园公共设施的保护需要每个人的行动和积极参与。

2. 加大力度惩罚破坏校园公共设施的不文明行为，建议学生会下设纪律文明督察队，监管不文明行为，对于不文明行为给予惩罚和处分。

3. 对于打扫教室的同学给予考核，对于敷衍了事、不认真打扫的同学和认真工作的同学给予相应的奖惩。

4. 提倡班级团日活动开展有关“保护我的另一个家”的维护物院校园环境的活动。

5. 学校将学校公共设施维护责任分配到个人或者班级，比如说122125102 班负责主教 420 教室的设施，并且定时向学校汇报所负责区域的情况，学校对于损坏的设施要给予及时的修理和更换。

6. 学校将教室承包给物业等企业，由第三方负责学校校园以及教室的清洁工作，并由全体师生监督。

7. 鼓励同学开展“随手拍”活动，将身边破坏校园环境的不文明现象记录下来，提高周围人们爱护校园的意识。

“保护公物，人人有责”。破坏公共设施的人，除了个人社会公德意识淡薄外，更重要的是没有相应的制度去规范和惩罚。同学们可能会因为各种各样的理由破坏公共设施。有些人把它当作表达愤怒的一种方式，或者是由于在人际交往或学业中遇到困难，就用这种方式来发泄，有些人想用这种方式给同学留下深刻的印象。还有一些学生，因为各种各样的原因破坏公共的财物，或许他们并没有意识到他们的行为是不文明的。无论动机是怎样的，即使再微小的故意破坏行为也能够明显地影响一所学校，消耗

财政资源。我们需要提高自己的素质，做关心学校公共设施的一名大学生，保护我们的校园。

附录

关于北京物资学院校园公共设施损坏问题的调查问卷

您好：

我们是物流学院商品二班的全体学生，我们正在做关于北京物资学院校园公共设施损坏问题调查问卷。请您在认为合适的选项前打“√”或在给定的横线上填写相应内容。本次调查采用匿名形式，我们将严格保密你的信息，您可以放心作答，希望您根据自身实际情况如实反映。对于您给予我们的支持表示衷心的感谢！

性　别：□男　□女　　身　份：□学生　□教职工

学　院：________　专　业：________

年　级：□大一　□大二　□大三　□大四　□其他

1. 你认为环境的好坏对你的学习和生活的影响大吗？

□很大，非常有影响　□比较大

□一般　□环境不会影响到我

2. 在物资学院您看到过楼道上、墙壁上、桌椅上污迹斑斑的现象吗？

□有，很严重　□较多见　□很少见

□没有看见过　□从未留意

3. 对于物资学院的宿舍公物（如微波炉、洗衣机、风扇等）的保护情况，您的看法是：

□很好，大家保护意识较好

□较好

□一般，但保护意识也不是很强

□不好，破坏公物现象严重

□不清楚，没住过宿舍

4. 对于物资学院的公共设施（如草坪、篮球筐、健身器材、广告牌、桌子、椅子、多媒体、电脑等）保护情况，您的看法是：

□得到很好的保护

□得到较好的保护

□没有得到较好的保护

□没有得到保护，破坏公物现象十分严重

5. 您认为在课桌上乱涂抹的原因是：（可多选）

□无事可做，不自觉的写上了　　□随手记事

□展示才艺　　□为考试做准备

□自己的立志誓言　　□写下自己和恋人的名字

□没有演算纸　　□歌词、诗句

6. 您都遇到过哪些破坏校园设施的具体情况：

____

7. 当您看到有人在破坏学校的公物时，你是否会主动上前阻止？

□会主动上前制止　　□有意愿制止但会看情况　　□装作没看见

8. 在物资学院，有没有曾经因损坏公物或损坏过公物而赔偿的？

□有，多次　　□有过，很少　　□从来没有

9. 您觉得自己的保护校园公共设施意识怎么样？

□很好　　□较好　　□一般　　□没有意识

10. 物院现在有一个志愿活动，主题是保护学校公物的活动，您会

□踊跃参加　　□如果有时间我会参加这次活动

□没有时间参加　　□不关我的事

11. 您觉得有必要通过加强校规校纪和奖惩制度来约束我们，提高我们对校园设施的保护意识吗？

□很有必要　　□有必要

□可以先尝试一下　　□没必要

12. 您认为解决校园公共设施的损坏问题可以采取哪些措施？

____

您的问卷调查做完了，感谢您能在百忙之中抽出时间帮助我们的调查工作，谢谢您的积极参与！祝您学习和生活愉快！

（指导老师：冯凡彦）

第二篇

大学生生活、学习与就业问题调研

关于大学生逃课状况的调研报告

调查时间： 2013 年 4 月 1 日至 2013 年 4 月 10 日

调查方法： 问卷调查法

调查对象： 在校大学生

调查人员： 陈永强　丁琪　婷婷　崔兰欣　吴桐　吴鸣　王茜

调查目的： 了解在校大学生上课逃课的相关情况，做出调查分析，并希望以此引起学校对此问题的重视，及时改变教学中的不合理现象，提高教学质量！

调查背景： 据一项权威调查显示，高校专业课逃课率在 20% 左右，基础课的逃课率在 25% 以上，至于哲学等公共课的逃课率则高达 50%。

前言

时下大学校园里流传着这样一段顺口溜："大一是'实习生'，观察积累，瞅准机会，偶尔逃之；大二是'熟练工'，分轻重缓急，酌情逃之；大三大四是'老油条'，逃课没商量。"还有就是没有逃过课的大学生活是不完整的大学生活。可见大学生逃课已经成为一个日益严重的问题，在高校中普遍存在这样一个现象：本该座无虚席的课堂却只有寥寥无几的学生，前两排座位更是空无一人，越来越多的学生不去上课，不仅公共课缺课严重，必修课的缺课情况也十分严重，甚至出现了"大学逃课族"。大学生的逃课现在已成为高校教育和管理工作中的一个难点问题。许多高校以加强学风建设的名义采取了各种方式和手段，试图改变这种现状，但收效甚微，甚至引起学生的不满。

一、调查结果

从调查结果来看，我们发现没有像以前那样男生逃课率大大高于女生，而是男生和女生各占一半，从逃课频率来看，有12.28%的人没逃过课，10%的人经常逃课。逃选修课的比专业课的多，专业课有8.77%，选修课的占35.96%，视情况而定的占55.26%。为什么会有如此多的学生逃课呢？针对这一问题，我们也做了调查。36.84%的同学认为老师讲课无聊，不能吸引学生，35.09%的学生没有原因就是没心情，懒得去，28.07%的同学对课程内容兴趣不大，还有少数同学是从众心理，别人都不去上课，感觉自己去上课怪怪的，于是也不去上课，逃课的客观原因天气情况占多数，此外就是老师对出勤的要求程度。比如是不是勤点名。在此有个问题，那就是学生逃课都干些什么？这是学生和老师最关心的问题。将近50%的学生选择睡觉，34.21%在上网，做兼职的占21.9%，去图书馆或者自习的同学占19.3%，还有16.67%去吃饭而不上课，少数陪男女朋友逛街，22.81%选择做其他事。问及一周逃多少节课时，57.0%一周只逃1~3节，这还算好的现象，可是更有甚者居然逃11节课以上，这时不得不问，他们逃课的心理感受是什么？30%的学生心里会有不安感，但很快会消失，也有30%的学生心里很不安，有负罪感，觉得漏学知识不好，有10%的人会觉得已经习惯，没有不安感，还有极少数同学会认为，逃课后感觉很爽，没感觉，会继续逃。在认为是否有监督学生出勤的必要时，61.4%的同学认为有监督学生出勤的必要，看来大部分的学生还是希望好好上课，认真学些知识！

同时他们对减少或杜绝逃课现象提出了宝贵的意见。大多数学生希望老师能够丰富课堂内容，激发学生学习兴趣，而且不定期点名能够阻止逃课现象。有部分同学认为还是要靠自觉，自己做自己的导航者，更有同学讲打、体罚，当然是开玩笑了，有学生希望与奖学金、学分制挂钩以此来提高学生的出勤率。因此，只要从逃课的根源入手，阐述它的负面影响，找到解决它的有效措施，便能从根本上解决这一问题。

二、调查结果分析

根据以上调查得出的数据，我们可以就大学生逃课的特点做简单的概括：男生逃课情况大大高于女生的现象不复存在，男女生逃课情况都很严重；大学生逃课对课程有选择；高年级学生逃课情况比低年级学生逃课情况严重；选修课高于必修课；大课堂高于小课堂。

（一）逃课原因分析

为什么物院存在不同程度的逃课问题，它的根源又在何处呢？经过调查，我们总结出以下几大原因：

1. 学生方面

有些学生不是按高考志愿录取的，被调剂进校。对所学的专业缺乏兴趣，还有就是对课程的重要性认识不足。还有些学生游离性太强，我行我素惯了，不在乎自己在老师同学中的形象，痴迷游戏，沉醉网络，不能自拔，缺乏积极的学习态度，最后一发不可收拾。

2. 老师方面

有的老师动辄打击学生，总认为逃课不对，不问原因直接指责，虽然原本是好意，但却可能因此伤害学生的自尊心，从而不利于学生的学习和改错。大部分同学都觉得老师讲课方式很重要，喜欢有激情，讲课精彩的老师，可以提高他们的听课欲望，希望老师更多地关心自己，可以讲讲自己不知道的事情，做自己的朋友，喜欢有水平的老师，个人魅力高的老师。

3. 学校方面

学校教育方式不对，高校扩招后，教师、图书馆、实验室等有限资源迅速被稀释，几百人同时上课，一学期不点名，教师上课照本宣科，考前圈重点划范围，考题过于简单，这导致学生屡屡逃课。还有就是专业设置和教学内容严重滞后，这种情况下，学生不愿在课堂上“耗时间”，宁可逃课去学英语，学开车。

4. 家庭方面

家长对高校的理解存在偏差，与学校缺少必要的联系。把子女完全交给学校。孩子自己做决定的机会多了，于是就有好的不好的情况发生。

5. 社会不良风气的影响

现在还存在“读书无用论”，“金钱万能，读书无用”的观点，并且对学生还存在影响，因此，在高校里就出现了不重视学习的情况。社会的不良环境也侵蚀着大学校园，如网吧、KTV 等给学生逃课创造了环境，影响学生的价值观。

（二）逃课影响分析

逃课这种“传染病”蔓延速度很快，有92.1%的同学身边都有逃课的学生，他们宁愿不上课而选择去睡觉或打球，不但败坏学校的学风，影响教学秩序，而且还无意识中荒废了青春，这一坏习惯不改变，不利于以后的工作和生活。这说明逃课给我们带来多么严重的后果。

建议对策如下：

以学生为本，以社会需求为导向，改革教学体制，构建和谐的课堂秩序，更新教学内容，寻求切实可行的教学新思路，创新教学方式，从而活跃课堂气氛，激发大学生的学习动机。调查统计结果中，有72.5%的学生认为老师应该改善课堂教学方式。可见课堂和教师是导致他们逃课上网的首要因素。建立或改革并健全教学效果评估管理机制，促进教师队伍的建设和发展，是解决这个问题的前提。“师者，传道！授业！解惑也”，教师在课堂教学中占据主导地位，不但影响学生的学习，而且还影响学生的思想。目前很多高校的教学效果评估管理机制沿用传统的方式，虽然高校的教学改革在不断进行，但是长期实行的应试教育潜意识影响仍然存在。许多老师由于自己以前接受长期的应试教育，因此在教学过程中或多或少无形之中将应试教育的思想运用在课堂上，缺乏教学之开拓精神，使高校教学改革步伐依然滞后社会需求的发展，很多教师的教学思想、教学水平和能力不能适应这种需求变化。学生普遍认为知识渊博、讲授内容丰富、思路清晰、分析透彻、逻辑严谨、敬业勤勉、风趣、诙谐的老师最为他们接受，但是目前能够达到这个要求的教师比例比较小。随着新技术的出现和学科的交叉发展，这种当时能够体现效果的机制已不能适应教学发展的需求，逐步暴露不少问题，如学生教学意见反馈不及时，教师接受意见是否改进跟踪不到位或错过等。这严重阻碍了教师队伍的建设和发展，影响了教师教学意识的加强和教学思想的改进。把课堂教学效果与学生学习紧密联系在一起建立一套完整的教学效果监控机制，加强师资队伍的建设，从而提高教学质量，改进和改革传统的教学方式、方法，建立基于良好的教学效果评估管理机制的教学方式、方法和课堂管理，帮助学生树立明确的学习目标，激发学习激情，以吸引大学生，让同学们感到每堂课都有所启迪和收获，很多教师追求教学生解决问题和批判性思维，而忽略了课堂管理，只要求学生顺从和狭隘的遵守，而互联网恰好给了他们一个这样的发泄窗口。因此灵活、有效构建和谐的课堂秩序，活跃课堂气氛，将会积极培养学生的民主心态，从而使他们对课堂有一个健康心理，达到很好的教学效果。

三、总结

大学生逃课现象应从两方面分析：一方面是大学生自身自律能力不够、放任自流；另一方面学校应该认真反省，课程安排得是否科学、讲课内容是否新颖。专家认为逃课其实也是一种选课，喜欢的课可以随便去听，不喜欢的也可以不去。在他们的经验里，大学那些课程无所谓，一定要找到自己感兴趣的事情，并在这方面机械化了，这种治标不治本的硬制度搞得学生“毫无自由”。值得期待的是，管理应该更人性化，应更大程度上尊重学生求知的选择。

无论有多少正当的理由，逃课成风毕竟是不正当的，它严重影响了任课教师的工作情绪，也打破了学校的教学秩序。也就是说，对于逃课不管肯定不行，关键在于怎么管。考勤永远只是一种手段，而不应成为教育的目的。现在的考勤制度都是治标不治本，不仅引起学生的强烈反感，还逼得学生们想出了种种应对之招。为了应对考勤，同学之间互相帮忙代答，甚至帮忙上课的情况屡有发生。至于在课上看与教学无关的书，甚至打瞌睡更是大有人在。在教育理念上，大学本身需要扭转非要学生在课堂上听课的固有观念，完全可以采取更生动活泼的方式向学生传输知识，引导他们学习和研究。同时，也应该有这样一种机制，让学生有渠道针对教学提出问题，进一步提高完善课堂教学质量。

大学里逃课作为一种现象，正在引起更多的关注，这是件好事，关注才能引起重视，并进而获得解决。要杜绝大学校园的逃课现象，单纯地“堵”解决不了问题，应对之策是疏导，各方都应作出积极的努力。学校应改革不合理的教育体制，采取真正意义上的学分制，激发同学们的学习积极性，并鼓励老师革新教学内容和教学方式，最大限度地凝聚课堂人气。当然，作为学生，更应明确学习目标，珍惜来之不易的大学时光，不要在逃课风潮中迷失了努力的方向。

希望在逃课的道路上，我们不会走得太远。

附录

关于大学生逃课状况的调研报告

卷首语

您好！我们是北京物资学院的学生，正在做有关大学生出勤情况的调查，目的在于了解大学生出勤的基本情况。您的调查情况将成为我们宝贵的参考资料，只需花费您几分钟的时间，本次问卷采用不记名调查。对您的日常生活没有影响。衷心感谢您的参与与支持，请如实回答，谢谢！

1. 你的性别

A. 男　　B. 女

2. 你所在的年级是

A. 大一　　B. 大二　　C. 大三　　D. 大四

3. 你的院校类别

A. 专科　　B. 本科

4. 课程分布情况

A. 分散且上午多　　B. 分散且下午多　　C. 集中且上午多

D. 集中且下午多　　E. 其他

5. 是否有缺课？

A. 经常　　B. 一般　　C. 很少　　D. 无

6. 如果有缺课，是专业课还是选修课？

A. 专业课　　B. 选修课　　C. 视情况而定

7. 缺勤大多是请假还是旷课？

A. 请假　　B. 旷课

8. 你缺勤的原因是什么？

A. 与其他活动冲突

B. 老师讲课无聊

C. 对上课内容不感兴趣

D. 受其他同学的影响，从众心理

E. 没什么其他特殊原因，就是没心情，懒得去

F. 其他

9. 促使你逃课的客观因素是

A. 老师对出勤率的要求程度　　B. 是否为必修课

C. 课程难易程度　　D. 天气情况

E. 其他

10. 你逃课后一般都去做什么？

A. 上网　　B. 吃饭

C. 上自习或者去图书馆　　D. 睡觉

E. 逛街　　F. 与男（女）朋友在一起

G. 做兼职　　H. 其他

11. 请问你一周逃几节课？

A. 不逃课　　B. 1～3 节　　C. 4～6 节

D. 7～10 节　　E. 11 节以上

12. 你认为与出勤率最密切相关的因素是什么？

A. 学校管理制度及惩处措施

B. 老师的教学方式

C. 学校的学习氛围

D. 出勤率作为综合测评的一项指标与奖学金挂钩

13. 你逃课后的心理：

A. 爽

B. 心里很不安，有负罪感，觉得漏学知识不好

C. 有不安感，但很快就消失

D. 没有觉得不安，已经习惯了

E. 没感觉

14. 身边是否有经常缺勤的同学？

A. 有　　B. 无

15. 你认为是否有监督学生出勤的必要？

A. 有　　B. 无

感谢您的大力支持和配合！祝您天天开心！学习愉快！

（指导教师：崔志宏）

北京物资学院信息学院2012级学生话费使用情况调查

调查时间：2013年4月1日至2013年4月7日

调查地点：北京物资学院信息学院

调查目的：为了了解大学生话费使用方面的情况以及话费花费的类型

调查对象：2012级信息学院学生

调查方法：抽样调查

问卷发放：共发放问卷50份，回收50份，有效问卷50份，有效回收率为100%

调查人员：费梦雨　黄学童　陈阳　刘丹

调查分工：陈阳负责问卷调查
黄学童负责PPT制作
费梦雨负责报告发言
刘丹负责论文撰写

前言

作为一种便捷的通信工具，手机的普及率正在日益提升。而人民生活水平的提高和手机技术的发展，更是提高了人们的手机消费需求。大学生是一个特殊的消费群体，与一般的手机消费者相比，大学生的手机消费存在着一定的差异性，在日益全球化的今天，各国文化间相互影响，相互碰撞，而我们这些大学生也在这样的环境中受着传统手机消费需求和现代手机消费需求的冲击。我们有必要在坚持勤俭节约的传统消费观的同时树立当代所倡导的绿色消费观，所以为了分析手机话费支出情况，引导大学生正确消费，落实节约型社会的需要，我们对北京物资学院学生进行了问卷调查，旨在分析研究出大学生的话费趋势，同时为通信代理商提供一定的资料参考，以改进不足，为广大学生提供更好的服务。

一、调查基本情况

（一）性别

此次调查的受访者共50位，其中男生41名，女生9名，如图1所示。

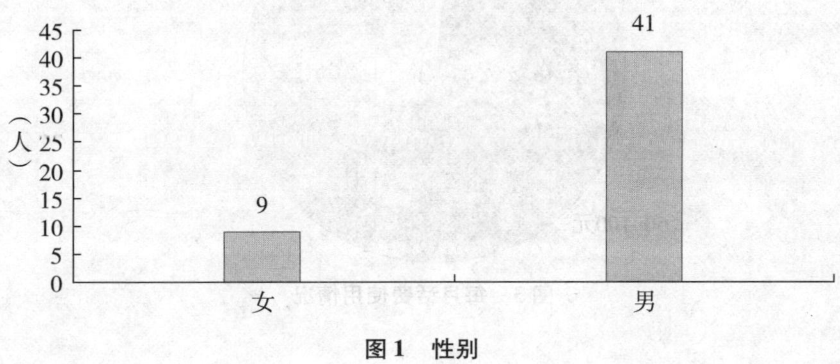

图1　性别

（二）代理商

从该数据可看出72%的同学选择移动代理商，占本次调查人数的绝大部分，如图2所示。

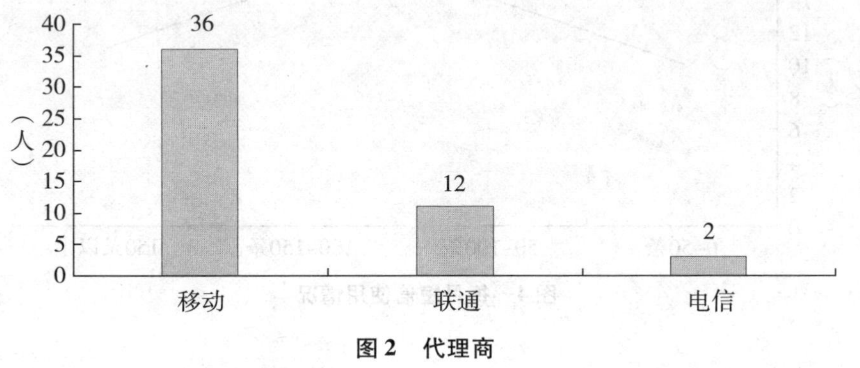

图2　代理商

（三）话费金额

从图3可以看出，绝大部分同学每月的话费金额在50～100元，而且84%的同学每月话费消费金额在0～100元，同时大学生的消费情况也相对稳定，运营商们可以针对这个情况，在充值方面推出一些优惠活动，以增加吸引力。

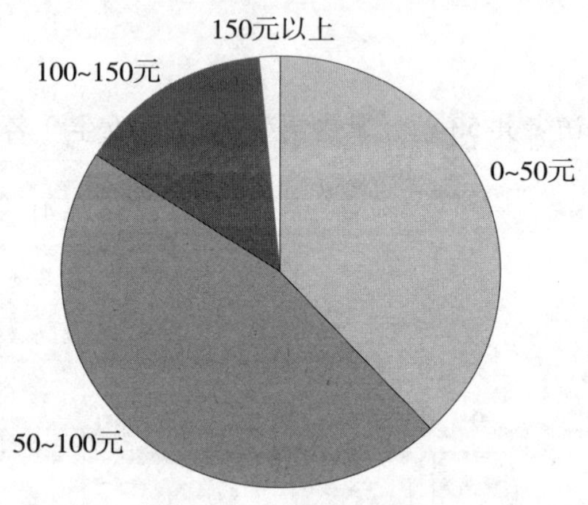

图3　每月话费使用情况

（四）短信量

根据图4所示，同学们大部分每月的短信使用量在100～150条。可以看出大学生对短信有一定的需求。

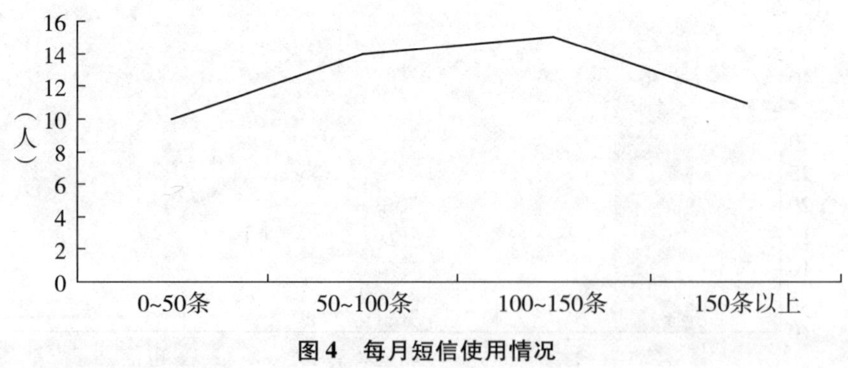

图4　每月短信使用情况

（五）流量

每月流量使用在 70M 以上的同学占 54%，70M 以下的同学占 46%，由此看出人数差异不是很大，但对流量都有需求，如图 5 所示。

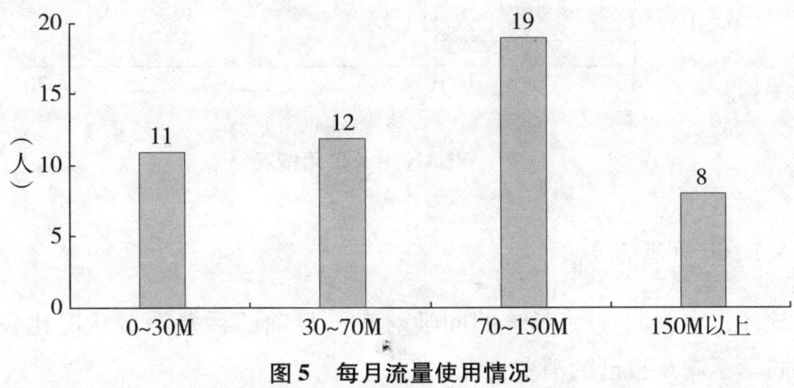

图 5　每月流量使用情况

（六）WLAN 使用

使用 WLAN 的同学占绝大部分，可以看出，代理商的 WLAN 体验活动已进入我们的校园生活，如图 6 所示。

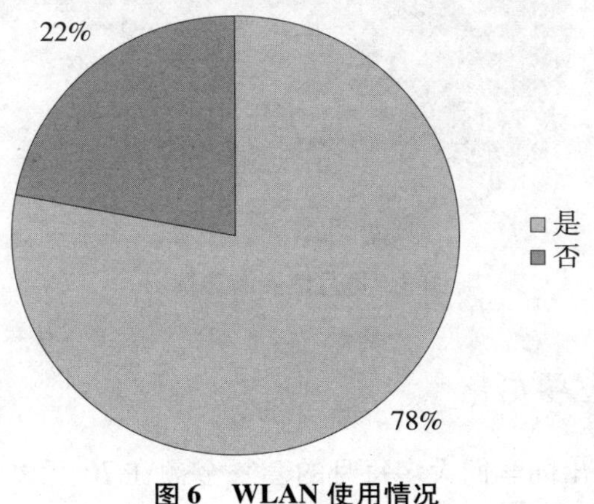

图 6　WLAN 使用情况

（七）WLAN 时长

从图 7 可以看出，WLAN 时长在 20 ~ 120 小时的占绝大比重，WLAN 的需求在学校中有很大，离不开代理商的推销。

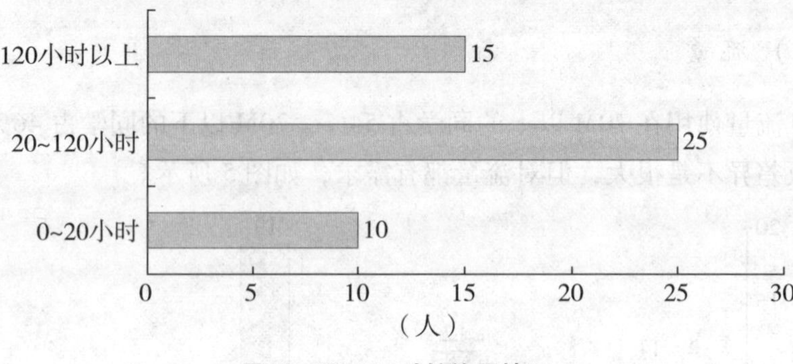

图7　WLAN时长使用情况

（八）话费满意情况

经统计，本次调查中56%的同学对自己目前的话费消费状况比较满意，44%的同学不满意自己的消费情况。

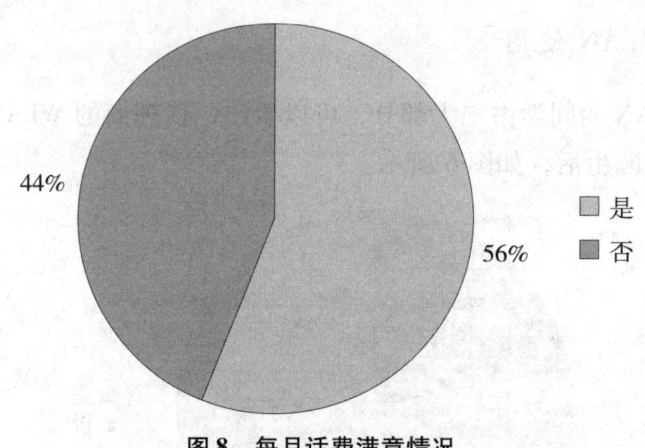

图8　每月话费满意情况

（九）每月套餐花费

从图9可以看出同学们大多每月的套餐金额在70元以下，比较符合学生消费水平。

（十）套餐是否够用

由图10可知，普遍地同学的套餐实际是不够用的，够用的同学只占28%，这个现象引发了我们小组的深度关注。

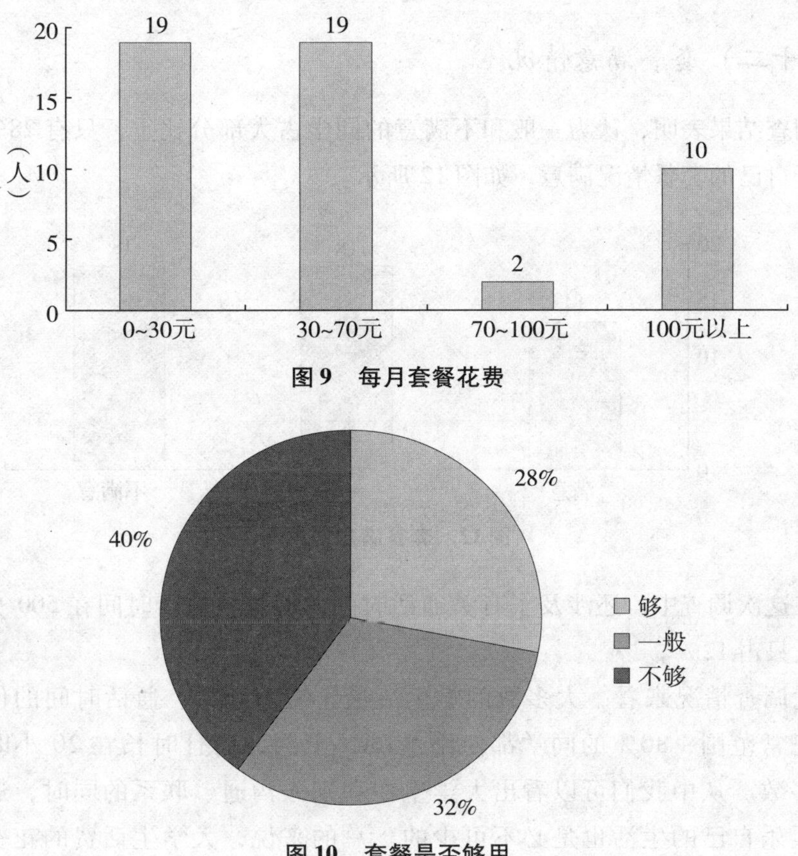

图 9　每月套餐花费

图 10　套餐是否够用

（十一）套餐超额金额

关于套餐只有很少的一部分同学没有超额情况，对于套餐不够用，而且普遍存在超额金额的现象，我们认为值得探究，如图 11 所示。

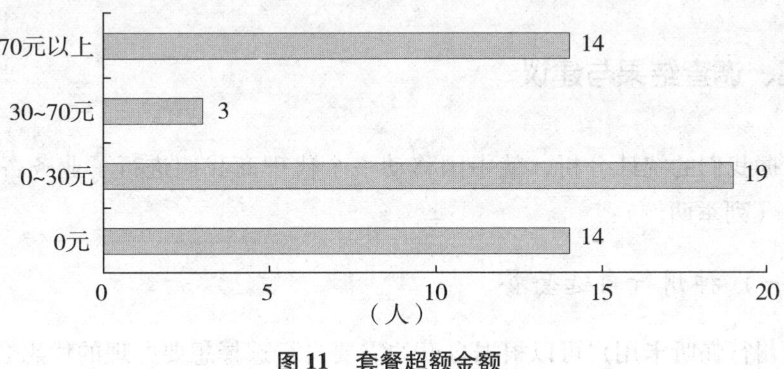

图 11　套餐超额金额

（十二）套餐满意情况

调查结果表明，认为一般和不满意的同学占大部分比重，只有28%的同学对于自己的套餐情况满意，如图12所示。

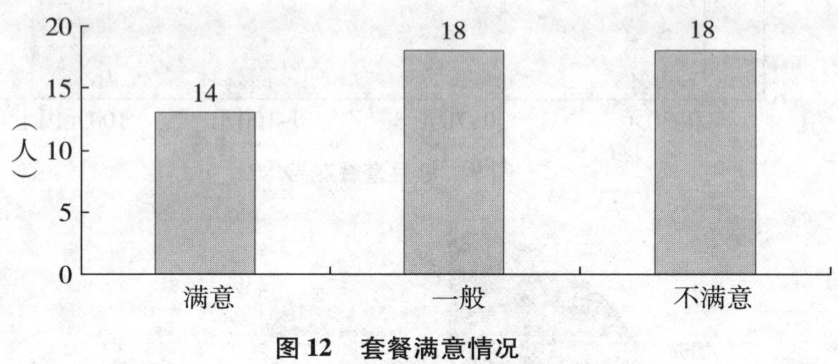

图12　套餐满意情况

在这次调查中，还涉及了有关通话时间的调查，通话时间在500分钟以上的人只占12%。

就调查情况来看，大多数的学生流量、短信条数、通话时间的使用量都在正常范围，80%的同学都使用WLAN上网，而且时长在20小时以上的为多数。从中我们可以看出大学生在和别人沟通、联系的同时，通过上网来娱乐自己的生活也是必不可少的。总的来说，大学生话费的花费还是在正常范围内。但是由我们分析的数据表明，学生手机套餐情况是一个值得关注的问题，由于大部分同学存在套餐超额、不够用、不满意的情况，我们小组提出“制定合理、节约套餐”的设想。或许我们可以尝试着更好地去安排自己的话费使用，将花费降到最低，做到不铺张，不浪费，适应节约型社会。

二、调查结果与建议

根据我们的统计分析，就中国移动一个代理商我们进行了业务咨询，情况如下（列举两例）：

（一）神州行自选套餐

神州行畅听卡用户可以根据自己的需要自行选择想要办理的优惠套餐。

1. 语音通话（本地接听免费）

70 分钟（18 元/月），130 分钟（28 元/月），190 分钟（38 元/月）。

2. 上网流量

30M（5 元/月），70M（10 元/月），150M（20 元/月），280M（30 元/月），500M（50 元/月），2G（100 元/月），5G（200 元/月）。

3. 数据业务

略。

（二）WLAN 套餐（如下表所示）

WLAN 套餐

包含 WLAN 时长	功能费	套餐类型
20 小时/月	0	WLAN 体验套餐
2 小时/月	5 元/月	5 元 WLAN 包时长套餐
5 小时/月	10 元/月	10 元 WLAN 包时长套餐
15 小时/月	20 元/月	20 元 WLAN 包时长套餐
30 小时/月	30 元/月	30 元 WLAN 包时长套餐
80 小时/月	50 元/月	50 元 WLAN 包时长套餐
200 小时/月	100 元/月	100 元 WLAN 包时长套餐
不限时	200 元/月	200 元 WLAN 包时长套餐

说明：超出套餐后按标准资费执行，0.05 元/分钟。单个账号每月 500 元封顶，每月限 40G 流量。

WLAN 校园套餐

包含 WLAN 时长	功能费	套餐类型
120 小时/月	0	校园体验套餐
40 小时/月	10 元/月	10 元 WLAN 校园套餐
100 小时/月	20 元/月	20 元 WLAN 校园套餐
250 小时/月	40 元/月	40 元 WLAN 校园套餐

说明：超出套餐后按 0.02 元/分钟计费。单个账号每月 500 元封顶，每月限 40G 流量。

1. 总观调查，本校大学生话费的结构为上网、通话、短信。随着科技的发展和手机功能的完善，上网逐渐成为乐于接受新鲜事物的大学生中增长速度最快的结构成分，而短信所占的花费略有变化，分析认为市话与长途的各种优惠的增多是大学生更倾向于选择方便的直接通话的原因，而且随着WLAN的普及，WLAN早已进入校园占据了校园生活的一部分，进一步刺激手机用户上网的需求。

2. 从目前的调查来看，绝大部分学生都使用移动运营商，所以代理商可以针对大学生制定一个战略，稳定并提升用户量，提出优惠业务，在提高自己公司业绩的同时，更好地为大学生制定合理、节约的套餐业务，减少大学生手机套餐的超额现象，杜绝铺张浪费的套餐业务。

3. 根据调查的数据代理商可以通过月租返话费等优惠，方便用户，减少高额充话费返话费的浪费活动。

4. 随着飞信及网络的普及，需要的免费短信量就相对减少了，所以赠免费短信可以改为赠上网流量，这样会更符合实际情况。

5. 在调查者当中通话时长也不少，这很大部分是亲友间的联系，移动运营商可以在这方面做些业务或优惠，这样也更促进消费。

6. 就上述的两个套餐举例，代理商可以多推行这种自主套餐，下调套餐金额，调整套餐内容，比如将两种相结合，这样既提高套餐订制量，又可以方便广大大学生。

三、总结

大学生消费者的消费需求总体发生了转变。经济基础决定上层建筑，新的经济必然与新的文化相对应，而新的文化则必然带来新的需求，随着经济发展水平的提高，大学生作为E时代的E人类，其消费需求必然受到一些因素的影响。综上，我们调查小组针对调查结果，认为大学生对于话费和套餐的认知与需求不再是盲从，而是希望自主选择，为了适应社会主流和科技发展，让广大大学生们杜绝话费及套餐超额或浪费行为，向代理商提出套餐调整建议，这样不仅可以减少大学生开支还可以落实节约型社会理念，做到可持续发展。

附录

大学生话费使用情况调查

1. 性别

A. 女　　　　B. 男

2. 出生年份

A. 1993　　B. 1994　　C. 1995　　D. 1992

3. 您的手机通信运营商?

A. 移动　　B. 联通　　C. 电信

4. 您每个月的话费金额?

A. 0 ~ 50 元　　B. 50 ~ 100 元　　C. 100 ~ 150 元　　D. 150 元以上

5. 您每个月的流量数?

A. 0 ~ 30M　　B. 30 ~ 70M　　C. 70 ~ 150M　　D. 150M 以上

6. 您每个月的短信条数?

A. 0 ~ 50 条　　B. 50 ~ 100 条　　C. 100 ~ 150 条　　D. 150 条以上

7. 您每个月的通话时间大概是?

A. 0 ~ 60 分钟　　B. 60 ~ 120 分钟

C. 120 ~ 500 分钟　　D. 500 分钟以上

8. 您是否使用 WLAN?

A. 是　　B. 否

9. 使用 WLAN 的时长是?

A. 0 ~ 20 小时　B. 20 ~ 120 小时　C. 120 小时以上

10. 除话费外还存在其他业务吗(如网购、充值)?

A. 是　　B. 否

11. 您对每个月话费消费情况是否满意?

A. 是　　B. 否

12. 您每月的套餐多少钱?

A. 0 ~ 30 元　　B. 30 ~ 70 元　　C. 70 ~ 100 元　　D. 100 元以上

13. 您每月的套餐够用吗?

A. 够　　B. 一般　　C. 不够

14. 套餐不够大概超出多少？

A. 0 元　　B. 0 ~ 30 元　　C. 30 ~ 70 元　　D. 70 元以上

15. 您对目前的套餐状况满意吗？

A. 满意　　B. 一般　　C. 不满意

16. 您对话费使用情况有什么想法或意见？

（指导老师：张震环）

北京物资学院大一新生适应性状况调查报告

调查时间：2013 年 4 月 3 日至 2013 年 4 月 7 日

调查地点：北京物资学院

调查目的：为了了解北京物资学院新生在角色转换中所遇到的各方面问题和半年来的适应情况，我们以入学一学期的大一新生为对象，进行问卷调查

调查对象：北京物资学院各学院的大一新生

调查方法：调查问卷

调查人员：刘翔　穆迎新　马崇琳　韩东芳　袁维佳

前言

时光流逝，渐渐地我们度过了一个学期的大学学习生活。面对当前的大学生活，大家沉浸在对未来的美好幻想之余，感觉到大学与中学有着截然不同的生活、学习方式，需要尽快转变角色，适应大学生活。生活环境有了很大的变化，没有了父母、长辈每日的悉心照料，许多事情需要独自处理，真正的独立生活开始了。从离不开父母的家庭生活到事事完全自理的大学生活，一切都要从头学起。为了帮助大学新生能够尽早地适应学习生活，为了学校和相关部门更好地引导新生转变角色，把握大学时光，对此，我们在大一下学期开展了针对北京物资学院大一学生学习生活适应状况的《大学新生学习生活适应性》的问卷调查活动。

为了进一步了解大学生的适应情况，本次调查主要侧重以下三方面：

1. 调查大一新生对自我角色转变的适应情况；
2. 调查大一新生在生活、经济、人际、学习、爱情等方面的适应情况；
3. 调查大一新生在自我适应方面的突出问题。

一、数据统计和分析

每年9月新学期开始，总有一批满载着高考胜利喜悦和父母殷切希望的学子进入大学校园，但是，在面对新环境、新生活的时候他们难免会产生这样那样的问题，表现为在学习上、生活上、人际关系上、恋爱心理上的不适应，解决好这些不适应性问题关系到高校新生在整个大学时期的发展，甚至会对他们的人生发展产生影响。而在新学期的开始，学校总会有一些调查，主要是了解新生的基本情况，制订培养方案使新生尽早地适应大学生活。而且学校通过开设心理课、职业规划课等，帮助他们从心理上适应改变。一学期结束了，通过这一学期的培养和自己的适应，是不是每个人都已经顺利地完成了角色转变，我们一学期的教学计划是否合理呢？下面，通过我们入学一学期后的《大学新生适应性调查》告诉你结果。

本研究以北京物资学院2012级新生为研究对象，在6个学院中抽取100名学生进行问卷调查。共获得无缺省值样本100份。此次调查的学生中男生占22%，女生占78%；本地学生占47%，外地学生占53%；信息学院学生占34%，经济学院学生占32%，商学院学生占13%，劳法学院学生占12%，物流学院学生占7%，外语学院学生占2%。

（一）总体上对目前的大学生活满意

我们通过调查问卷的第一题，让调查对象给自己大学一学期以来的总体情况进行评价，包括学习、交际、宿舍等。结果显示：40%的同学表示总体上较满意，36%的同学表示满意，只有2%的人非常满意，14%的同学对目前的大学生活无感觉，有8%的同学表示不满意，如图1所示。通过数据可以看出大多数同学对自己目前的总体状况是满意的，通过上一学期的过渡，很多人已经适应了大学生活。然而，数据的结果并不完美，有部分人对当前的大学生活无感觉，有的甚至不满意，这些同学是不能忽略的，这也是学校所要重视的地方。我们将继续通过下面的题目从各个方面剖析，满意的人是否真的满意，不满意的人又不满意在什么地方。

（二）入学以来的主要改变

每到一个新环境中，我们都要试着主动去改变，改变是为了更适应。我

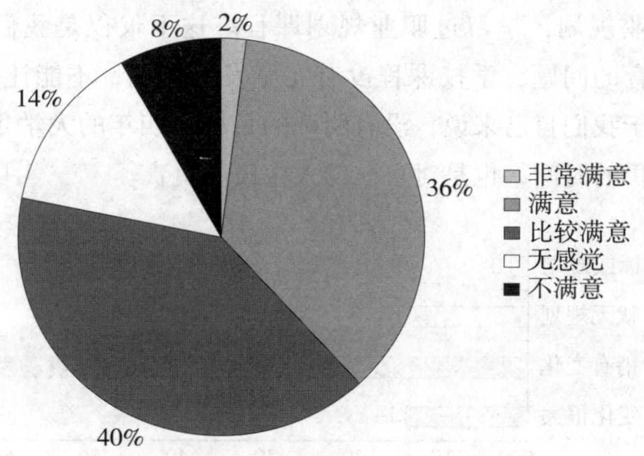

图 1　大学生活的满意情况

们通过第二题了解每个同学相比入学时的改变，调查结果显示：45% 的同学认为在生活自理性方面得到改善，38% 的同学在交友方面改变，处事思维方式改变的有 46%，独立性改变的有 49%，生活习惯改变的有 39%，另外 27% 的同学在学习方面有改变，34% 的同学在财务管理方面有改变。这一题的调查结果是非常令人欣慰的，我们从高中到大学，从依靠父母生活到现在的独立生活，最需要改变的就是生活习惯和处事态度，而在调查结果中独立性和处事思维方式改变得最多，这表明，我们开始主动地适应独立生活、独立思考，这正是我们在大学所要得到的。大学是我们走向独立的过渡阶段，所以，我们要积极地从思想上、从行为上主动适应，培养自己的独立自主能力。

（三）学习目标和生涯规划

我们每一位新生入学不久学校就要求我们写学业规划或职业规划，而且学校也开展职业规划课程和专业解读。所以，我们每个人都对自己的专业有了解，也都写了一份自己的学业规划，然而效果怎样？我们通过数据分析，67% 的同学学习目标和生涯规划稍有改变，14% 的同学变化很大，19% 的同学根本没有目标和规划，如图 2 所示。我们还以学院为单位进行了统计，结果没有很大差异，各学院的情况和总体情况类似。通过一学期大学生活的过渡，67% 的同学可能对于自己当初的规划有了细微的变化，这是正常的。学习目标和生涯规划变化很大的同学可能更加清晰了自己将来的方向。然而，最让人不能理解的是 19% 的同学到现在还没有清晰的学习目标和规划，即便他们都写了学业规划，学习过职业规划课程。这不仅仅是我们本身的问题，这也是学校教育的问题，学校课程没有完全发挥作用，不能让每个人明确规划。另外，对于我们自己来说，没有明确的目标，四年的大学生活得过且过，这不仅浪费宝贵的时间，也是对自己的人生极不负责。

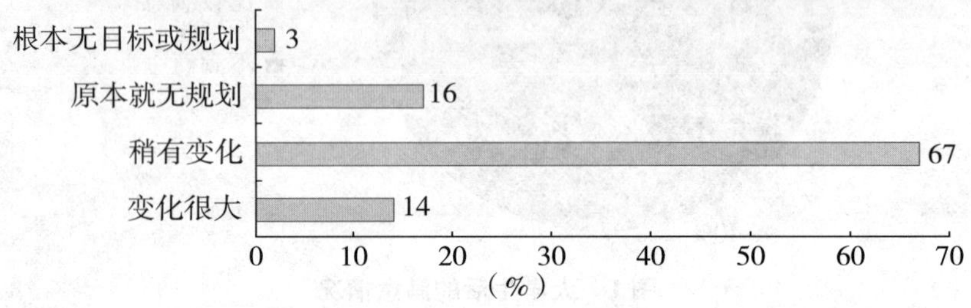

图2　现在你的学习目标和生涯规划是否有变化

（四）如何安排课余生活

大学与高中最大的不同在于，大学不再是单调地学习，我们有了更多的时间去自己安排。课余生活占到大学生活的一半以上，如何安排体现了对大学生活的利用情况。我们通过调查显示：25%的同学参加校内社团或组织，36%的同学与朋友出去玩，6%的同学在校外兼职，33%的同学待在宿舍，如图3所示。这个调查结果喜忧参半，有部分同学能很好地把握课余时间，甚至有的同学刚刚大一就已经开始做兼职，这不仅经济上独立，还积累了社会工作经验。然而33%的同学课余生活待在宿舍，很多时间都浪费在睡觉和玩电脑上，甚至无所事事待在宿舍发呆，时间慢慢流走。面对这样的状况，学生自己不仅要清楚地意识到安排时间的重要性，学校也要有时间管理方面的教育，而且尽可能地在课堂之外开展形式多样的活动，鼓励学生参加各项活动。

（五）专业兴趣

现有研究认为，专业不理想是引发大学生学习适应困难的一个重要方面。主要是因为学生在填报高考志愿时，除少数学生是出于个人志向进行选择外，大多数学生均是在教师与家长的参谋和要求下根据填报专业的分数及热门程度进行填报，对学生的志愿考虑较少。这往往使学生进入大学后，不得不面对专业学习和个人志向的矛盾。于是，也就引发了由专业不理想带来的学习

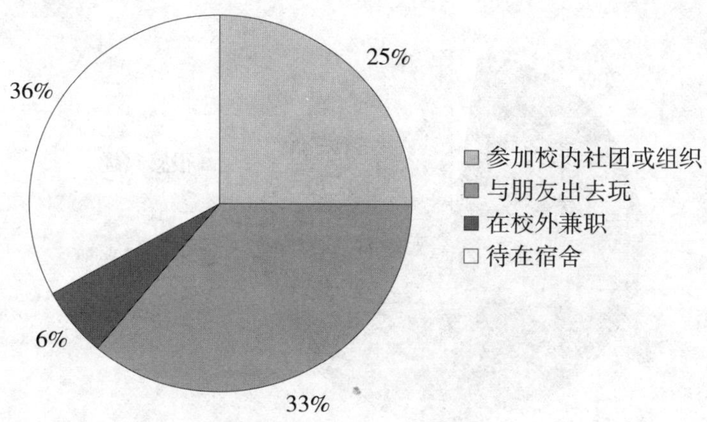

图3　你如何安排课余生活

适应不良问题。

我们学校在第一学期也开展了专业指导的培训，在一学期后，我们重新调查专业兴趣，结果显示：12%的人很感兴趣，66%的人一般，20%的同学不太感兴趣，2%的同学完全不感兴趣，如图4所示。通过对每个学院分别研究，我们发现劳法、信息、商、经济、外语学院情况类似，专业兴趣一般的居多。而物流学院的学生对自己专业兴趣不太满意的居多，占到了57.1%，这可能是报志愿的时候盲目性大，因为物资学院物流专业排名高而选择的。所以，物流学院的老师要加强对学生专业兴趣的引导。另外，我校2012级学生在入学一学期之后，依然对自己专业兴趣不高，对自己专业很感兴趣的人很少，所以学校一方面要积极引导，另一方面要加强教学力度和兴趣，鼓励以考研的方法解决专业不理想的问题。

（六）爱情状况

大学生爱情状况问题是最受关心的问题，我们从高中父母老师的严防死守到现在的恋爱自由，男女恋爱关系常常是大学人际冲突的关键因素，大学生感情问题不容忽视，爱情观的转变也是大学生适应性研究的重要对象。我们通过对2012级大一学生的调查，14%的同学已经找到了另一半，27%的同学想发展，但还无进展，20%的同学根本不想谈恋爱，39%的同学没考虑过，如图5所示。我们对男女生分别分析，结果和整体情况类似。无论男女生都只有少部分对爱情有想法，大部分人不想谈恋爱，这是什么原因呢？一方面

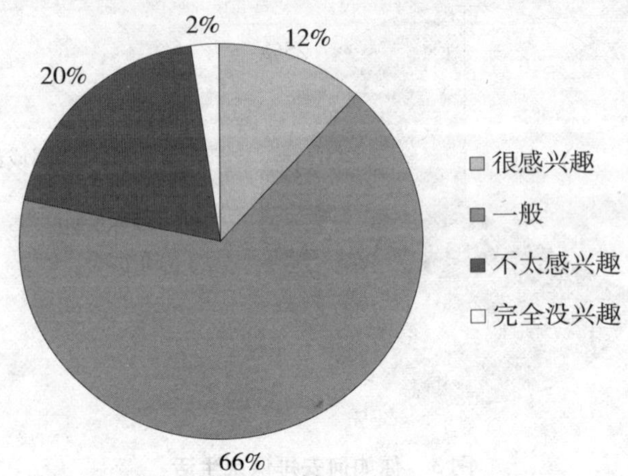

图4　你对自己的专业是否产生兴趣

可能与我们学校男女生比例失衡有很大关系；另一方面，同学的爱情观是否转变了呢？是否还停留在中学状态呢？通过上学期的心理课，我们学习男女交往，学习爱情观，甚至学习了解性，但是我们真的有收获吗？我们好像并没有通过学习形成真正适应的爱情观，课堂上的教育并没有深入人心，这是老师所要注意的。

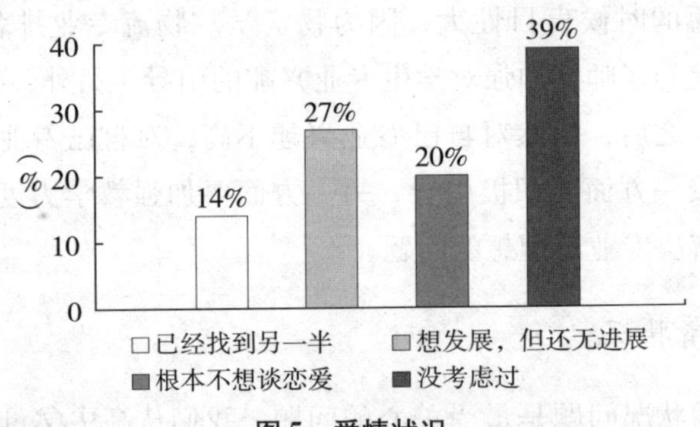

图5　爱情状况

（七）关于财务管理

大学生往往从大学开始脱离父母独自生活，以前生活费用爸妈打理，现在生活费就要自己解决了，面对一大笔生活费，作为入学一学期的新生来说，他们的财务管理现在是什么情况呢？通过调查显示：46%的同学财务管理很合理，有剩余，42% 的同学生活费给多少用多少，6% 的同学生活费不够，6% 的同学生活费能够自己承担，如图 6 所示。我们还对外地生和本地生进行比较，本地生能更好地进行财务管理。结果说明一半的同学已经适应了生活费的处理，可以很好地规划，每月可以有剩余。另外 42% 的同学需要慢慢过渡，逐渐形成财务管理的思想，学会财务管理也是适应大学的一个方面。剩下的 6% 生活费不够用的同学要注意了，学会理财刻不容缓，学会理财，花钱要掌握一个度，把自己 70% 的钱用作随时可支配的钱，30% 作为固定资金以备不时之需；改变自己的消费观念，对自己的消费要讲究度。

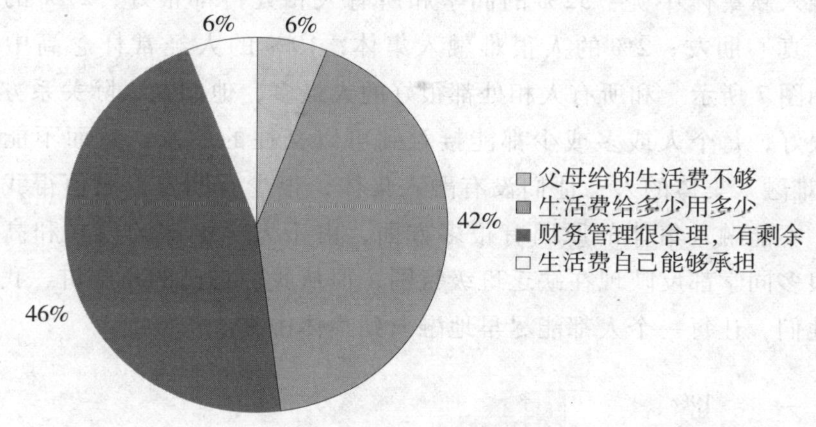

图 6　你在财务方面怎么样

（八）新生期间遭遇的主要问题

每一个适应过程都不是一帆风顺的，尤其是像现在这样，从一个环境转变到另一个环境中。了解我们在转变过程中的问题有利于我们去解决问题。我们通过多选题得到这样的一个结果：18% 的同学缺少朋友，找不到知己；23% 的同学离家太远，常想家；13% 的同学遭受着感情纠结；39% 的同学不知道如何进行大学学习；6% 的同学与同学之间关系不融洽；20% 的同学专业不满意；22% 的同学不适应老师的教学方式；50% 的同学不懂得合理规划时间。新生在适应大学过程中遇到的问题真的不少，但是结果显示还是乐观的，因为大多数人苦恼的是如何进行大学学习，如何规划好时间，这都是积极的现象。大多数同学还没有脱离出传统中学教育的框架，不能适应大学中以自主学习为主的学习方式，因而也难以合理地安排时间。所以，这就要给学校和老师提要求了，让我们自己适应大学生活的同时，在课余多给我们学习、时间规划上的指导等。

（九）人际关系状况

我们从离别一起努力志同道合的高中好友到现在大学新朋友的相识相知，从一人一个卧室的自由空间到现在低头不见抬头见的集体生活，融入新班级和宿舍可能对于某些人来说很困难，而且相当普遍，更严重的是最近几年出现的宿舍纠纷致死案例。我们通过调查看看一学期后我们新生是否能融入新集体中呢？52% 的同学和所有人相处得都很好；27% 的人只有几个真心朋友；2% 的人很难融入集体；19% 的人经常怀念高中的朋友，如图 7 所示。和所有人相处都很好的人最多，他们在人际关系方面转变得很好，每个人或多或少都能接触到可以交往的朋友。然而不能忽略 2% 很难融入集体的人，他们没有融入集体，很少有朋友，更值得我们去关注。不能融入集体的原因有很多方面，由于大学上课的模式和高中不同，很多同学都反映现在缺乏班级氛围，但从我们自己的角度讲，我们要接受他们，让每一个人都能尽早地融入到集体中来。

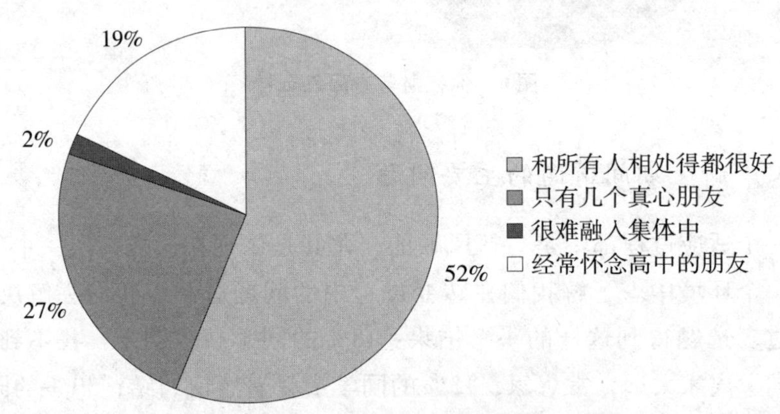

图 7　你觉得你的人际关系发展得怎么样

（十）如何解决所遇问题

与上面提到的问题类似，每个人在适应过程中都会遇到各种各样的问题，前面我们知道了我们在适应过程中所遇到的问题，下面我们就来看看调查对象是怎么解决问题的。4%的同学咨询辅导员；9%的同学向家人求助；25%的同学问同学或者学长学姐；58%的同学自己尝试着去解决；4%的同学不知所措，如图8所示。这个调查显示的结果是非常好的，最多的人选择了自己尝试着解决，有些人可能会求助别人，只有最少的人不知所措。在大学的转变过程中最重要的是思维的转变，我们从原来遇到问题茫然或者求助，现在我们自己尝试着解决，无论结果怎样，我们在这个过程慢慢积累，慢慢成长，慢慢独立。通过这个题目的调查，让我们感到很欣慰，这也是适应性调查所希望看到的。

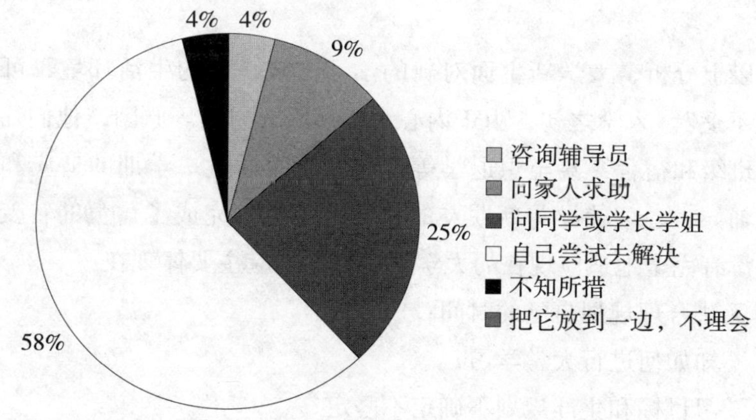

图8　在大学中遇到问题或困难时，你是如何应对的

（十一）如何消除负面情绪

负面情绪是每个阶段不可避免的，没上大学之前，我们在父母的身旁，父母可以包容我们的负面情绪，而现在，父母不在身边，而且周围的事物完全改变，我们该如何消除自己的负面情绪呢？合理地消除负面情绪是非常重要的，处理不当后果相当严重，处理的过程也是一个人心理状况的体现，所以我们把处理负面情绪作为调查题目进行调查。调查结果如下：向父母哭诉的同学有3%；自我发泄的同学有37%；找朋友谈心的同学有46%；憋在心里慢慢淡忘的同学有14%，如图9所示。通过调查，结果还是乐观的，因为大多数同学在适应大学生活过程中采用了健康的方法消除负面情绪。找朋友谈心占最多，这也是非常健康的方法，自我发泄也要注意用正确的方法发泄情绪。

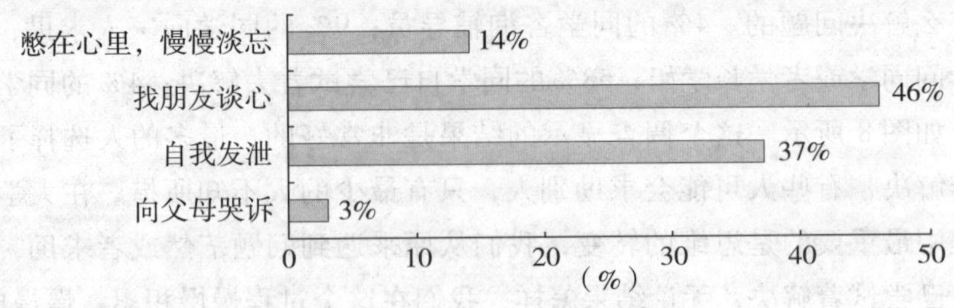

图9　你如何消除自己的负面情绪

二、结论与建议

根据以上分析，大学新生面对新的学习方式，新的生活环境，可能会出现“心理不适”。入学之初，由于内心水土不服、想家等原因，他们往往出现不能融入班级和宿舍，甚至想退学等现象。然而通过一学期的适应和在此期间的课程辅导、心理辅导与新朋友的相处，有些人完成了角色的转变，还有很多人并没有完全地适应现在的大学生活。不适应主要体现在：

（1）无法合理规划自己的时间；

（2）不知如何进行大学学习；

（3）学习目标和生涯规划不确定不坚定；

（4）无法培养自己的专业兴趣；

（5）没有形成合适的爱情观；

（6）有些人不懂得财务管理；

（7）少数人不能融入集体。

我们和新入学时一脸茫然不一样，我们度过了一整个学期，接受了各种课程和培训，和身边的人接触了半年，而到现在我们每个人都真正适应大学的学习生活了吗？没有！问题出在哪，是我们本身适应能力不够强，还是教学本身就有问题？对此，我们提出如下建议：

1. 对于学校及相关部门

（1）建议学校安排心理老师下到各系，以学生提问老师解答的方式，帮助学生解答心理问题，融入学生中，使他们想找并且能够找到心理老师。

（2）建议学校围绕怎样“学会自主学习”开展大规模的宣传教育活动，向新生传授一些实用的学习方法，明确大学仍以学为主，以发展个人兴趣爱好，锻炼能力为辅的教学理念。

(3) 建议开设主题班会和班级活动，让同学们进行交流、一起玩耍，并安排一批有经验的心理老师、生活老师进行系统知识讲座，指导同学们安排好课余时间明确努力方向。

(4) 进行阶段性的专业兴趣培训和职业规划培训，每学年、每个阶段都有，而不是刚入校的时候就培训结束了。

(5) 让有经验的学长或者老师进行时间规划管理的讲座，另外还要开展生活理财的培训，可以考虑制作理财小知识手册或开设相关课程，引导学生正确理财。

(6) 在鼓励学生恋爱的同时，以学生中的情侣为例，爱情观的道理不能只在书本中或是 PPT 上。

2. 对于新生

(1) 建立属于自己的生活作息表；平时可以和同学多出去走动走动；室友之间的关系一定要处理好，和善地对待人家。

(2) 自修之道，无师自通；学会利用资源尤其是图书馆；实践贯通；培养兴趣；爱你所选；明确自己的发展方向，制定自己的生涯规划。

(3) 学会理财，花钱要掌握一个度，把自己 70% 的钱用作随时可支配的钱，30% 作为固定资金作为不时之需；改变自己的消费观念。

(4) 懂得自我知觉，自我反省；热情交往；理解尊重；以诚相待；宽容谅解；消除依赖感。

(5) 对于一个新的班集体，班导和班长要积极和同学沟通，组织集体活动，学院也应该多组织以班级为单位的活动，包括班级间的比赛。

结语

每年，校园悲剧屡见不绝，很大程度上是心理的扭曲所致，关注大一新生的适应性就是更好地让“90 后”的我们以一种健康的心理去适应大学生活，把握大学生活，享受大学生活，珍惜大学生活；也是为了让教育者及相关部门给我们创造途径与环境。另外，本次调研报告还存在不足：调查范围仅限于物资学院 2012 级大一新生，调查对象没有做到按比例分配，尤其是男女比例和学院问卷分配，调查样本不够丰富，对于调查的整理还有待完善。

附录

大一新生入学适应性状况调查问卷

为了了解新生在角色转换中所遇到的各方面问题和半年来的适应情况，我们以入学一学期的大一新生为对象，进行问卷调查。请根据实际情况，认真填写问卷，谢谢您的配合！

性别：男　女　　生源：本地　外地　　学院：________

1. 你满意目前的大学生活（学习，交际，宿舍等）吗？

A. 非常满意　B. 满意　C. 较满意　D. 无感觉　E. 不满意

2. 与刚入学时相比，你认为自己哪些方面有所进步或改善？（多选）

A. 生活自理性　B. 交友　C. 处事思维方式

D. 独立性　E. 生活习惯　F. 学习

G. 财务管理　H. 其他

3. 与刚入学时相比，现在你的学习目标和生涯规划是否有变化？

A. 变化很大　B. 稍有变化

C. 原本就无规划　D. 根本无目标或规划

4. 大多数情况下，你如何安排课余生活？

A. 参加校内社团或组织　B. 与朋友出去玩

C. 在校外兼职　D. 待在宿舍

5. 听了一学期的大学课程，你对自己的专业是否产生兴趣？

A. 很感兴趣　B. 一般

C. 不太感兴趣　D. 完全没兴趣

6. 现在你的爱情状况怎么样？

A. 已经找到另一半　B. 想发展，但还无进展

C. 根本不想谈恋爱　D. 没考虑过

7. 通过上一学期，你觉得你在财务方面怎么样？

A. 父母给的生活费不够　B. 生活费给多少用多少

C. 财务管理很合理，有剩余　D. 生活费自己能够承担

8. 新生期间，造成你苦恼的问题是什么？（多选）

A. 缺少朋友，找不到知己　B. 离家太远，常想家

C. 情感纠结
D. 不知道如何进行大学学习
E. 同学关系不融洽
F. 专业不满意
G. 不适应老师的教学方式
H. 不懂得合理规划时间
I. 其他

9. 一学期以来，你觉得你的人际关系发展得怎么样？
A. 和所有人相处得都很好
B. 只有几个真心朋友
C. 很难融入集体中
D. 经常怀念高中的朋友

10. 在大学中遇到问题或困难时，你是如何应对的？
A. 咨询辅导员
B. 向家人求助
C. 问同学或学长学姐
D. 自己尝试去解决
E. 不知所措
F. 把它放到一边，不理会

11. 当你悲伤失落时，你如何消除自己的负面情绪？
A. 向父母哭诉
B. 自我发泄
C. 找朋友谈心
D. 憋在心里，慢慢淡忘

（指导老师：张震环）

吃光盘中餐

——不做“剩男剩女”

调查时间： 2013 年 3 月 26 日至 2013 年 3 月 29 日

调查地点： 北京物资学院三食堂和潞河居

调查目的： 调查我校学生是否响应了国家的号召，是否积极对待光盘行动。由小见大，纵观我国光盘行动的进展

调查对象： 北京物资学院在校学生

调查方法： 问卷调查

调查人员： 祁硕　李可人　吴薇　贺玲

调查分工： 李可人、吴薇、贺玲负责问卷调查
祁硕负责问卷整合
吴薇负责 Excel 表格处理及 PPT 前期处理
祁硕负责 PPT 后期制作
李可人负责演讲
李可人、吴薇、贺玲、祁硕负责调研报告

一、有关“光盘行动”的调查情况

春节前夕，“舌尖上的浪费”再次成为公众关注的焦点。据央视报道，中国人每年在餐桌上浪费的粮食价值高达 2000 亿元，被倒掉的粮食可供 2 亿多人一年的口粮，在这触目惊心的数字下，“光盘行动”应运而生。我校为响应国家的号召，加强同学们的节约意识，推出了“今天你光盘了吗”的行动。

在活动展开近一个月时间后，我校的浪费现象到底有没有改善呢？同学们面对“光盘 style”都是什么态度呢？我们决定对我校“光盘行动”的成果

进行深入的调查研究。

我们制定了详细具体的调查问卷，并在我校的各个食堂分发问卷。调查内容主要包括同学们对于“光盘行动”的认知行动；有无做到身体力行；同时提醒身边的人做到“光盘”；对于杜绝浪费有没有更好的建议。同学们都积极参与到活动中，认真填写了问卷调查表，并与我们进行了意见交流。调查过程顺利进行，我们共发放了100份调查问卷，成功回收99份。问卷整理情况如下。

（一）“光盘行动”的支持率

对于“光盘行动”的支持率，大多数同学表示支持，如图1所示，他们一致认为节约是中华民族的传统美德，我们在经济高速发展的今天，已将这美德遗失了好久好久，“光盘行动”是我们重拾这中华民族的优良传统的有力之举，作为当代大学生的我们必须从自我做起，从节约每一餐的粮食做起。

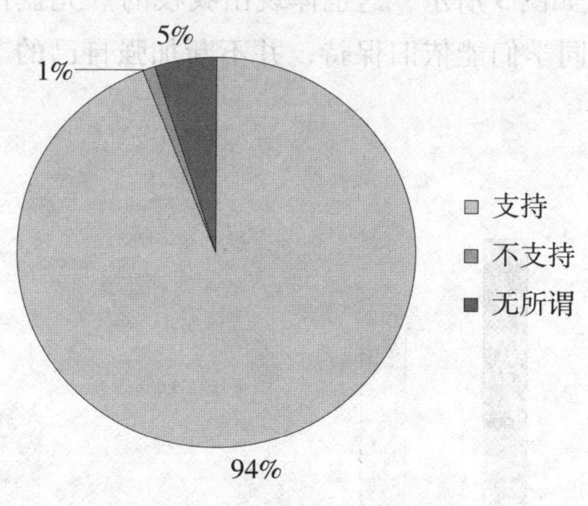

图1 “光盘行动”的支持率

（二）是否了解浪费的粮食

了解的人数占了很小的一部分，如图2所示，这也是以下将要提到的浪费的一个理由吧。因为大家都很心安理得，殊不知，全国每年浪费食物总量折合粮食约500亿千克，相当于全国粮食总产量的1/10。500亿千克，这是何其庞大的一个数字啊！

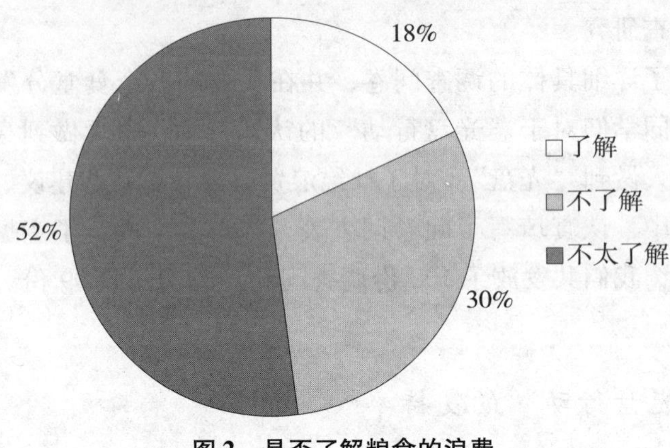

图2　是否了解粮食的浪费

（三）光盘的比例

这就说明大多数同学还不明确是否每一餐都做到光盘，这也说明绝大多数同学并不够重视自己是否“光盘”了，70%的同学表示，自己的光盘次数能达到80%以上，如图3所示，这也体现出我校的“光盘行动”取得了相当不错的效果。希望同学们能依旧保持，并不断加强自己的节约意识，争取做到100%。

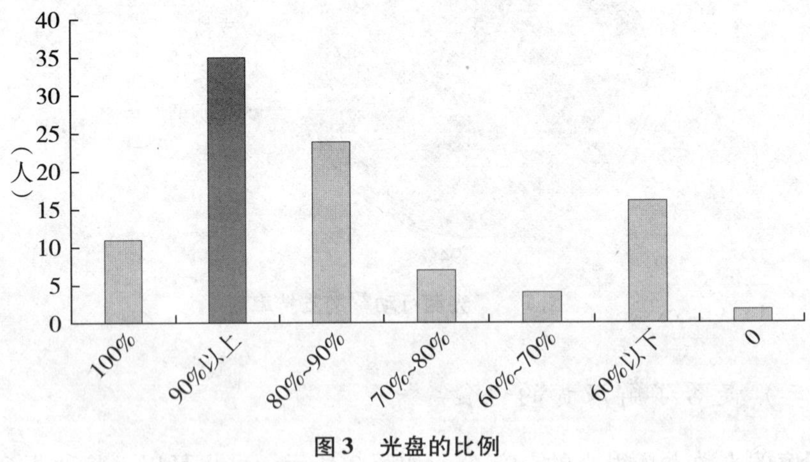

图3　光盘的比例

（四）不光盘的原因

对于不光盘的原因，84%的同学表示买多了或不好吃，而6%的同学表示不好意思“光盘”，如图4所示。正所谓“面子问题大如天，许多中国人爱面子，全世界都知道”。随着经济的高速发展，近些年来国人的消费水平确实比以前有了很大的提高。但是，还远没有达到可以随便奢侈浪费的程度，况且我国的国情也不允许国民奢侈浪费。许多外国人虽然比我们富裕，但用餐却非常注重节约，需要多少就点多少，即便偶尔判断失误多点了，也会打包带走，绝不轻易浪费食物。这是我们需要学习的地方。作为一名大学生，我们更应加强自己的节约意识，勤俭节约从身边小事做起，从“光盘行动”做起。

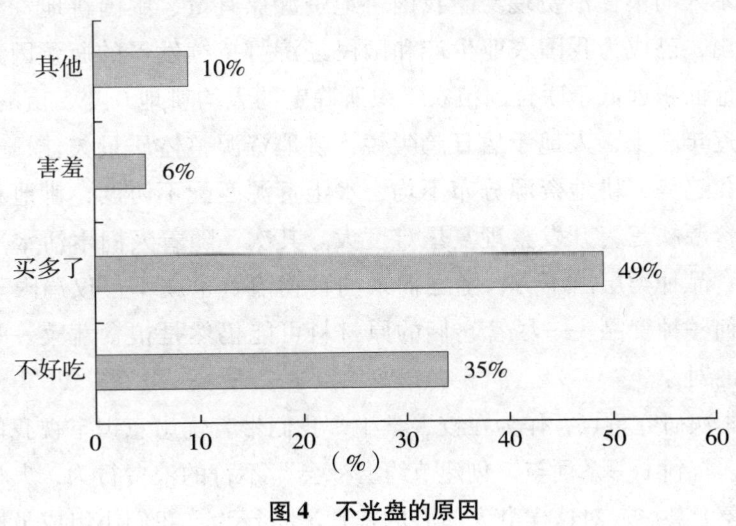

图4　不光盘的原因

二、针对“光盘行动”调查的分析

（一）食物浪费的产生背景

徐侠客因长期从事报道国土资源方面的事情，所以对国内的资源状况十分清楚。在他看来就餐时剩菜剩饭不仅仅是在浪费食物，更是在浪费水资源和农业资源，于是在2012年4月22日他在腾讯微博中发了第一条关于节约粮食的微博。他在微博中呼吁：“珍惜资源别成口号，就从餐桌浪费开刀。”

2013年1月16日，徐侠客的“光盘行动”再次掀起了一个高潮，他当天在腾讯微博上发表了：“中国光盘节宣言：今天不剩饭，从我做起!”“如果每天浪费的粮食回收5%，就可以多救活4百万饥民”，引起了浙江省委组织部部长蔡奇等超过250名腾讯微博认证用户的关注，一时之间，这项活动迅速由网络向整个社会发散开来。

而我们物院也加入了这个活动，各种横幅展板上都号召全物院的同学们也要“光盘行动，从我做起”。所以我们做了这个调查。

（二）食物浪费的原因

在经济腾飞的当今中国，我们所要关注的首先是同我国粮食安全的严峻形势格格不入的粮食浪费现象。我国耕地资源保有量、中国耕地资源的稀缺性日益突出，已成为我国农业生产和国民经济可持续发展的瓶颈因素，而我国人均耕地面积远低于联合国粮农组织所确定的人均耕地0.795亩的警戒线，耕地面积逐年减少，人地矛盾日趋尖锐，耕地资源整体质量欠佳，土壤环境质量成恶化趋势，耕地资源分布不均，水土资源匹配不协调，耕地利用程度高但后备资源缺乏，开发整理复垦难度大。其次，随着人们生活水平日益提高，各种食品种类层出不穷，随之而来的食物浪费也就不仅仅局限于粮食蔬菜了，任何一种食品——尽管它们的原材料可能仍然是粮食蔬菜——都可以成为浪费的对象。

结合本次研究重点，作为在校大学生，我们带着忧患意识审视我们日常的粮食消费，看到了一系列与“创建节约型社会”不符的浪费行为，大学生食堂的浪费现象尤甚。针对这样令人痛心的粮食浪费行为，我们小组成员通过问卷调查的形式，以探求大学生食物浪费心理为切入口，挖掘出食物浪费的原因与解决措施，最终希望唤起并加强大学生节约粮食、杜绝食物浪费的意识。

而我们物资学院眼瞅着也是一桶一桶的倒掉了叔叔阿姨们辛辛苦苦做的饭菜，或许真的是有的饭菜很不好吃，可是据我们调查，买多了占了很大一部分，这些明明是可以节约省下来的。可见，在大学校园中，在我们这样一个受过高等教育的群体中，食物浪费尚且如此严重，整个社会的食物浪费情况可想而知。

（三）食物浪费的危害与节约的意义

“谁知盘中餐，粒粒皆辛苦”。在我国耕地资源所面临巨大挑战和压力的同时，我国粮食生产徘徊不前，人均耕地量持续下降，随着经济发展和人们对生活水平要求的不断提高，加上人口的不断增长，城乡居民的粮食消费将会不断发生变化，出现一些新的特点和发展趋势，以上压力抬升了我国的粮食需求，对我国的粮食安全带来新的挑战，这些因素造成了我国粮食供给的缺口。因此，我国粮食的供需矛盾迫在眉睫，粮食节约刻不容缓。

一个拥有70亿人口的地球，再也承受不了食物浪费。全球的食品消费者和零售商只需通过简单的行动，每年便可节约13亿吨的食物。这是多么庞大的一个数字，多么惊心的一个数字。

我们要拒绝这样的浪费，这是我们本身力所能及的，如果不从自身做起，未来的某一天，或许我们也会成为为了粮食而掉泪的人。多节约一粒粮食，是我们爱惜粮食的体现，更是我们的责任。有人打过这样一个比方，12亿人口的嘴加在一起，比世界上最大的广场——天安门广场还要大。这真是一张大嘴！光是每年新增加的一千五百万人就要吃50亿千克的粮食！所以说，节约粮食，对我们的国家具有特别重大的意义。

三、通过“光盘”行动提出的建议

节约光荣，浪费可耻。最近参加了几次同学聚会，发现执行“光盘行动”还真是有些困难，每次还是会剩下几大盘菜，谁也不愿意打包带回家，不一定是真不愿意，我想更多的可能是口味不合不愿意吃。我就建议，下次再聚会的时候，不要一两个人点菜了，应该把点菜权交给大家，一人点一个自己爱吃的菜，最起码，得把自己点的菜消灭个差不多，这也可以减少些浪费。各位觉得如何？下面总括提出一些建议：

1. 珍惜粮食，适量订餐，避免奢侈浪费；
2. 不攀比，以节约为荣，浪费为耻；
3. 吃饭时吃多少盛多少，不扔剩饭剩菜；
4. 提醒身边的同事和朋友，积极制止浪费粮食的现象；
5. 做节约宣传员，向家人、亲戚、朋友宣传节约粮食；
6. 积极参加文明餐桌行动，营造节俭用餐的良好风气。

四、总结

我们见证了“光盘行动”的开始，但我们不希望看到它的结束，因为在任何时刻、任何地点节约的意识都是不可或缺的。就算我们的生活水平高了，我们的经济发展了，都不是我们浪费的理由，所以我们需从自身做起，从身边的小事做起，从“光盘行动”做起。通过这次问卷，我们总结了以下几点经验：首先问卷的制定要有针对性，问题的设置要便于访问者接受；其次要采用询问的方式；再次问卷时要热情客气，问卷后要表示感谢；最后就是问卷的整理工作，数据要准确，客观分析、评估。

经过对于高校食物浪费的调查研究，我们了解了我国乃至世界粮食现状，知道了我国乃至世界年浪费粮食的总量，理解了粮食节约的意义和食物浪费的危害，我们为当代大学生缺乏勤俭节约意识而感到痛心，也替那些将奢侈浪费看作面子的人感到羞耻。引用一句话“不要把浪费当成潇洒，你挥霍的是一种修养；不要把节俭看作尴尬，你培养的是一种品德。”我们希望此次研究可以带给更多的人以反思，可以呼吁更多的人树立起绿色的食品消费观念。

作为一名大学生，我们要真正拒绝“舌尖上的浪费”。诗人海子说过：“从明天起，让我们关心粮食和蔬菜。”我们也不妨赶紧行动起来，接力成为“光盘”一族，重新找回对于粮食的温暖与敬意。

附录

吃光盘中餐——不做“剩男剩女”

有一种节约叫光盘，有一种公益叫光盘！所谓光盘，就是吃光你盘子中的食物。在我们物院，也要从我做起，今天不剩饭。

那么，亲，今天你光盘了吗？

性别：A. 男　　B. 女

年级：A. 大一　　B. 大二　　C. 大三

D. 大四　　E. 研究生

1. 你光盘的概率大约是多少？

A. 100%　　B. 90%以上　　C. 90%~80%

D. 80%~70%　　E. 70%~60%　　F. 60%以下

G. 没光盘过

2. 你没吃完饭菜的原因是什么？（第 1 题是 100% 就不用回答）

A. 不好吃　B. 买多了

C. 不好意思吃干净　D. 其他原因

3. 你了解中国人民一年浪费的粮食是多少吗？

A. 了解　B. 不了解　C. 不太了解

4. 你觉得浪费粮食好吗？

A. 好　B. 不好　C. 无所谓

5. 你身边的浪费现象严重吗？

A. 严重　B. 不严重　C. 没观察过

6. 你觉得现在的学校食堂和外面餐厅哪个浪费更严重？

A. 学校　B. 外面　C. 一样

7. 你的家人和朋友了解光盘行动吗？

A. 了解　B. 不了解　C. 不知道

8. 光盘行动的意义大吗？

A. 大　B. 不大　C. 不清楚

9. 你觉得实行光盘行动后，浪费有减少吗？

A. 有　B. 没有　C. 没注意过

10. 你参加这个行动了吗？

A. 参加　B. 没参加

11. 你有想过你浪费的粮食的重要性吗？

A. 想过　B. 没想过　C. 不知道

12. 对于以前的浪费，自己心里后悔吗？

A. 非常后悔　B. 一般般　C. 不后悔

13. 你支持光盘政策吗？

A. 支持　B. 不支持　C. 无所谓

14. 如果没行动，现在可以加入光盘行动吗？

A. 特别愿意　B. 不愿意　C. 无所谓

15. 针对光盘行动你有什么想说的吗？

（指导老师：张震环）

关于大学生网购的调查报告

——以北京物资学院为例

调查目的： 大学生是新新人类，对新鲜事物比较好奇，为了揭开网购的真实面目，让更多的人了解认识网购，以便了解大学生网上购物的情况与需要，对在校大学生进行了此次调查。

调查对象： 北京物资学院在校大学生

调查方法： 问卷调查法。

分别在大一、大二、大三学生中随机抽取二十名同学，向所选个体发放《大学生网上购物问卷调查》了解学生关于网上购物的基本情况。

调查人员： 张思雪　王彬燕　余玉梅　邬宏莉

调查内容： 本次调查共调查60人，其中男生33人，女生27人。在这60份问卷中，90%的学生有网购经历，另外的10%则没有。

前言

互联网和通信技术的高速发展，使电子商务迅速普及。凭借互联网无地域限制的优势，消除了产品、服务供应商和需求者之间地点与距离相关的障碍，我国经济正逐渐成为以互联网、通信技术为基础的新经济。现在越来越多的人为了方便节约时间，网上购物越来越贴近人们的生活。这种模式有着降低运营成本、方便快捷等方面的优势，大大降低了企业和个人的行业进入门槛，一时间网商如雨后春笋般纷纷涌现。网络购物的兴起，正悄然改变着社会的商业结构和生活方式。由于大学生接触网络比较多，所以我们对大学生网上购物进行调查。

一、调查结果与分析

表 1　　网上购物理由

	节省时间、费用	学校去市区购物不方便	寻找新奇商品	出于好奇	时尚、款式新颖	受身边朋友影响
男（人）	28	6	18	0	6	9
女（人）	27	10	12	1	6	2

从表 1 可以看出，节省购物时间及费用是同学们最为主要的网上购物理由。寻找新奇物品和学校去市区购物不方便也是两个比较重要的因素。27%的男生网购都是受朋友的影响，相比于女生而言，这也是男生网购的一个比较重要的因素。

表 2　　所购物品种类

	书籍、影音等	衣服饰品	礼品	手机及数码产品	电脑及配件	生活和体育用品	美容化妆品	食品类	其他
男（人）	15	21	3	9	6	9	0	2	7
女（人）	9	22	7	1	2	2	8	1	1

从表 2 统计的数据来看，大多数的男生及女生网购所选物品都是书籍、影音和衣服饰品，而只有 5%的学生会在网上购买食品。33%的女生还会在网上购买美容化妆品，而男生在这一项的比例则为 0%。相比女生而言，男生更热衷于购买电子产品及体育生活用品。

表 3　　网购影响因素

	价格	邮费	网友评价	卖家信用	实物	其他
男（人）	20	5	22	16	14	0
女（人）	22	4	21	27	7	1

从表 3 可以看出，80%以上的学生更关注网购时的价格、网友评价及其卖家信用。相比而言，邮费这个因素可能只会对 15%的学生造成影响。相比男生而言，女生可能不会太注重实物与网上晒出物品的区别。

表4　网购前景分析

	发展好	不怎样	不好
网购前景	83.3%	15%	1.7%

结果显示，认为网购发展前景好的占83.3%，不怎么样的占15%，不好的占1.7%（见表4）。从以上的分析来看，网购已经成为现代购物的一种趋势，而且在将来，这种趋势肯定会越来越明显。网上购物，不仅对买家来说方便快捷，对卖家来说，也是一种很好的销售途径。所以，做好网上销售是势在必行的。

从调查结果还可以看出，70%男生网购的频率为每月一次，而55%的女生的网购频率为每月一次，总体来说，男女生网购都比较频繁。70%的男生及90%的女生平均每次购物的金额范围都在200元以下。一半以上的同学都会选择通过第三方担保来完成网上支付，这样一来，也可以保证网上支付的相对安全。通过调查还可以发现，被调查人身边的同学和朋友中选择网购的人都很多。可是，也有许多人对网购有很多的困扰，90%的同学都很担心网购时物品的描述不清，还有许多伪劣产品。在评价网上购物的可信度时，有40%的人选择可信度在80%以下。

二、建议部分

从以上分析来看，网购已经成为现代购物的一种趋势，而且在将来，这种趋势肯定会越来越明显。网上购物，不仅对买家来说方便快捷，对卖家来说，也是一种很好的销售途径。所以，做好网上销售是势在必行的。我们针对调查中发现的在校大学生网上购物存在的一些问题，提出一些粗浅的看法和建议：

1. 网络安全成为网上购物的重要障碍，相关网站应尽力改善，加强网站宣传设施的建设和宣传力度，让消费者了解电子商务网站采用的主要安全机制和作用，努力打消人们对安全问题的担忧。

2. 信用问题是网上购物中人们担忧的另一个重要问题。加强信用机制建设，规范身份认证和身份识别技术的应用，通过宣传教育让人们了解网上信用机制。通过法律手段规范信用评估，对于促进网上购物的发展具有现实的意义。

附录

大学生网购调查问卷

同学们：

大家好！现在网络购物已经成为当代的消费时尚，大学生更是作为其中的主力军，为了解当代大学生的具体网购情况我们特设计了此问卷调查，你所提供的数据将只用于统计分析，麻烦您在百忙之中给予帮助和支持，谢谢你的合作！

你的性别是：______

1. 你所在的年级是（　　）

A. 大一　　B. 大二　　C. 大三

2. 你是否有网上购物的经历？（　　）

A. 有　　B. 没有

（回答有的请接着回答3～10题，回答没有的请接着回答第11～15题，16～25题两者都需要回答）

3. 你选择网上购物的理由是？（多选）（　　）

A. 节省时间、节约费用　　B. 学校去市区购物不方便

C. 寻找新奇商品　　D. 出于好奇

E. 时尚、款式新颖　　F. 受身边朋友影响

G. 可以货比三家，没有营业员施加的压力

4. 你选择网上购物的支付方式？（　　）

A. 通过第三方担保（如支付宝、易宝）　　B. 网上银行直接转账

C. 电信支付方式（如手机、固定电话）　　D. 货到付款

5. 在网上购物你经常选择的产品是（多选）（　　）

A. 书籍及影音类　　B. 衣服饰品　　C. 礼品

D. 手机及数码产品　　E. 电脑及配件　　F. 生活和体育用品

G. 美容化妆品　　H. 食品类　　I. 其他

6. 你在网上购物的频率？（　　）

A. 平均每季一次　　B. 平均每月一次

C. 平均每礼拜一次　　D. 更多

7. 你平均每月的生活费用大概是（　　）

A. 600 元以下　　B. 600～1200 元

C. 1200～1800 元　　D. 1800 元以上

8. 你平均每次购物的金额范围是（　　）

A. 100 元以下　　B. 100～200 元

C. 200～500 元　　D. 500～1000 元

E. 1000 元以上

9. 你在网上购物遇到的主要困难是（　　）

A. 物品描述不清，难辨真伪　　B. 商品种类和网站数目太多

C. 界面复杂，不易操作　　D. 在线支付方式不安全

E. 网站速度太慢　　F. 到货速度太慢

10. 你觉得现在几大著名购物网站（如淘宝、易购）有无不足之处？

A. 有　　B. 没有

11. 你没有尝试过网上购物的原因是？（多选）（　　）

A. 不知道如何网上购物　　B. 习惯传统购物

C. 商品质量难以保证　　D. 害怕网上支付不够安全

E. 网上购物程序太麻烦

12. 具备了哪些因素你会选择网上购物？（多选）（　　）

A. 网站商家信用度高　　B. 价格低于市场价格

C. 免费送货　　D. 开设赠送抵金券

E. 其他

13. 有人告诉你网上购物非常安全，货物质量也有保证你会选择网上购物吗？（　　）

A. 会　B. 不会　　C. 有可能

14. 如果你尝试网上购物你会购买些什么物品？（多选）（　　）

A. 书籍及影音类　　B. 衣服饰品　　C. 礼品

D. 手机及数码产品　　E. 电脑及配件　　F. 生活和体育用品

G. 美容化妆品　　H. 食品类　　I. 其他

15. 你将来会尝试网上购物吗？（　　）

A. 会　　B. 不会　　C. 不好说

16. 你身边的同学、朋友中有人选择网上购物吗？（　　）

A. 非常多　　B. 少部分人
C. 很少人　　D. 几乎不

17. 在网购中哪些因素对您影响最大？（多选）（　　）
A. 价格　　B. 邮费　　C. 网友评价
D. 卖家信用　　E. 实物　　F. 其他

18. 你所能接受的最长到货时间是？（　　）
A. 24 小时内　　B. 3 天内
C. 一星期内　　D. 无所谓

19. 你了解网上购物的流程吗？（　　）
A. 非常了解　　B. 了解不多
C. 有点不了解　　D. 完全不了解

20. 你觉得网上购物流程是否烦琐（包括开通网上银行、网上商店、购买流程等）？（　　）
A. 非常　　B. 有点　　C. 一点都不

21. 你觉得网上购物的可信度有多少？（　　）
A. 80% ~100%　　B. 60% ~80%
C. 40% ~60%　　D. 40% 以下

22. 你有无网上购物受骗的经历？（　　）
A. 有　　B. 没有

23. 如果你在网络购物中遇到购买的物品有质量问题或和网上图片有偏差，你会怎么做？（　　）
A. 反正东西不多，吃点亏算了
B. 非常生气，再也不在网上购物
C. 想退货换货，但是不知道通过什么渠道
D. 向销售网店提出投诉
E. 向消费者协会投诉
F. 向有关管理部门提出申诉

24. 你觉得现在在网上购物存在的缺陷有（多选）（　　）
A. 管理混乱
B. 规范不健全
C. 存在许多欺诈情况以及虚假宣传

D. 对消费者的保护还不够

E. 对中间环节的管理（邮政快递等）有待加强

F. 其他

25. 你觉得网络购物在大学生市场的前景怎么样？（　　）

A. 发展前景好　　　B. 不怎样　　　C. 不好

（指导教师：高书文）

关于大学生兼职情况调查实践报告

小组组员：王瑞君　付晗　冯铎（组长）　皇甫遥遥　朱锦程
问卷设计：王瑞君　朱锦程
问卷编写：付晗　冯铎　朱锦程
问卷实施：冯铎　付晗　王瑞君　皇甫遥遥　朱锦程
数据录入：冯铎　付晗　王瑞君　皇甫遥遥
报告起草：付晗　皇甫遥遥
报告审核：王瑞君　冯铎
幻灯片制作：冯铎
报告讲说：王瑞君　冯铎

摘要

现在的在校大学生在校期间从事兼职工作，同学们都有自己的兼职观念，兼职在大学校园中已非常普遍。参加各方面的兼职工作，一方面可以缓解家庭的经济压力，更重要的是在一定程度上接触了社会，获取了一些工作经验，提高了自己的核心竞争力，为以后自己找一份好的工作奠定了坚实的基础。然而在兼职期间，大学生也会碰到各种各样的挫折。为了大学生能更好地认识兼职的意义，从兼职中获得更多的收获，对社会有一个更加真实理性的认识，我们小组特意进行了这次关于大学生兼职情况的调查，希望通过此次努力能够帮助大家调整观念思想，规划人生，为今后更好地适应社会，迎接职场挑战做好准备。无论同学们有没有做过兼职，眼下都存在着一条漫漫兼职路。在这条路上，我们该怎么走，走向何方呢？面对一系列的问题我们对通州区在校学生兼职情况进行了问卷调查，我们就同学们认为是否有必要从事兼职，兼职的目的、途径、工种、报酬、家长对子女从事兼职的态度，如何看待学习和兼职、从生活费即家庭状况分析大学生兼职的情况，大学生从事兼职的时间段，大学生在兼职过程中存在的问题和他们的需求等方面，进行了广泛的问卷调查，并进行了深入分析。此次问卷调查共有57道题目，共发放问卷60份，收回54份，回收率90%。

一、引言

随着大学生年龄的增长和思想的成熟，以及学习、生活方面的种种原因，越来越多的大学生走上了“学习—兼职”的生活方式。兼职既能挣一些生活费，同时又能积累一些经验，锻炼能力，这不失为一种两全其美的选择。越来越多的大学生在学习之余加入到兼职的队伍中，大学生兼职已经成为一种普遍的社会现象。不论是假期还是平时，都有不少大学生利用业余时间参加兼职工作。

为了深入了解大学生兼职情况并对其现状原因进行分析，我们做了这次调查问卷。

二、调查设计

（一）调研样本

共向通州区在校大学生发出调查问卷60份，收回有效问卷54份。其中男生（60%），女生（40%）。大一29人（54%），大二15人（28%），大三9人（16%），大四1人（2%）。没做过兼职的占48%，做过的占52%。

（二）调查目的

了解大学生在校期间的兼职状况，并分析其中的原因。

（三）实施过程

我们在北京物资学院（校本部）发放问卷20份，主要以食堂、宿舍为发放地点，受访同学填完问卷后立刻回收问卷。

在北京财贸学院发放问卷40份，主要在交通要道、人流量较大的地方采取现场答卷，现场回收的方式发放问卷。

网上问卷（主要针对北京物资学院）若干份，给认识的同学朋友发放网上调查问卷，待问卷反馈后提取信息。

《大学生兼职情况调查问卷》收回有效问卷54份，然后统计所得到的调研数据。

三、调查结果分析

（一）大学生获取兼职信息的途径

调查结果显示（见表1）：52.5%的学生自己找兼职，其中男生占58.7%，女生占41.3%；25%的学生通过中介机构寻找兼职，其中男生占35.5%，女生占到了64.5%；12.5%的同学通过学校的兼职协会寻找兼职；另外，10%的同学通过网上或学校的广告寻找兼职。调查还发现，90%以上没做过兼职的同学乐意朋友或同学帮忙介绍去寻找兼职。在调查学校有没有必要成立专门的兼职指导机构时，82.5%的同学认为非常有必要，因为只有这样才能保证同学们在丰富自己的课余生活的同时确保兼职的安全。

表1　大学生获取兼职信息的途径

	男生	女生
自己找兼职	58.70%	41.30%
中介机构	35.50%	64.50%
兼职协会	60.50%	39.50%
网上或学校广告	36.70%	63.30%

许多大学生喜欢通过自己的努力去寻找兼职信息，通过这种方式获取的兼职信息有很大的安全性，寻找兼职的同时也是一种不错的实践。

通过一些中介媒体，如报纸、中介、各式传单、海报等。这也是大学生很喜欢的一种形式，它既可以节约很多时间又能保证求职率。但又存在着一定的宣传性，现实与宣传存在着一定的差距，使大学生在心理上产生一种落差。

学校的兼职协会也是一种不错的途径。首先学校的兼职协会有很大的安全保障，当发生纠纷时，可以很好地进行处理，避免了势单力薄的局面。而且协会所提供的兼职工作，大部分符合大学生的兼职情况。

（二）大学生兼职类型

调查结果显示：仅7.5%的同学做过家教且全部是大学二年级的同学，50%的同学做过促销，40%的同学做过餐饮，很少有同学做过诸如礼仪、家政、发过传单、校园代理等工作。另外，从年级来看，大一、大二、大三分别有42.1%、31.26%和23.3%的同学做过促销，分别有20.8%、44.6%和17.5%的同学做过导购，分别有16.2%、18.8%和37.2%的同学做过家政。

（三）大学生兼职的主要目的

47%的男生、40%的女生认为兼职可以体会靠自己赚钱的感觉，可以减轻家庭负担，也有成就感；42%的男生、57%的女生认为兼职可以积累社会经验，为今后的工作增加筹码；分别有11%的男生、3%的女生认为兼职可以拓宽交际面（见下图）。总体看来，绝大部分同学从事兼职的目的比较明确，主要是赚钱和积累社会经验，少数同学认为可以广交朋友，拓宽交际面。值得一提的是，家庭经济情况不那么好的同学都非常成熟懂事，知道家长的不易，都乐于自己兼职，减轻家长负担。

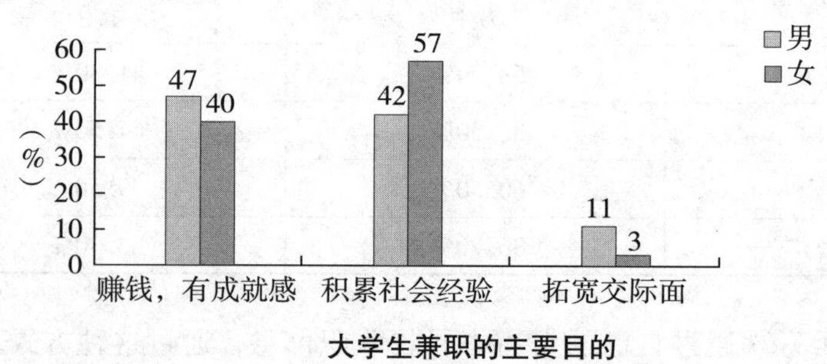

大学生兼职的主要目的

（四）大学生对兼职工作最重视的方面

最重视“工资报酬”的有28人，占51.9%，最重视“工作时间”的有13人，占24.1%，最重视“工作强度”的有5人，占9.3%，最重视“工作环境”的有8人，占14.7%，从表2中可以明显看出大学生对兼职最重视的方面是工资报酬。

表 2　　大学生对兼职工作最重视的方面

	工资报酬	工作时间	工作强度	工作环境
人数	28	13	5	8
比例	51.9%	24.1%	9.3%	14.7%

（五）兼职与学习的关系

至于如何协调兼职和学习的关系，在被调查学生中，在“你是否利用上课时间去做兼职”这道题上，54 个人回答了，在回答的学生中，9.5% 的学生选择有过，但是次数不多，90.5% 的学生则选择了没有。可见为了兼职而旷课的情况还是存在，看来如何协调好兼职与上课的关系不容忽视。兼职本身并没有错，关键是如何去把握，我们只有正确处理好学习与兼职的关系，找好两者的平衡点，才能使兼职的效用发挥到最大。

四、大学生兼职建议

大学生在即将步入社会之前，积累一些工作经验、人生阅历，体验一下现实生活，对我们这些初出茅庐的学生们在未来人生道路上摸索前进不无裨益。社会可以说既简单又复杂，学生们在做兼职的过程中对社会有了初步的了解，就不至于在真正走进社会时茫然而不知所措。大学生做兼职既能对课堂所学知识加深理解，又能加速“脱贫致富”，这样的“校园打工族”必然将成为一个主流、另一种“时尚”。

通过调查发现，大多数同学对兼职抱支持的态度，希望在大学时代通过兼职一来锻炼自己，提高自己的能力，二来减轻家里的负担。为此我们提出以下建议，希望对大家今后的工作和学习能有所帮助：

1. 从大学生自身角度出发，在寻找兼职时，首先应明确兼职的目的不仅仅是赚钱，更重要的是锻炼自己，积累工作经验。兼职应该量力而行，适可而止。我们应该尽快找到学习与兼职之间的平衡点，正确处理兼职与学习的关系。当然在兼职时更应该注意兼职的安全性，必要时用法律维护自己的合法权益。

2. 学校方面应尽量满足学生最基本的兼职需要，成立指导学生兼职的专门机构，积极引导学生正确兼职。这样不仅对学生是一个很大的帮助，从某一方面讲对学校也是一个很大的帮助，因为学生的能力增强了，一两年后学校的就业率当然也就上去了，学校的声誉也就接踵而至。

3. 应尽快制定相关法律法规，完善法制环境，坚决打击非法中介，为大学生兼职提供良好环境，从侧面保障兼职大学生的合法权益。

总而言之，通过此次调查我们了解到同学们大都希望在大学期间从事兼职工作。在丰富多彩的大学课余生活中，我们有着无限的激情，满腔的热情，更重要的是兼职经历。通过调查，同学们大都希望在大学期间从事兼职工作，家长们基本同意子女兼职并予以支持。在兼职过程中同学们遇到了各种各样的困难，由于缺乏经验和社会阅历，不知如何应对，甚至有些同学还被欺骗过。但也有一部分同学具有一定的特长，善于交际，能力突出，能够将兼职工作做得有声有色。另外，兼职要量力而行，适可而止。凡事皆有度，兼职也不例外。应该以学业为主，切忌盲目。找好学习与兼职的平衡点，敢于尝试科技含量高的兼职，多尝试能锻炼能力，实践知识的兼职。其次，同学们一致认为学校应该成立专门的兼职指导机构，鼓励指导同学们从事兼职，使大家在丰富课余生活的同时，既锻炼了能力，又获得了一定的报酬，为以后的就业做好准备。

无论如何，在这个竞争日益激烈的社会中，大学生一定要认识到学习知识固然重要，但同时不可否认也有很多不可预见或能预见但改变不了的客观因素，让你不可能像老师教的一样去生活，所以我们得提前自己去学老师不教的。真正懂得把理论和实践结合，懂得什么叫真正的生活，这才是我们大学生做兼职的目的！

附录

大学生兼职情况调查问卷

亲爱的同学：

你好！为了更加全面和准确地了解现在的大学生兼职情况，我们设计了这份调查问卷，希望你根据你的真实想法填写，感谢你的支持与合作。

1. 你的户籍类型属于（　　）

A. 农村　　　　B. 城镇

2. 你的性别（　　）

A. 女　　　　B. 男

3. 请问你是否为独生子女？（　　）

A. 是　　　　B. 否

4. 你所在的年级（　　）

A. 大一　　B. 大二　　C. 大三　　D. 大四

5. 你的系别__________专业__________

6. 你的月支出是多少？（　　）

A. 500 元以下　　B. 500 ~ 800 元　　C. 800 ~ 1100 元　　D. 1100 元以上

7. 你对大学生做兼职的看法（　　）

A. 对自己没多大用处，浪费时间　　B. 不排斥，但没有时间去做

C. 可以很好地锻炼一下自己　　D. 没做过，想体验一下

8. 你觉得大学生有无兼职的必要？（　　）

A. 非常有必要　　B. 可有可无　　C. 没必要

9. 你认为在校期间找兼职对你以后毕业找工作是否有帮助？（　　）

A. 有很大帮助　　B. 有一定帮助　　C. 没帮助　　D. 不知道

10. 到目前为止，你是否做过兼职？（　　）

A. 做过　　B. 没有做过

11. 你的理想兼职工资一小时是多少？（　　）

A. 7 ~ 10 元　　B. 11 ~ 14 元　　C. 15 ~ 18 元　　D. 更多

12. 你认为做兼职应具备哪些素质（　　）

A. 积极热情　　B. 吃苦耐劳　　C. 灵活应变　　D. 善于交际

13. 你认为做好兼职，最重要的能力是什么？（　　）

A. 充分的自信　　B. 优秀的口才　　C. 良好的人际关系

D. 较好的应变能力　　E. 旺盛的精力　　F. 其他

做过兼职（填）

1. 你的周围同学做兼职的情况（　　）

A. 多　　B. 不多

2. 你做兼职的目的是（　　）

A. 积累工作经验　　B. 赚钱　　C. 丰富大学时光

D. 看别人做自己也做　　E. 勤工俭学　　F. 广交朋友

G. 出于兴趣爱好　　H. 增加社会经验　　I. 其他

3. 你一般是通过什么途径找到兼职的（　　）

A. 中介公司　　B. 朋友同学介绍　　C. 招聘广告

D. 网上信息　　E. 学校帮助　　F. 自己寻找

G. 其他

4. 你做过哪几类兼职？（　　）

A. 促销　　B. 家教　　C. 导购　　D. 发传单

E. 餐饮服务员　　F. 礼仪模特　　G. 其他

5. 你最喜欢做什么兼职？（　　）

A. 促销　　B. 家教　　C. 超市工作　　D. 发传单

E. 其他

6. 你是自己单独做还是和别人一起？（　　）

A. 自己　　B. 和别人

7. 你做的兼职是否与你的专业相关？（　　）

A. 完全相关　　B. 很相关　　C. 一般相关　　D. 无相关

8. 在兼职过程中，你认为最大的收获是什么？（　　）

A. 校园生活更加充实

B. 加深对社会的了解

C. 生活水平提高

D. 提高社会实践能力

E. 经济独立，减轻家庭负担

F. 提高学习成绩，加深对专业知识的了解

G. 其他

9. 如果让你对你做过的兼职评分（满分10分）（　　）

A. 10～8　　B. 7～6　　C. 5～3　　D. 2～1

10. 你认为在兼职过程中，你最大的优势是什么？（　　）

A. 口齿清晰，善于表达　　B. 大胆自信，活泼开朗

C. 出众的仪表和气质　　D. 兴趣广泛，知识渊博

E. 具有某项特长　　　　　　　F. 其他

11. 你一般在什么时间做兼职？(可以多选)(　)

A. 课余时间　　B. 周末　　C. 寒暑假　　D. 节假日

12. 你的家长是否同意你做兼职？(　)

A. 完全同意　　B. 基本同意　　C. 无所谓

D. 基本不同意　　E. 完全不同意

13. 当兼职与你的上课时间冲突时你会怎么做？(　)

A. 去上课　　　　　　B. 向老师请假去做兼职

C. 不请假直接去　　　　D. 其他

14. 你有过放弃学业做好兼职进企业的想法吗？(　)

A. 有　　B. 没有

15. 你认为兼职会影响学业吗？(　)

A. 一定不会　　　　　　B. 可能会，因人而异

C. 一定会　　　　　　　D. 说不清楚

16. 你认为大学生兼职的利弊关系是什么？(　)

A. 利大于弊　　B. 弊大于利　　C. 利等于弊

17. 兼职对你个人有何帮助？(　)

A. 锻炼口才　　B. 增长知识　　C. 浪费时间　　D. 学会交际

18. 对于做兼职，你最关注哪一方面？(　)

A. 工资报酬　　B. 工作时间　　C. 工作强　　D. 工作环境

19. 你在兼职时考虑的首要因素是什么？(　)

A. 收入赚钱　　　　　　B. 与自己的专业对口

C. 工作时间和劳累程度　　D. 交通是否便利

E. 自身安全保障　　　　F. 用人单位信誉

G. 其他

20. 你在兼职之前是否了解该单位的具体情况？(　)

A. 很了解　　B. 比较了解　　C. 基本了解　　D. 不了解

21. 你在兼职过程中遇到的主要困难是什么？(　)

A. 工资较低，工作要求苛刻　　B. 工资拖欠，不按时发放

C. 技术，技能水平不足　　　　D. 其他

22. 你在兼职的时候是否有过上当受骗的经历？(　)

A. 有　　B. 没有　　（选 A 做 23 题，选 B 不做 23 题）

23. 请问你受骗后采取的措施是什么？（　）

A. 忍气吞声，自认倒霉　　B. 与当事人交涉　　C. 向有关部门申诉

D. 诉诸法律　　E. 其他

24. 你认为大学生在兼职过程中，自身利益受到侵害的主要原因是什么？（　）

A. 雇主不讲信用或中介机构诈骗　　B. 力量单薄难以与对方对抗

C. 自身防范意识、法律意识淡薄　　D. 法律漏洞或法律空白

E. 社会没有专门机构进行管理　　F. 其他

25. 请问你一个月的兼职收入是多少？（　）

A. ≤500 元　　B. 500 ~ 800 元　　C. 800 ~ 1000 元　　D. >1000 元

26. 你用兼职挣的钱干什么用？（　）

A. 充饭卡　　B. 当学费　　C. 零花

D. 作为生活费，减轻家里经济负担

E. 作为额外的零花钱

F. 慢慢积累，满足自己一个长久的愿望（如旅游等）

G. 交往朋友（包括恋爱）

27. 简单谈一下你做兼职的体会

没有做过兼职（填）

1. 你没做或者不想做兼职的原因是什么？（　）

A. 没时间　　B. 担心受骗　　C. 耽搁学习

D. 薪酬低　　E. 交通不方便　　F. 去应聘的太多，竞争大

G. 家长不同意　　H. 其他

2. 你认为兼职会影响学业吗？（　）

A. 一定不会　　B. 可能会，因人而异

C. 一定会　　D. 说不清楚

3. 你认为大学生兼职的利弊关系是什么？（　）

A. 利大于弊　　B. 弊大于利　　C. 利等于弊

4. 你认为兼职对你个人有何帮助？（　）

A. 锻炼口才　　B. 增长知识　　C. 浪费时间　　D. 学会交际

5. 如果有机会做兼职，你愿意做哪类兼职？（　）

A. 促销　　B. 家教　　C. 超市工作

D. 发传单　　E. 服务员　　F. 其他

6. 如果有机会，你最想通过什么途径找到兼职（　）

A. 中介公司　　B. 朋友同学介绍

C. 招聘广告　　D. 直接和用人单位联系

7. 如果有机会做兼职，你愿意在什么时间做兼职（可以多选）（　）

A. 周内空闲时间　　B. 周末

C. 寒暑假　　D. 节假日

8. 如果有机会做兼职，你最关注哪一方面？（　）

A. 工资报酬　　B. 工作时间　　C. 工作强度

D. 工作环境　　E. 工作地点

9. 你周围的同学做兼职的情况（　）

A. 多　　B. 不多

10. 你愿意自己单独做还是和别人一起？（　）

A. 自己　　B. 和别人一起

11. 你认为做兼职的主要目的是（　）

A. 积累工作经验　　B. 赚钱

C. 丰富大学时光　　D. 看别人做自己也做

12. 你是否愿意做兼职？（　）

A. 是　　B. 否

13. 你在兼职时考虑的首要因素是什么？（　）

A. 收入赚钱　　B. 与自己的专业对口　　C. 工作时间和劳累程度

D. 交通是否便利　　E. 自身安全保障　　F. 用人单位信誉

G. 其他

14. 你在兼职之前是否了解该单位的具体情况？（　）

A. 很了解　　B. 比较了解　　C. 基本了解　　D. 不了解

15. 你在兼职过程中遇到的主要困难是什么？（　）

A. 工资较低，工作要求苛刻　　B. 工资拖欠，不按时发放

C. 技术，技能水平不足　　D. 其他

16. 如果兼职，你用兼职挣的钱干什么用？（　）

A. 充饭卡　　　　B. 当学费　　　　C. 零花

D. 作为生活费，减轻家里经济负担

E. 作为额外的零花钱

F. 慢慢积累，满足自己一个长久的愿望（如旅游等）

G. 交往朋友（恋爱等）

17. 简单谈谈你愿意或不愿意做兼职的原因

____

（指导教师：崔志宏）

北京物资学院大一学生上网情况调查报告

调查问卷的设计：闫靖　张悦　高岩
调查问卷发放、统计及分析：高岩　张悦
调查报告：高岩
PPT 制作：高岩　张悦

一、问题的提出

（一）调查的目的和意义

2013 年 1 月，中国互联网络信息中心发布第 31 次“中国互联网络发展状况统计报告”。截至 2012 年 12 月底，中国网民数量达到 5.62 亿，互联网普及率为 42.1%。大学生作为信息时代最积极最活跃的人群，已经成为网络使用的主要用户。一方面，大学生通过网络接触到前所未有的广阔空间，能更加有效和广泛地获取信息、学习知识、交流情感和了解社会；另一方面，网络空间又以令人眩晕的色彩诱惑涉世不深的学生，使得部分学生遭遇到一定的迷茫。这智慧的一代，自信的一代，成长的一代，将成为明天中国网络事业和教育事业的推进者，今天的几句建议，就有可能是明天网络发展和教学管理的方向。因此，本次调查报告关注的正是我校大一学生与互联网的相关问题。

（二）文献综述

随着国际互联网的飞速发展，网络对社会政治、经济、文化的影响日益广泛、深刻，高度信息化的社会开始成为青年的生活世界。网络技术使计算机从孤独、封闭中解放出来。形成民主开放、自由共享的网际网络。成为人们相互交流、共同旅行的生存空间（Cyberspace）。资料显示，在我国目前5.62亿因特网用户中有21.1%为在校大专以上学生，大学校园正成为我国因特网用户最密集的区域。国际互联网络正以日益迅猛的速度进入大学生生活的各个角落。校园网正在“网络”越来越多的学生，大学生的学习生活方式正在发生变化。信息化环境建设的高成本投入与信息化教育的目标是否成比例？高校数字化校园建设是否充分发挥了其强大的教育功能？大量调查结果值得我们深思，一方面，聊天与游戏基本上成了目前在校大学生上网的主旋律。随着教育信息化进程的深入，网络中心、电子阅览室、计算中心等信息化部门已融入普通大学校园中，大学生可以在多种场所方便地接触网络；另一方面，由于缺乏正确引导和科学管理，致使高校中网络强大的教育功能被其娱乐应用给掩盖了。高校中网络设施倘若仅仅用以为大学生们提供游戏、聊天等娱乐活动，这必将偏离教育信息化的初衷。那么，导致大学生“玩网”的真正原因是什么？是大学生自身比较浮躁还是我们教育本身出了问题？这些问题值得我们深思。在校大学生是一支不断壮大的网络群体，而且他们也是推动高等教育信息化的重要力量，研究他们的网络学习现状，发现其中存在的实际问题，并提出提高在校大学生网络学习技能的对策，对于促进大学生网络素养的培养，充分发挥网络的教育功能，推动高校教育信息化的建设均有着非常重要的意义。

（三）自己的看法

网上学习资源丰富，我们可以充分利用网络，促进学习。网上交流十分便利，大学生视野更开阔，更容易吸收多种有利的信息，进而更加自觉地提高自己，完善自己。实践中，我们也逐渐意识到互联网作为一种教育工具的巨大潜力。然而，网络是一把双刃剑，人们在越来越多地了解到它的奇特功能时，也开始更多地注意到它给人类带来的危害。青年大学生涉世未深，社会经验缺乏，辨别是非能力差，网络传播的弱点以及网络管理体制的不健全，对大学生学习负面的影响也十分明显。如游戏娱乐多、学习提高不够，接受信息多、理解鉴别不够，借鉴依赖多、思考创新不够等。

二、调查研究方法

（一）研究设计的介绍

本次调查采用了问卷调查的方式进行，共发放问卷100份，回收有效问卷98份。

（二）研究对象的介绍

由于受人力资源和资金的限制，本次问卷主要集中于北京物资学院大一的学生。学生的分布情况为男生23份，女生75份。

（三）资料收集方法的介绍

在进行收集资料时，根据客观题的选项回答来判断调查对象的主要观点。

（四）资料分析的方法

通过图表进行数据统计，整理出有意义的问题，进行对比分析，得出结论。

三、调查数据分析

本次调查中，小组成员收集了一些网友对大学生上网情况的看法，主要观点如下：

大多数大学生网民都能认识到网络的两面性。对网络这把双刃剑，他们认为应取其所长避其所短，以其之长为我所用。有的同学写道，网络世界虽然虚幻但也是现实世界的一部分，网络行为虽不规范但也是现实行为的反映；网络不是天堂也不是地狱，网上有灿烂的阳光也有阴暗的角落，只有人们都以一颗平常心看待网络，网络在去掉神秘的面纱以后才会现出迷人的光彩！

许多人认为，作为21世纪的大学生，所受到的教育不应仅仅是书本上的一些概念，更应该接受新事物和新信息，而网络就是新事物的代表。网络来了，挡也挡不住，这是时代发展的必然，应该通过网络及时地使自己跟上时代。所以，不能很好掌握或利用网络资源的大学生就不是一个合格的大学生。

许多大学生都希望学校能开设网络资源利用方面的专门课程，引导大学生合理利用网络资源。帮助学生建立个人主页，学习相关的流行软件等，以提高上网技能。大学生对目前多数高校网站的现状很不满意，认为其内容枯燥、形式呆板、模式雷同、缺乏吸引力且管理较乱。他们认为，高校网站应在以学生为本、为学生服务中树起自己的品牌形象。建设好高校网站，首先要针对大学生群体，注重对国内外重大科技、新闻时事和社会焦点、热点的报道。其次要与学生的学习进程相结合，在网站中设立学习和答疑专栏，介绍课程的学习方法，并有老师在网上高层次地分析和阐述学术问题或发表学术论文，及时发布各类诸如学习、考研等信息，让每个学生都可以通过注册用户进行即时查询和与老师或他人交流。再次，设立心理咨询栏目，帮助学生解决成长中的疑难问题。第四，高校网站要有不同观点，让学生参与进来发表自己的思想和见解，并利用网络沟通，多给学生一些自由发言的机会，可以向校长直接反映心声。最后，加强对留言板和BBS的管理。毕竟校园是一方净土，高校网络应不同于大众BBS，应提倡校园网络文明的发展。总之，高校网站应该建设成为一种学生与学生、学生与老师、学生与学校、学校与学校沟通的一条畅通的桥梁。

调查表明：

1. 大学生上网网龄小于1年、1~3年、3~5年和5年以上者分别占上网学生的4%、11%、30%和55%。

2. 每天上网小时数小于1小时、1~3小时、3~5小时和大于5小时者分别为11%、61%、22%和6%（见表1）。

表1　每天上网小时数的男女人数

每天上网时间	男（人）	女（人）	总计
小于1小时	4	7	11
1到3小时	14	46	60
3到5小时	2	20	22
大于5小时	3	2	5

3. 上网目的的统计（见表2）

表2　上网目的统计

上网目的	男（人）	女（人）	总计（人）
休闲	12	65	77
网络游戏	8	4	12
浏览网页看新闻	3	10	13
网络购物	1	27	28
交友聊天	8	25	33
学习	5	15	20
其他	3	5	8

4. 对上网的依赖性（见表3）

表3　对上网的依赖性

网络依赖程度	男（人）	女（人）	总计（人）
很轻，只为放松	10	44	54
更多为工作学习	2	7	9
有一定依赖，一段时间会上一次	8	20	28
相当沉迷，一两天不上会难受	2	4	6

5. 是否有意学习过某项电脑技能（见表4）

表4　是否有意学习过某项电脑技能

	男（人）	女（人）	总计（人）
有并一直做	7	14	21
有但行动不明显	14	47	61
没想过	2	14	16

通过此次对部分大学生上网情况的调查，我们感到，虽然多数大学生网民的素质较高，能够较好地利用网络工具于成才之中，对网络中的不健康内容能够自觉抵制，对某些相关问题也有自己的正确判断。但是，也明显地存在着许多不足，还是有一些学生在网络中不能自控，影响了生活及学习。

四、调查结论与建议

综上所述，网络在给当代大学生带来学习、生活上的便利的同时，也带来了极大的负面影响。综合以上调查结果主要体现在以下几个方面：

1. 身体损害

虽然大学生在宿舍里上网，但上网时间一般较长，长时间用眼、精神高度集中、受电脑辐射，所以导致视力下降、腰酸背痛、精神焦虑紧张，睡眠差及情绪低落、思维迟缓等上网综合征。

2. 荒废学业

大学时期是人生重要的学习阶段。直接关系到今后的就业和人生理想的实现。从本次调查的结果来看，平均每个学生每天花在上网的时间近 2 小时。他们把一天当中大部分的学习时间都用在了上网上，荒废了学业，辜负了大好时光，严重者导致退学。

3. 造成对网络的依赖

现在学生对网络越来越依赖，在网上交友、休闲娱乐等，但是却忽视了与现实生活中人的交往，缺少参加校园课外活动的兴趣。这直接影响了学生的人际关系、大学生活的质量，甚至影响了学校的文化氛围。

五、建议

1. 开设网络素质教育课程，引导学生正确运用互联网。可邀请有关专家为学生开设专门的网络知识和网络资源利用课程，使他们掌握如何制作网页，如何参加网络会议，如何在网上交流信息，以及如何利用网络创业等技术，帮助大学生更好地利用网络为学业服务。

2. 开展上网心理辅导，宣传正确的上网心态，使他们正确认识网络世界和现实世界的差距。这样可以帮助学生增强心理防范意识，提高心理“免疫力”，同时帮助他们提高自身遵守网络游戏规则的法制意识，做遵纪守法的好网民。对于网络成瘾的学生要给予温暖的关怀并进行积极的治疗。

3. 丰富校园文化生活，营造健康向上的氛围，努力丰富大学生的校园文化生活，积极营造健康向上的良好氛围。要重视学生社团的建设，以社团为点，带动学生的面，培养大学生的广泛兴趣，让他们在活动中体会现实交往的快乐。同时，开展竞赛、讲座等丰富多彩的校园文化活动，尽量发掘校园生活中的各种乐趣，让大学生脱离机器的束缚，不再被困网中央。

4. 大多数学生不能对自己上网的时间自我控制，因此学校应该控制联网的时间及时长。

附录

北京物资学院大一学生上网情况调查问卷

您好，打扰您几分钟。本次调查不用填写姓名，所有回答只用于统计分析，你只需根据自己的实际情况填写，谢谢！

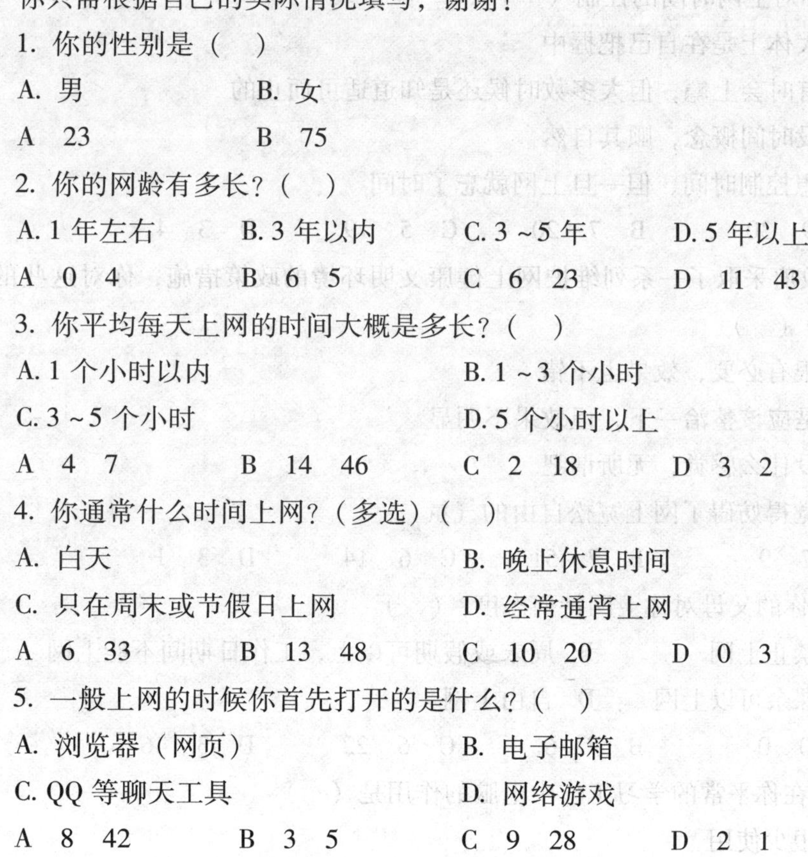

1. 你的性别是（　）

A. 男　　B. 女

A　23　　B　75

2. 你的网龄有多长？（　）

A. 1 年左右　　B. 3 年以内　　C. 3 ~5 年　　D. 5 年以上

A　0　4　　B　6　5　　C　6　23　　D　11　43

3. 你平均每天上网的时间大概是多长？（　）

A. 1 个小时以内　　B. 1 ~3 个小时

C. 3 ~5 个小时　　D. 5 个小时以上

A　4　7　　B　14　46　　C　2　18　　D　3　2

4. 你通常什么时间上网？（多选）（　）

A. 白天　　B. 晚上休息时间

C. 只在周末或节假日上网　　D. 经常通宵上网

A　6　33　　B　13　48　　C　10　20　　D　0　3

5. 一般上网的时候你首先打开的是什么？（　）

A. 浏览器（网页）　　B. 电子邮箱

C. QQ 等聊天工具　　D. 网络游戏

A　8　42　　B　3　5　　C　9　28　　D　2　1

6. 你上网主要做的事是（ ）

A. 休闲（电影、音乐等） B. 网络游戏 C. 浏览网页看新闻

D. 网络购物 E. 交友聊天 F. 学习

G. 其他

A 12 65 B 8 4 C 3 10 D 1 27

E 8 25 F 5 15 G 3 5

7. 平时生活中你对上网的依赖程度（ ）

A. 很轻，只是为了娱乐放松

B. 更多是因为工作学习需要

C. 有一定的依赖，一段时间会上一次

D. 一两天不上网就会感觉异样

A 10 44 B 2 7 C 8 20 D 2 4

8. 你对上网时间的控制（ ）

A. 大体上是在自己把握中

B. 有时会上瘾，但大多数时候还是知道适可而止的

C. 没时间概念，顺其自然

D. 想控制时间，但一旦上网就忘了时间

A 9 30 B 7 20 C 5 19 D 3 4

9. 政府采取了一系列维护网上健康文明环境的政策措施，你对这些的实际评价是（ ）

A. 很有必要，效果也不错

B. 是应该整治一下，但效果不明显

C. 没什么感觉，无所谓吧

D. 觉得妨碍了网上宽松自由的气氛

A 7 9 B 7 51 C 6 14 D 3 1

10. 你的父母对你上网持何态度？（ ）

A. 禁止上网 B. 周末或假期可以上，工作日期间不能上网

C. 课余可以上网 D. 自由上网

A 0 0 B 7 6 C 6 22 D 3 46

11. 在你平常的学习工作中电脑的作用是（ ）

A. 很少使用

B. 只是偶尔用于发邮件、拷课件之类简单的事

C. 有时会用电脑去查询些资料

D. 经常使用，且起了很大帮助

A 5 5 B 9 11 C 4 38 D 5 20

12. 是否有意学习过某项电脑技能（ ）

A. 有并一直在做 B. 有想法但实际行动不明显

C. 没想过

A 7 14 B 14 47 C 2 14

13. 你觉得电脑技能对自己的未来（ ）

A. 很重要很依赖 B. 比较重要，是一种平台性质吧

C. 关系不大 D. 讨厌总是与电脑为伴的生活

A 4 24 B 13 46 C 4 2 D 2 2

14. 总体来说，你认为上网（ ）

A. 利大于弊 B. 弊大于利 C. 两者相当

A 13 41 B 4 4 C 6 30

注：以上每题下面的数字为统计的数据，第一个为男生，第二个为女生

（指导教师：崔志宏）

大学生就业情况调查

调研目的：主要了解在校大学生的就业期望，对自身素质的评价，对学校就业指导和就业形势的看法，旨在了解当前的就业形势对大学生的影响，以此帮助大学生尽快认识自我，帮助学校更好地为学生提供就业引导，从而使学生能谋取理想职业

调研对象：以北京物资学院在校学生（部分）为例

调研方式：问卷调查法，文献法，访谈法，数据分析法

调研时间：2013 年 4 月 28 日至 2013 年 5 月 6 日

调研地点：北京物资学院

调研人员：李笑天

一、调查背景

2013 年校园招聘季在 6 月即拉开序幕。各大高校就业信息网站每天都在不断地更新招聘信息，各高校就业办的老师都在忙着与校园招聘企业沟通协调，力争为 2013 届毕业生提供更多的招聘信息，帮助大学生找到一份满意的工作。但与以往不同的是，欧债危机、美债危机等致使全球经济低迷，企业发布的校招计划并不乐观，前程无忧首席人力资源专家冯丽娟表示，从当前的经济形势来看，2013 年我国大学生就业形势不容乐观，只会更复杂，更严峻。

同时，高校的扩招政策使大学生人数飙涨，对大学生毕业后的就业形势造成了极大的影响，就业难早已成为一个不争的事实。“毕业就失业”似乎也已经成为大学生的普遍心理。针对这一社会现象，我们小组以北京物资学院为例，展开了关于大学生就业情况的调查。

二、调研思路（见下图）

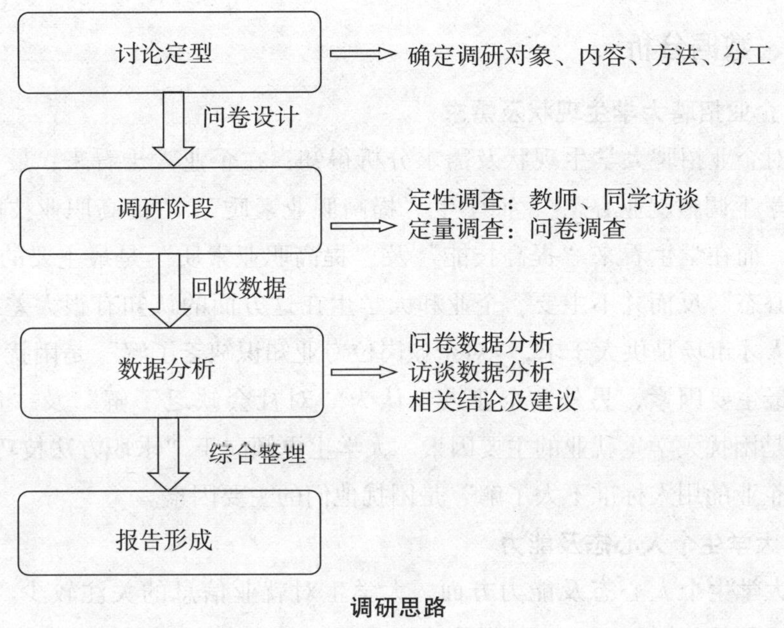

调研思路

三、调研方法

1. 问卷法

此方法是本文中运用的大部分数据的来源，我们的问卷形式主要为纸质版的调查问卷，发放对象为北京物资学院部分在校生，对象包括各学院，各年级，有效地避免了单一主体、问题调查的片面性。受经费和时间限制故样本采集数量有限，共发放纸质调查问卷 150 份，收回 133 份，有效问卷 122 份，有效率为 81. 3% 。

2. 深度访谈法

深度访谈法又名深层访谈法，是一种无结构、直接的、个人的访谈。在项目进行的过程中我利用有限的 8 天时间，对 8 位学生及老师进行了访谈，这种方法使我们获得第一手资料，最直接、真实地反映师生对就业的看法。

3. 数据图表分析法

调研报告论文中，我将运用 Excel 图表，对收集到的数据进行处理分析，使分析过程尽量形象直观，结论的得出有理有据。

四、数据分析

1. 企业招聘大学生现状及需求

由对企业招聘大学生现状及需求分析得知：在企业人士看来，最主要的是要“学生调整就业心态”，而学生“提高职业素质”、“提高职业技能”反倒其次，而在学生看来“提高技能”及“提高职业素质”是最主要的，“调整就业心态”反而并不主要。企业和大学生在这方面的认知有很大差距，但是现在人才市场是供大于求，“对企业岗位专业知识缺乏了解”是困扰大学生求职的最主要因素，另外，企业人士认为“对社会缺乏了解”及“能力不足”也是困扰大学生就业的主要因素。大学生更倾向于“求职方法技巧欠缺”及“对企业的用人标准不太了解”是困扰他们的主要因素。

2. 大学生个人心态及能力

在大学生个人心态及能力方面，大学生对就业信息的关注较少。但是，对就业情景的关注程度，直接影响了对将来所选职业所做的准备程度和所带来的成就高低。同学们大多表示对未来的工作有担心，但在实际生活中却缺少了这种基本的努力，典型的眼高手低表现。通过查阅相关资料，造成这方面的原因主要有以下两点：

一是学生现在仍在安逸、舒适的校园中生活，对日益激烈的社会生活没有足够的了解。在经济上仍依赖父母，忘却了就业压力带来的紧张感，每天仍是简简单单地上课、下课，对就业缺乏准确的了解和认识。

二是学校提供的就业指导不到位。同学们表示，虽然学校开设了就业指导课，但只是泛泛地讲些大道理，缺少了实际的操作能力。

此外，大学生个人能力存在缺陷，自我认识不足。自我认识包括个人的兴趣与特长、个人的性格与价值观、个人所选定的目标与需求、个人的情商、个人的工作经验、个人的学历与能力、个人的生理情况等方面，是职业生涯规划的重要内容之一。社会所需要的大学生应具备的基本综合素质包括思想健康和道德、自律、讲诚信，善于协调、容易与他人合作的品格，以及具备过硬的专业技术知识和基本的法律法规知识。而大学生所认为的造成就业难的状况，除了社会压力大、企业用人少的因素外，主要问题还是在于自身的工作经验的缺乏，缺少实战经验是致命的因素。

五、建议及对策

1. 学校要切实做好学生的就业工作，尽快完善就业指导体系

就业指导和就业服务的工作同等重要。通过向大学生提供就业信息并根据这些信息接受职业指导，帮助他们进行有效的职业决策。例如建立大学生就业信息系统，并与全国劳动力市场信息系统联网，形成一个完整的信息系统；建立职业指导机构，指导学生进行自我评估、职业开发以及制定工作寻找战略，为学生提供充分的信息与指导服务；建立职业指导课程，列入学校教育课程内容和教学计划，实施在校学生的就业指导与实习政策等。

2. 大学生要转变就业观念

随着各大高校的不断扩招，大学教育已经从精英化教育转变为大众化，因此，就业观念也必须做出相应的调整。

首先，就业的眼光不要只关注北上广，全国各地城乡基层单位求贤若渴，虽然生活条件和工作环境艰苦一些，但是那里对人才的渴求最为强烈，能够为大学生提供施展才华的广阔空间。

其次，大学毕业生要认清就业形势，树立科学的人才观和正确的就业观。调整自己过高的、不切实际的想法，树立“干一行、爱一行、干好一行”的敬业观念。

最后，认清自身的素质和条件，正确认识自己和他人，不盲目攀比，寻找与自身条件相适应的、适合于自己的用人单位。毕业生应当给自己做出一个正确的评价，自我评价要全面、客观，既要看到长处的一面，又要看到短处的一面，既要对某一方面的特殊素质进行具体的评价，又要对其他各方面进行综合评价，既要考虑全面的整体因素，又要考虑到其中占主导地位的重点因素。

3. 抓住机遇

虽然2013年前三季度国民经济增长率进一步回落，但是，中央党校经济学部主任赵振华教授认为：“我们既要看到宏观经济形势具有严峻的一面，也

要看到经济运行稳步回升的一面，任何一个国家或地区的经济增长都具有周期性，潮涨潮落属于正常现象，在全世界经济不景气的情况下，中国能够保持7%以上的经济增长率也是一个了不起的成就。”同时，经济处于低谷，一方面可以利用市场的力量调整和优化经济结构，另一方面经济危机可能会促使一场新的技术革命，也为我国经济结构优化升级提供了新的机遇，所以，这对我们毕业生而言，也存在一定的机遇。

结语

各种数据资料表明，2013 年高校毕业生就业形势更加严峻、更加复杂，但是，机会与挑战并存，作为高校毕业生，应该做好各项准备，时刻充满自信，在机会到来之际，伸出双手，紧紧握住属于你的机遇，实现自己的职业发展。相信在国家的宏观调控下，在社会各方机构的共同努力下，在大学生能力与素质的自我修炼下，大学生就业前景定会向令人期待的方向良性发展。

附录

大学生就业调查问卷

就业是我们人生的一次重要选择。第一份工作对一个人一生的影响至关重要，它直接关系到一个人的成才和成长。希望您认真填写本份调查问卷！

1. 您的性别是　　　a. 男　　b. 女

2. 您的年级是　　　________

3. 您对高校毕业生就业形势的看法（　）

a. 非常乐观，有多个意向职位供自己选择，自信能找到好工作

b. 乐观，通过努力能够找到比较满意的岗位

c. 不太乐观，通过多次面试后能够找到合适岗位

d. 形势堪忧，根本找不到工作

4. 您是否经常关注企业招聘信息（　）

a. 是　　　b. 否

5. 您认为对您就业帮助最大的因素是（可多选）（　）

a. 学习成绩　b. 学校名气　c. 社会实践能力　d. 形象气质

e. 所学专业　f. 学历层次　h. 有效就业信息　i. 社会关系

6. 您理想的就业单位性质是（　）

a. 党政机关　b. 国有企业　c. 外资企业　d. 民营企业

e. 科研单位　f. 教育单位　g. 医疗卫生单位　h. 部队

7. 您理想的就业区域是（　）

a. 北上广等一线城市　b. 内陆等二线城市　c. 边远城市

8. 您在选择就业单位时更看重的因素是（可多选）（　）

a. 工作单位所在地理位置　b. 工作单位的声誉

c. 工作的稳定程度　d. 工资及福利待遇

e. 个人的发展前景

9. 您对职位薪酬的期望值是（试用期后的税前月工资）（　）

a. 3001 ~4000 元　b. 4001 ~5000 元

c. 5001 ~8000 元　d. 8001 元以上

10. 您会从哪里得到就业招聘信息来源（　）

a. 校园招聘会　b. 学校提供的招聘信息

c. 各类招聘网站信息　d. 社会人才市场招聘

e. 亲朋好友介绍　f. 工作实习

11. 毕业后您是否选择自主创业（　）

a. 是　b. 否

12. 您认为政府在大学生创业方面应该进行哪些方面扶持（　）

a. 大学生科技创业基金支持

b. 社会专业管理服务机构提供服务

c. 小额贷款及税收减免等优惠政策

d. 开展创业能力培训

13. 您认为影响毕业生就业的教育教学因素主要有（　）

a. 教师水平　b. 专业实践教学　c. 教学/科研设备条件

d. 教学内容　e. 教学方式方法

14. 您认为学校最应该培养大学生哪些基本素质（　）

a. 专业基础　b. 表达能力　c. 团队精神与沟通能力

d. 责任感　　e. 创新意识　　f. 分析能力

15. 您认为学校对就业困难学生应主要采取哪些帮扶措施（　）

a. 一对一就业辅导　　b. 举办专场招聘会

c. 进行求职训练　　d. 发放求职补贴

e. 重点推荐

感谢您填写本调查问卷，对您的支持表示衷心的感谢！

（指导教师：高书文）

大学生职业规划情况调查

——以通州区高校为例

调查时间： 2013年4月1日至2013年4月11日

调查地点： 北京物资学院，北京物资学院继续教育职业学院，财贸职业学院等

调查目的： 1. 通过此次调查了解通州区高校职业规划教育情况，对大学生的职业生涯规划现状进行分析，并且做出一些简单的预测，提出具体的措施来指导大学生进行职业生涯规划。

2. 希望提高职业生涯规划在大学里的认知度，使得更多的大学生进行职业生涯规划。

3. 针对人才市场“大学生就业难，企业招人难”等现象进行研究，并提出一些看法和建议，更好地调节用人单位与毕业生之间的供需关系。

4. 帮助大学生尽快认识自我，学校为学生提供就业引导，使学生能谋取理想职位。

调查对象： 各高校的学生

调查方法： 问卷调查

调查分工： 彭荟蓉负责问卷设计

徐雪晴、崔玥莹负责调查报告

赵悬、杨晶晶负责PPT制作

彭荟蓉、赵悬、杨晶晶、徐雪晴、崔玥莹负责问卷发放

前言

对于当代大学生来说，奋斗目标就是未来的职业之路。大学生活是职业生涯发展的关键时期。为了了解大学生在校期间职业生涯规划情况，我组特别做了此次调查，分别对通州区各高校各年级学生进行随机调查，目的是为了提高在校大学生对职业生涯规划的认知。

一、调查结果

1. 学生对本专业的满意程度

学生对本专业的满意与否主要取决于能否择己所爱，该专业能否在将来帮助自己找到好的又喜欢的工作。调查发现（见表1），有44.66%的大学生对自己的专业较满意，有40.78%的大学生不太清楚，有11.65%的大学生不喜欢，有3.88%的大学生对自己的专业没考虑过。

表1 **关于学生对所学专业的满意程度**

	满　意	不太确定	不喜欢	没考虑过
全院	44.66%	40.78%	11.65%	3.88%
大一	16.50%	19.42%	2.91%	2.91%
大二	10.70%	9.70%	4.90%	2.9%
大三	17.48%	11.65%	0.99%	0

对专业不满意的直接表现是对本专业的学习动力不足或毕业后不愿从事与专业相关的行业。高考填报志愿时对专业的了解与对自身了解的缺乏，选择专业课时容易受外界的影响，如好就业、他人建议等，并没有根据自我兴趣爱好选择，使个人兴趣与社会需求之间产生矛盾。另外，加上刚进大学时对专业的不确定以及还未开设专业课，可能是导致只有16.50%的大一学生对所学专业持满意态度的原因之一。而专业在一定的程度上决定了职业取向，如果对本专业不满意或态度模糊，势必会影响自身潜能的开发，以及今后的择业。

2. 学生的自我认识程度

自我认识包括个人的兴趣与特长、个人的性格与价值观、个人所选定的目标与需求、个人的学历与能力等方面，是职业生涯规划的重要内容之一。

在调查中发现（见图1），通过对学生的抽样调查，所有被调查者都是有考虑过自己将来的职业发展方向，其中，只有38.8%的被调查者对自己的职业发展方向有比较清楚的认识，而48.6%的被调查者对自己的职业发展方向是不太了解的，12.6%的被调查者则完全不了解自己将来的职业发展方向。

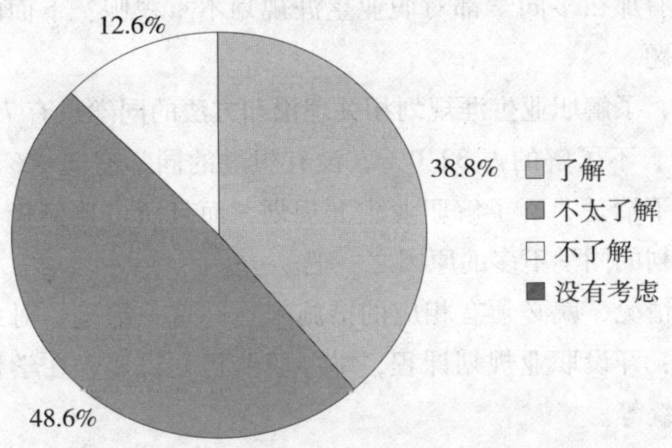

图1　学生对自己的职业发展方向的了解程度

3. 学生对就业前景及职业生涯规划的关注

调查数据显示，在被调查的学生中，不需要职业生涯规划服务的只占2.9%，一般的同学都表示需要程度大，其中，需要程度一般的占36.9%，需要的同学占35.0%，而非常需要的同学占20.3%（见图2）。

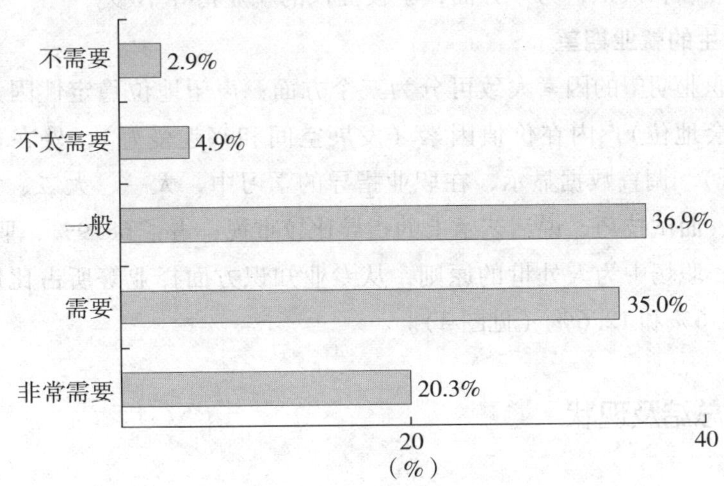

图2　学生对职业生涯规划服务的需要程度

在被调查的103位同学中，只有20.4%的同学在大一制定了职业生涯规划，有32.0%的同学至调查的时候还未制定，有22.3%的同学在大二时制定，有23.3%的同学大三才制定，从制定职业规划的时间上可以看出，从进大学开始就给自己制定目标的同学只有20.4%，在“还没制定”的同学中，大一的同学占17.5%，相当于“还没制定”学生的54.6%，超半数。

为什么会有那么多同学都对职业生涯规划不重视呢？下面的数据为大家解答了这一问题。

数据显示，了解职业生涯规划相关理论和方法的同学只有7.8%，不太理解的有57.3%，不了解的占32.0%，没有想过的同学有2.9%。这表明，绝大部分同学是不清楚，不了解职业生涯规划，而且所占比例极大，这也是制定职业生涯规划的同学不多的原因之一吧。

针对这种情况，就必须有相应的措施来弥补这一缺陷，对此，同学们提出了以下建议：开设职业规划课程，举办职业规划讲座，在学校网站开通职业规划测评系统等。

其实，职业生涯规划在学院推广不热的原因是多方面的，有学生自己的原因，比如，自己对就业情景的关注程度，直接影响了对为所选职业所做的准备程度和将来职业所带来的成就高低。一方面，在校园里，舒适、闲逸的生活和父母的绝对经济支持，使很多大学生忘却或暂时忘却了就业压力带来的紧张感，很少去接触外面的世界。有些学生的确是每天都只是读书，缺乏对就业的准确和认识；另一方面，学校提供的就业指导不够。

4. 学生的就业期望

影响职业期望的因素大致可分为三个方面：声望地位稳定性因素（城市位置与社会地位），内在价值因素（发展空间和兴趣爱好），外在价值因素（薪水高低）。调查数据显示，在职业指导的学习中，大一、大二、大三的同学对求职、面试技巧、说话艺术上的指导比较重视，占了68.9%，职业礼仪、形象指导，职场中为人处世的原则，从专业知识方面择业等所占比例分别是3.9%、14.6%和12.6%（见图3）。

二、总结及现状

以上结果表明，多数大学生更注重工作的内在价值。上述四个方面的分析

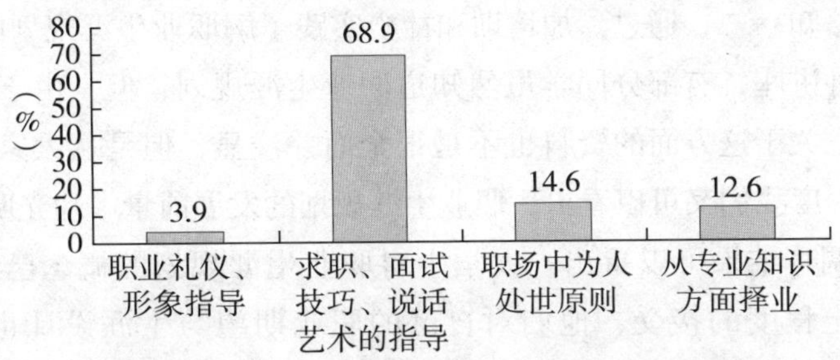

图 3 同学在职业指导中最期望学到的几个方面

表明大学生职业生涯规划呈现以下特点：1. 多数大学生对所学专业的满意度较低；2. 大学生对职业生涯的规划还比较模糊，自我认识不够，绝大多数人没有明确目标；3. 大学生对社会人才的需求了解甚少；4. 大学生的职业期望更注重提升实战技巧与口才训练。因此，我们认为，学校应该加强对学生的职业生涯规划的指导，大学生应该及早进行职业生涯的规划，为未来做好充分准备。

1. 学生自身

（1）自信心。因为自己不是重点本科高校的学生，自信心不够，有抱着“走一步，算一步”的想法，过着安逸、毫无目的的生活，很少有同学早早地制定科学、详细的职业规划。

（2）主动性。大部分学生对职业规划知之甚少，缺乏主动性。

（3）目标性。在学校存在这样一部分学生，他们每天对自己的要求就是不触犯学校的规定，其他的一概不管，包括自己的将来，这是一种缺乏使命感、责任心、方向感的表现。

2. 外部环境

（1）学校开设的有关职业规划的专题讲座、报告、咨询较少，而且学校的电子媒体、宣传栏对职业规划的宣传力度也不够。

（2）学院至今尚未成立任何一个针对职业规划的社团。

（3）学校在社会上的影响力和承认度，使得大部分学生对未来择业很茫然，不能够明确自己的职业发展方向。

三、结论与建议

1. 结论

目前职业生涯规划在大学的推广度不是很高，有相当部分的同学对职业生涯规划只是略知一二，通过参加培训和社会实践了解职业生涯规划的同学最多，其次是听各种讲座，有部分同学虽然知道职业生涯规划，但是由于中途遇到困难就放弃了，关于这方面的资料也不是很全面并浅显，但是从大家对职业生涯规划的重视程度我们又可以看出，职业生涯规划的发展前景一片光明。

从此次调查结果可以看出：大学生对职业生涯规划的概念已经有了初步的了解和一定程度的接受，他们对自己的职业期望与生涯设计也趋于理性。但国内的商业机构、高校职业指导体系能够提供的服务尚非常有限，难以满足他们的要求。学校就业中心的服务存在较大的可提升空间。

2. 建议

综合调查数据、学院的现状、从学生自身及外部环境，提出以下建议。

首先，学生自身应及早、主动、认真地思考自己的人生，并应积极地了解职业规划相关知识，以便尽早地对自己的职业生涯作出科学的规划。大学生做职业生涯规划主要分为五个步骤：第一步，认识自己。我们必须先了解自己的性格、兴趣、能力、价值观等一系列的问题，许多大学生都能很好地把握自己的性格和兴趣爱好，但是，在对自己的能力和价值观的把握上还存在一定的难度。第二步，找出匹配的职业。大部分学生都不太确定自身喜欢与不喜欢的职业和自身所匹配的职业，现在的大学生对职业的选择还具有一定的盲目性。第三步，收集相应的职业信息。大学生对职业信息的关注程度较高，主要通过书籍和网络关注，主要关注薪水和入职资格，同学们对职业的选择方面遇到的困难主要有对企业信息和择才标准的了解和就业机会的缺失两个方面。第四步，制定短期、中期、长期目标。大部分同学都会制定目标，可能制定长期目标的相对少一些，主要是通过自己的想法确立。第五步，执行计划。许多同学都认为在有了一份生涯规划之后能够增加自己的信心和动力，能够更加有效地调整生活，在遇到不能实现的目标时，大部分同学选择适当地调整计划。执行过程中，肯定会遇到一系列的难处，最大困难是没有工作经验和求职技巧方面有所欠缺。

并且，学院应举办更多的类似于职业规划讲座的活动，开设相关课程来帮助初入大学校门的同学更好地认识自己，更好地了解职业规划，以推进大学生职业规划的发展。

同时应该加大学院网络、媒体对职业规划的宣传力度，成立一些与职业规划有关的社团也是很有必要的。

附录

大学生职业规划调查问卷

亲爱的同学：

您好，为了更好地了解我校大学生在经济危机影响下对大学生职业规划问题的看法，引导大学生树立正确的职业规划意识，我们举办了有关大学生职业规划的问卷调查活动。采取随机抽样的方式，选取调查对象，希望能够得到你的支持与协助。

本次调查采取无记名方式调查，所有回答只用于统计分析，你只需要根据自己的实际情况，在你认为合适的选项上打“√”，或在横线上填写你认为合适的答案。你的所有回答我们都会保密，请放心填写，耽误你的宝贵时间，我们深表歉意。

调查员： **调查时间：**

第一部分 个人特征

1. 你的性别：

A. 男 B. 女

2. 你的年龄：____周岁

3. 你所在的年级：______

4. 你所在的专业：______

5. 你是否是（班院校或社团）干部（答B者请跳过第6题）

A. 是 B. 否

6. 你担任哪个干部？

____

7. 你的籍贯所在地？

A. 城市 B. 乡镇 C. 农村

8. 你是否是独生子女？

A. 是 B. 否

第二部分 个人规划

1. 决定选择现在专业的是：

A. 自己 B. 父母 C. 老师

D. 亲朋好友　　　　E. 综合意见确定　　　　F. 学校调剂

2. 选择现在专业的依据是：

A. 适合自己　　　　B. 好就业　　　　C. 听别人说好

D. 估计还可以　　　　E. 其他

3. 对已在读的专业选择：

A. 满意　　　　B. 凑合　　　　C. 不满意

4. 你现在所学的专业和自己最喜欢的职业相关：

A. 是的　　　　B. 不是

5. 你认为人的成功运气是：

A. 主要因素　　　　B. 重要因素　　　　C. 次要因素

6. 你非常清楚自己的能力、性格等方面的优势与劣势：

A. 非常清楚　　　　B. 清楚　　　　C. 不太清楚

D. 没怎么想过

7. 你现在了解自己大学毕业后将要从事的职业？

A. 不太清楚　　　　B. 清楚

C. 试图搞清楚，但不知道该怎么办　　　　D. 没怎么想过

8. 毕业时，选择就业单位你会以（　　）

A. 自己决定为主　　　　B. 父母决定为主　　　　C. 学校决定为主

9. 你是否有对自己的职业进行过规划？

A. 有，非常清晰　　　　B. 有，还比较清晰　　　　C. 有一点　　　　D. 从没想过

10. 在这之前你知道“职业生涯规划”吗？

A. 非常了解　　　　B. 一般了解　　　　C. 不了解

D. 从没听说过

11. 你是否清楚自己未来3～5年的职业发展计划？

A. 非常清楚　　　　B. 不太清楚　　　　C. 不清楚　　　　D. 没想过

12. 你认为职业生涯规划最关键的依据是什么？

A. 兴趣爱好　　　　B. 特长　　　　C. 所学专业

D. 社会热门职业　　　　E. 其他

13. 你是否想要接受一些职业生涯规划的相关咨询？

A. 是

B. 否（选B则跳过14、15、16题）

14. 如果有相关职业生涯规划指导，你喜欢何种方式进行职业咨询？（可多选）

A. 面对面咨询　　B. 电话咨询　　C. 网络咨询

D. 同学互助　　E. 团体咨询　　F. 其他

15. 你是否愿意接受学校或其他服务机构提供的职业生涯规划指导？

A. 非常愿意　　B. 不愿意　　C. 无所谓　　D. 没想过

16. 在你的心中，对职业生涯规划服务的需求程度有多大？

A. 非常需要　　B. 一般需要　　C. 不太需要　　D. 完全不需要

17. 你的职业指导知识主要来自：

A. 学校开设的专门的职业指导中心

B. 来自报纸、杂志和书籍的阅读

C. 父母平时经常与自己谈论以后的工作问题

D. 就业相关协会

E. 辅导员和任课老师

F. 其他

18. 在职业指导中，你最期望学到的是什么？（按重要程度排序）

A. 职业礼仪、形象指导

B. 求职、面试技巧、说话艺术的指导

C. 职场中为人处世原则

D. 从专业知识方面择业

19. 希望得到哪些职业能力方面的培训？（可多选）

A. 企业人力资源专家提供的职业规划、就业指导、求职技巧等多方面服务

B. 成功职业经理人讲座、成功心理学训练课程、潜能提升课程

C. 职业挑战训练、商业实战特训营

D. 到企业实习、锻炼的机会和更多名企新人互动、沟通

E. 行业从业能力培训（比如市场销售、客户拜访、银行从业人员资格考试培训等）

F. 其他

20. 你目前最需要得到的帮助（限选 3 项）：

A. 培训择业技巧

B. 培养勇气和信心

C. 有专业人员分析自身个性及优缺点，指导职业生涯设计

D. 提高可雇用性能力（employability）

E. 用人单位招聘信息

F. 各类职业类型所需人员的个性特点

G. 目前就业市场各行业的普遍就业状况和薪资状况

H. 其他

第三部分　就业取向

1. 在毕业前，你对目前的就业形势和自己未来就业的前景如何看待，最担心哪些问题？

A. 就业压力较大，担心找不到工作

B. 缺乏清晰的职业规划，没有结合自身情况和市场标准就盲目择业，导致找不到合适的工作

C. 自身的能力、技能水平不符合企业用人的标准

D. 没什么担心，自己有能力解决

2. 按你的标准，考虑就业工作单位时，你会优先考虑：

A. 工资和福利　B. 工作环境　C. 个人发展空间

3. 你认为现在就业形势如何？

A. 形势严峻，就业难　B. 形势正常

C. 形势较好，就业容易　D. 不了解

4. 你对于未来就业前景的预期

A. 很有信心　B. 比较有信心　C. 迷茫　D. 很担忧

5. 在选择就业时，你认为什么是最重要的？

A. 兴趣爱好　B. 薪水高低　C. 发展空间

D. 工作的稳定性　E. 其他

6. 你认为大学生就业难的原因最主要是什么？

A. 大学生自身不足　B. 就业岗位少　C. 竞争过于激烈

D. 国家政策原因

7. 假如你在求职时遇到问题时你会寻求哪种帮助？（可多选）

A. 老师　B. 父母　C. 亲朋好友

D. 专业咨询机构　E. 自力更生　F. 不清楚

8. 如果是自主创业，你认为你最重要的是（可多选）：

A. 资金　B. 政策　C. 技术

D. 机遇　E. 创意　F. 其他

9. 你是否想过要到西部工作？

A. 想去，很愿意去　B. 没想过　C. 无所谓，在哪都是工作

D. 不清楚

10. 你毕业后打算（　　）

A. 就业　B. 升学　C. 出国

D. 创业　E. 待业

11. 如果你毕业后打算升学，那么主要原因是：

A. 目前找不到合适的工作　B. 获取更高学历

C. 继续专业方向的深入学习和研究

D. 为了研究生毕业后获得更好的职位

E. 其他

12. 你希望毕业后在下列哪个行业工作？

A. 制造业　B. 建筑业

C. 批发和零售贸易、餐饮业　D. 金融保险业

E. 房地产业　F. 社会服务业

G. 卫生、体育和社会福利业

H. 教育、文化艺术及广播电影电视业

I. 交通运输、仓储及邮电通信业

J. 科学研究和综合技术服务业

K. 国家机关、政党机关和社会团体

L. 其他行业，请例举此行业中你最向往的五家单位：

(1)　(2)　(3)　(4)　(5)

第四部分　社会环境

1. 你对当前的金融危机了解多少？

A. 很了解　B. 一般了解　C. 不了解

D. 无所谓

2. 经济危机下你的就业态度是什么？

A. 只要找到一份工作谋生就好　B. 专业一定要对口

C. 薪水不能太低　　　　　　　　　　D. 先积累经验

3. 你对你现在的学历满意吗？有没有想过报考自考或是其他增值方式？

A. 满意，有　　　　B. 不满意，有　　　C. 满意，没有

D. 不满意，没有

4. 目前你对你希望的就业行业有了解并进行调整自己的发展和规划吗？

A. 没有了解，也没调整自己的规划

B. 有所了解，但不想因此调整自己的规划

C. 大概了解，调整过自己的规划

D. 深入了解过，调整过自己的规划

5. 经济危机下，大学生就业率低，如果有一份与你理想相差较远的工作，你会（　　）

A. 勉强接受　　　　B. 观望中，等环境改善后再找

C. 拒绝邀请　　　　D. 多参加培训，自我增值

6. 为了应对这次金融危机造成的就业难问题，你觉得学校应该采取什么措施？

A. 呼吁校友帮忙提供就业岗位信息

B. 鼓励学生到农村、基层就业

C. 加强学生的创业能力培养

D. 加强与企业的联系

E. 加强就业指导

F. 其他

调查到此结束，非常感谢你的合作！

（指导教师：高书文）

第三篇

北京市通州区区域发展、交通状况与住房等问题调研

大学生对通州环境状况的总体认知

调查时间： 2013 年 4 月 12 日

调查地点： 北京物资学院

调查目的： 了解当代大学生眼中通州目前的环境状况及新城规划对环境影响的看法等，进而总结出改善环境的一些措施

调查对象： 北京物资学院在校生

调查方法： 问卷调查，共发放问卷 100 份，收回有效问卷 92 份，用 Excel 表格统计分析得出结论

调查人员： 王君彦　栾媛　石皓然　孙铭淳　张怡然　葛宏芳　王午迪　刘莲　岳媛　陈平　刘易　郭志平　刘海华　扎西罗布　周瑜　杨思涵　李晗

调查分工： 全体成员负责发放问卷

王午迪、刘莲、岳媛、陈平、刘易、郭志平、刘海华、扎西罗布负责统计问卷结果

王君彦、栾媛、石皓然、孙铭淳负责撰写报告

张怡然、葛宏芳负责制作 PPT

周瑜、杨思涵、李晗负责讲解 PPT

随着全球经济的发展，人们的生活质量越来越高。然而在人们越来越奢侈的物质享受的背后，却是生态的失调、环境的恶化。到处可见的水污染、大气污染、固体污染、水土流失等一系列严峻的问题正在威胁着人们的正常生活，同时也严重影响着经济的发展，尤其是 2013 年年初北京周边的雾霾现象，让我们意识到了当前情势的严峻性，鉴于此，在今天通州新城正在大力规划建设时期，我组特地开展关于通州新城周边环境问题的调查，调查采用

问卷方式，Excel表格辅助人工统计，旨在了解同学们眼中的通州和大家对当前环境问题的一些认识和看法。

一、大学生对生态环境的主观感受

在被调查的学生中，有36名同学对目前通州区的生态环境质量表示基本满意，大约占总统计人数的40%，有56名同学觉得他们所生活的环境比较糟糕，大约占总人数的60%，而所有人中没有人认为目前通州区的生态环境是良好并且对其感到满意的，由上可见我们所生活的通州区生态环境并不容乐观而且急需加以改善。调查中92人里约有61人在通州环境问题上更加关注垃圾多，运河水资源受到污染的现象，约占总体的67%。值得欣慰的是，在通州，噪声大和绿地面积不足的现象并不是非常严重，92人中有16人对这两项有比较深的体会，约占总体的17%。对于北京市政府发布的通州新城规划建设的方案，听说过和对此不太清楚的人们各占近50%，只有非常少的人了解，说明在大学生中普遍对城市规划不太关心，对城市的发展关注不足。同时，人们对生活健康和自然环境的要求随着经济发展而逐步增长着，大约41人对新城规划最关心的部分是环境保护与生态，约占总体的45%；紧随其后的是关注经济就业的同学，有25人，约占28%。由此可见，21世纪生活环境的全面提升改善已经成为大众的主要诉求，而人们对环境改善的要求也十分迫切。在新城规划的实施方面，大家所关心的主要方面也都是比较一致的，92人中大概有83人都对空气质量有美好的愿景，占总体的98%，同时这些人中还有56人比较关心通州的河流污染治理状况，约占总体的60%，这也表明了身处古运河旁的大学生们对大气环境与河水状况的高度重视及对自然环境改善的迫切希望。

二、大学生对环境状况的看法和分析

随着通州新城建设的脚步加快，在加速建设的过程中，生态问题也越发受到人们的关注。各种生态资源污染的程度是否随着新城的建设越来越小，还是由于开发的力度太大而使生态环境不堪重负，这些都有待我们去调查。调查结果显示，大学生们普遍都希望生态环境可以越来越好，但在这其中，最希望解决的是通州地区的水污染和大气污染问题。对于大气问题，今年年初，我国不少地区把阴霾天气现象并入雾一起作为灾害性天气预警预报，统称为“雾霾天气”，而通州更是雾霾的聚集地，由于临近常营垃圾场，又地处北京郊区，治理不当，致使通州区大气环境污染恶化。

除了大气污染，水资源对我们来说也是一个比较大的问题。通州又以濒临运河而著称，综合各方面因素，小组成员决定以通州水污染为重点对污染的原因及水资源现状进行了调查与分析。据调查，通州现在水资源十分紧缺，造成水资源紧缺的原因有两个方面：自然地理条件是造成水资源紧缺的先天性原因，这一点我们无从改变；而人为因素则是导致全区水资源紧缺的主要原因。长期以来，由于对水资源的重要性和有效性认识不足，没有对全区水资源做一个严密、科学的综合开发利用规划，水资源的开发利用带有盲目性，使产业结构、城市规模与水资源的状况很不协调；由于水的价格长期偏低，导致水资源的极大浪费，如工业用水的重复利用率低，废水排放量较大；服务行业中洗车、洗浴、娱乐项目和人民群众日常生活中浪费的水量也很惊人，用饮用水冲洗车辆、冲厕所、绿化等现象还存在。而在有限的资源中，人们还在浪费。目前，通州区境内所有河流水质均为劣质Ⅴ类。受其影响，河流两侧的浅层地下水存在不同程度的水质超标现象。在通州境内的13条河流中有11条均为北运河水系支流，北运河水系是北京市最重要的一条排污河道，占全市国民生产总值70%的污水经北运河水系进入通州后出境。据监测，北运河通州段水体在起点北关闸入口处就已为劣Ⅴ类。因此，通州水污染严重的现状是由其水环境功能和所处地理位置决定的。而工业污染和生活用水污染却使通州的水污染问题更加严重。第一，工业废水和养殖废水污染。全区工业企业年产污水占全区污水总量的33.75%，主要集中在潞城食品园区、东方化工区及张家湾工业园区。第二，生活污水和种植污染、垃圾污染。目前，通州主城区未纳入污水处理厂的生活污水主要集中在通惠河北部，该区域现住人口12万人（常住人口6.7万人），日产生活污水5万吨，直接排入通惠河后进入北运河；另外，由于在一些村镇对医疗、生活垃圾等无害化处理的能力有限，倾倒在河道、废弃坑塘里未经处理的垃圾中的有害物质随雨水渗入地下，也会对地表水、地下水资源造成不同程度的污染。第三，污水处理能力不够。目前，通州区城区生活污水主要由碧水污水处理厂集中处理，乡镇有污水处理厂5座，农村污水处理站25个，覆盖率比较低；工业污水主要由4座园区污水处理厂集中处理，或由企业自身通过污水处理设施简单处理，由于企业环保意识及监督执法力度不够，导致多数工业污水处理不达标或未经处理就直接排放。这些都是造成通州水资源严重污染的原因。

三、大学生对环境治理措施的了解

针对通州新城环境问题，改善水资源和大气质量，促进经济与环境的协调发展，使通州在新城规划建设的同时，生态环境也能得到一定程度上的改善，小组成员群策群力，又结合调查中大学生的建议，现提出以下几点建议：

（1）对于政府来说，一定要坚持可持续发展战略，突出抓好环境污染治理。具体措施主要包括：①全面落实北京市控制大气污染的各项任务，严格执法，重点控制可吸入颗粒物污染。②保护饮用水源，加快污水处理厂建设。加快建设城市中心区水系综合治理工程，完成通惠河到高碑店湖的河道综合整治，实现通航，同时要把水系治理向全流域扩展。新建一批污水处理设施，还要大力呼吁全区居民做好节水工作。③提高垃圾无害化、减量化、资源化处理水平。在减量化工作的基础上加快以卫生填埋为主的垃圾处理设施建设。加强固体废物管理，成立固体废物管理中心，努力提高工业固体废物的综合利用率。④结合城乡结合部综合整治，要大力推进绿化隔离带建设，尽快编制完成绿化隔离地区总体布局规划和控制性详细规划，积极探索实现绿化的多种方式。

（2）对企业来讲，一定要加强排污治理。与此同时，结合产业结构调整，有计划、有步骤地淘汰污染严重的产品生产。另外，企业应该对本企业的治理污染工程充分重视起来，不要为了应付检查而做个样子；对于已建或待建的环保工程都应能够做到设计要求，能保持正常运行，达到治理污染的要求；要积极促进技术进步，从而削减污染，利用环境标准推动能源技术进步、降低单位经济活动的能源消费；对于工业用水一定要先做到无害化处理再对外排放，保证其不会影响到居民日常生活用水。

（3）对于通州区的全体居民和我们来说，应当提高全民节能意识，通过全民参与，推动节能环保，才是成功的关键。我们应该本着珍惜能源，保护环境的原则，对待身边的一切事物，提高更多的人的环境保护意识。在日常生活中，积极参与绿化活动，提高身边环境的绿色覆盖率；增强垃圾分类回收意识，尽自己的所能促进物品的循环利用；提高对水资源的节约保护意识，循环使用，做到不浪费，不污染；另外，要设置空调的最低温度，拒绝一次性物品，多购买环保型产品，支持公共交通等，尽自己最大能力将环保落实在生活的各个角落。

四、调查感受

如今通州新城正在规划建设之中，环境规划必然成为不可忽视的问题，借这次调查，我们了解到大学生对新城规划中环境问题的一些基本看法和建议，相信在国家采取一定措施，人们的环保意识逐步增强后，通州新城将会被规划得更加美好舒适。在此次调查中，小组成员分工明确，都用心完成了自己所负责的部分工作，组内团结协作，总体上发挥了良好的团队精神。同时，通过此次调研活动，同学们的社会责任感普遍增强，个人环保意识和思想素质明显提高，调研进行过程中反映出的问题也激发了同学们积极学习科学文化知识，提高科学文化素养的热情。总的来说，此次调研，同学们收获颇丰，不仅对目前通州区环境有了一个整体认知，也提高了个人能力，收获了团队协作的经验。

附录

关于大学生对通州环境状况的总体认知调查问卷

感谢您花费宝贵时间填写此问卷，此问卷采用匿名方式，不涉及任何个人利益，目的是了解当代大学生对目前通州环境的整体认知，并提出相应措施，在新城规划之际可以提出一些建议，共同致力于和谐通州的生态环境建设。请按照您的真实意愿和想法填写，请您在题目后面的括号中写出相应选项，多选的请依次写出多个相应选项。感谢您的参与！

1. 您对通州区现在的生态环境质量满意吗？（　　）

A. 满意　　B. 基本满意　　C. 不满意

2. 您觉得现在通州区生态环境方面存在的主要问题是（　　）

A. 缺水　　B. 水污染　　C. 空气质量不好

D. 噪声大　　E. 垃圾多，环境卫生不好

F. 绿地不够　　G. 其他

3. 您知道通州新城的规划建设吗？（　）

A. 见过公告　　B. 听说过　　C. 不知道

4. 关于通州新城规划，您最关心的是（　）

A. 城乡统筹　　B. 市政基础设施　　C. 经济与就业

D. 资源节约利用　　E. 环境保护与生态　　F. 交通出行

G. 其他

5. 您觉得通州新城建设将对以下各种生态环境问题带来什么影响？

（　）　①水资源短缺：A. 改善 B. 变差 C. 变化不大 D. 不清楚

（　）　②河流污染：　A. 改善 B. 变差 C. 变化不大 D. 不清楚

（　）　③空气污染：　A. 改善 B. 变差 C. 变化不大 D. 不清楚

（　）　④垃圾：　　　A. 改善 B. 变差 C. 变化不大 D. 不清楚

（　）　⑤噪声：　　　A. 改善 B. 变差 C. 变化不大 D. 不清楚

（　）　⑥生态破坏：　A. 改善 B. 变差 C. 变化不大 D. 不清楚

6. 您认为通州新城规划中，应该重点解决的资源环境问题是（　）

A. 使用清洁能源　　B. 节能　　C. 水污染

D. 大气污染　　E. 垃圾问题　　F. 地下水过量开采

G. 噪声

7. 为了改善通州区的环境空气质量，您认为应当采取下列哪些措施？（　）

A. 优先发展公共交通　　B. 提倡小排量汽车

C. 集中供热，调整能源结构，推广清洁能源　　D. 其他

8. 您认为通州区在噪声污染防治方面应当采取哪些措施？（　）

A. 在居民区附近禁止夜间施工

B. 主干道边居民楼加装隔声措施

C. 工业企业远离居民区　　D. 其他

9. 为了减小垃圾对通州区环境质量的影响，您觉得该采取哪些措施？（　）

A. 提高垃圾收集率

B. 加大垃圾处理力度，提高固体废物回收利用率

C. 实行垃圾分类回收

D. 严格控制医疗垃圾和危险废弃物的处置

E. 其他

10. 为了改善通州区的生态质量，您认为应当采取哪些措施？(　　)

A. 提高新建住宅小区绿地覆盖率　　B. 沿河道两岸种植树木

C. 增加公园、广场绿地等公共绿地　　D. 其他

11. 请简要谈一下您对如今北京周边雾霾现象的看法。

感谢您参与本次调查！

（指导教师：冯凡彦）

通州地铁6号线的开通对周边房价的影响

调查时间： 2013年4月2日

调查地点： 地铁6号线沿途

调查目的： 为引导学生关注民生问题，学会将所学的马克思主义、毛泽东思想与实际相结合，解决现实问题

调查对象： 地铁6号线沿途随机抽取的成年人

调查方法： 问卷调查

调查人员： 赵旺　王沾　孟鑫　黄凯　刘媛媛　于春羿　寸鑫旖　王伟程　艾朴　刘海标　李晨　郝旭强　许可鸣　李畅　张思宇　黄玲　王佳卉

调查分工： 孟鑫、黄凯、刘媛媛、于春羿负责问卷设计
寸鑫旖、王伟程、艾朴、刘海标负责问卷调查
赵旺、王沾负责售楼调查
李晨、郝旭强、许可鸣、李畅负责数据统计
张思宇、黄玲负责PPT制作
王佳卉负责报告及讲稿撰写
赵旺、王沾负责演讲

前言

随着城市的发展，人们的工作节奏和工作效率将进一步加快，时间观念也会进一步加强，住房所在地的交通是否便利也成为现代人购房时一定会考虑到的问题之一。一般来说，在其他因素都相同的理想状态下，交通越便利的地方，住房的需求量越大。从经济学角度来看，价值决定价格，供求关系

影响价格，不难推出，交通便利的地方，房价自然会更高。

2012 年年底，北京通州区地铁 6 号线 1 期正式开通。为验证以上猜想推论，进一步了解地铁对周边房价的影响，了解市民对此的看法和态度，深入探究地铁影响周边房价的原因等，我小组组织了题为“通州地铁 6 号线的开通对周边房价的影响”的调查活动，并最终根据翔实的数据形成书面报告。

此次调查共发出问卷 300 份，收回 300 份，回收率 100%。其中地铁线附近居民有 52 人，占 16.9%，非地铁线附近居民有 248 人，占 83.1%。

一、调查获得的基本情况

（一）住房需求量大

大约六成人明确表示想要买房，不足 15% 的人目前暂无购房打算。而北京人口基数大，所以住房需求量很大，呈现出供不应求的状况。

（二）6 号线的开通对周边房价有较大影响

从我小组的统计数据可以看出：九成市民认为北京通州区地铁 6 号线的开通对周边房价有影响，其中一半的人认为影响很大。的确，地铁 6 号线 2013 年年底通车，沿线房价应势大涨。早在 2003 年前，通州房子尚无人问津，那时候价格始终保持在每平方米 3000 元左右，直到城铁“八通线”的开通，为通州楼市点燃了第一把火，从此通州房地产正式起步、奔跑。短短 10 年过去，现在通州楼盘均价已经一跃飙升至每平方米 17000 元。10 年内，通州房价最高上涨了 6 ~ 7 倍。现在的通州房价是 2003 年的 5 倍。可以类比推出，6 号线 2 期开通后，通州房价，尤其是地铁周边房价将再一次上涨。根据伟业我爱我家市场研究院的数据统计，2013 年 1 月份北京通州区二手房成交均价为 16781 元/平方米，与楼市调控以来房价最低点 2012 年 1 月份的房价相比大幅上涨了近 35%。目前通州的房价不仅恢复到了楼市调控前的水平，而且与楼市调控前房价最高点时的 2010 年 4 月份的房价相比还小幅上涨了 2.6%，再创历史新高。

（三）大多数人认为目前 6 号线沿线房价偏高

虽然 6 号线的开通给周围的居民出行带来便利，但 85% 的人觉得 6 号线沿线房价太高，约10%的人认为房价偏高，不到5%的人认为房价合理。6号线沿线不仅聚集了大量的二手楼盘，一些新建楼盘也在其辐射范围之内，在轨道交通的利好作用下，楼盘的保值增值效应将非常明显。

（四）很多人选择不在地铁附近买房

地铁6号线的开通使周边交通方便，无疑为地铁沿线的房价增加了筹码，但也有很多人由于经济问题不愿意在地铁附近买房，而选择离地铁线稍远的楼盘。

（五）政府在调控房价方面公信力不高

近一半认为这些已出台政策对房价调控作用不大，仅有3%的人认为国家出台的关于控制房价的政策比较有效，85%的人认为2013年国家不会再出台关于控制房价的具体政策。

二、地铁6号线沿线房价上涨原因分析

在当代社会，住房已经成为必需品，再加上中国人口众多，住房需求量增加，从经济学角度来看，价值决定价格，供求关系影响价格，房价整体自然上涨。随着人民生活水平提高，居住标准相应提高，随着城市的发展，人们的工作节奏和工作效率将进一步加快，时间观念也会进一步加强，这样一来，地铁的意义就将更加得到凸显，地铁6号线的开通很大程度上解决了沿线居民出行难的问题，交通使得地铁6号线沿线房价上涨。深入地分析，地铁6号线沿线房价上涨原因主要有以下两个方面：

1. 已发展成熟的城市中心区由于原有区位条件已相当优越，在用地强度或性质未改变时，修建地铁对房地产价格的影响不是很明显；而接近城市的边缘地区，由于区位条件的改善幅度很大，土地集聚利用比较显著，所以房地产价值的增长受地铁的影响非常明显。所以越是交通不成熟的区域，地铁投资对周边地区产生的效益越大，房地产价格的升幅也越大。所以我们可以看到正在向现代化大都市发展的通州区地铁6号线1期开通后，周边房价涨幅很大。

2. 一般来说，城市中心区，由于其商业氛围已经形成，其增值的周期很

短；而新开发区，增值周期则较长。地铁对房地产产生的增值可视为开通前预期心理的增值和事后实质效益两部分的合计。由于预期心理的增值容易受市场等因素感染，所以，地铁开通前是开发商炒作房地产价值的最佳时期，开发商也会利用人们的预期心理哄抬房价。

三、我们的期待

10 年来，针对房价过快上涨出台了一系列以房价调控为主要指向的调控措施，但房价却没有跟着调控指挥棒走，大有越调越高的趋势，因此自“国五条”出台之日起，它的实效难免受到广泛质疑。造成房价上涨的因素很多，简单地出台短期调控政策不是万全之策。对于房地产这一特殊的市场领域，不能任其进入完全市场化是题中应有之义，尤其是房价已经成为一个关乎民众幸福的重要指标时，调控力道的把握更要显示出政府的执政智慧。在短期调控之后，我们期待一个更有智慧的长效机制，相信房价在不久后会回归合理。

通州交通的发展和房价的变化只是通州发展的一个部分，我们有必要把它放在新通州发展的大背景下去看待问题，分析问题。

2005 年，国务院正式批复《北京市城市总体规划》(2004—2020 年)，正式将通州定为三个重点发展的新城之一，是面向区域的可持续发展的综合服务新城，也是北京参与环渤海区域合作发展的重要基地。在 2009 年 12 月 24 日召开的中共北京市委十届七次全会上，明确提出“加快重点新城建设，特别是集中力量聚焦通州，尽快形成与首都发展需求相适应的现代化国际新城”，2010 年 1 月，“集中力量，聚焦通州，借助国内外资源，按照世界一流水平高起点谋划，实实在在地启动一批项目，努力取得重大突破，发挥好示范带动作用”被写入北京市政府工作报告，通州迎来了历史上最重要的一次发展机遇。作为北京重点建设的新城区，通州新城发展目标为“区域服务中心、文化产业基地、滨水宜居新城”。交通的发展，房价的变化无疑是其一个重要方面。

对于郊区而言，判断一个区域楼市是否向好，首先就要看轨道交通是否便利和商业氛围是否浓厚，就这一点来看，通州显然是最早拥有轨道交通线的五环外区县，多年的发展商业氛围也已具有相当规模，因此，整体来看其成熟度还是要略显领先。通州的优势很多，主要有以下几个方面：一是区位优势，二是交通优势，三是资源优势（包括水资源和土地资源）。作为北京市“两轴—两带—多中心”新城市规划的重要卫星城镇之一，通州距东三环仅12千米，是北京周边区县离市区最近的地区之一。京通快速、朝阳路、朝阳北路、八通轻轨线以及即将通车的两广路东延线5条道路让通州与北京市区紧密相连，还有京沈、京津塘、京哈3条高速公路穿过，使有车一族出行非常方便。不过，随着通州新城的建设发展，到2020年，通州新城规划人口将达到90万人。相对于顺义、亦庄两个新城来说，交通对于通州区的发展尤其重要，目前，每天有超过30万的人往返于市内和通州区之间，交通压力将直接制约通州新城的发展。据了解，八通线的拥挤、换乘的烦琐、末班车的时间等问题都是居住在通州的人的心病，而开车出行的人也并不轻松，京通高速每天早晚高峰的拥堵使许多有车族出行十分困难。而6号线或缓解通州交通瓶颈。

我们可以看出国家对通州发展的高度重视和期望，加上通州本身具备的不可替代的优势，我们期待通州交通发展更好，我们期待并相信未来的生活更美好！

附录

通州地铁6号线的开通对周边房价的影响调查问卷

1. 请问您是地铁6号线附近的居民吗？

A. 是　B. 不是

2. 请问您想在地铁6号线附近购买住房吗？

A. 想　B. 不想　C. 目前还没打算

3. 请问您想在地铁6号线周边购买商业房产吗？

A. 想　B. 不想　C. 目前还没打算

4. 您觉得地铁6号线的开通对周围楼盘的影响有哪些？（多选）

A. 地铁的开通带动了房地产行业的发展

B. 地铁的开通吸引了大批购房者

C. 地铁的开通吸引了大批房地产投资商

D. 地铁的开通对周围楼市无影响

E. 地铁的开通使周围现有房屋无法满足如今的消费者，供不应求

5. 您觉得地铁 6 号线的开通对周边房价影响如何？

A. 很大　　B. 有一定影响　　C. 基本没影响

D. 不清楚

6. 您对地铁开通后房价的看法？

A. 很高　　B. 偏高　　C. 合适

D. 不清楚

7. 您认为国家的房价调控政策会有效吗？

A. 会　　B. 不会　　C 没太大影响

8. 如果是您，您是会选择离地铁较近的高价房还是离地铁相对较远的合理价房？

A. 地铁旁边　　B. 离地铁较远的　　C. 无所谓

9. 您认为是从什么时候开始地铁附近的房价开始有变化的？

A. 地铁建设规划期　B. 地铁建设期　　C. 地铁建成后

10. 您觉得现如今房价变动趋势是怎样的？

A. 有上涨趋势　　B. 基本稳定　　C. 有降跌趋势

11. 您觉得地铁的建设对周围多大范围内的房价有影响吗？若有，影响最大的是哪一范围？(　　)

A. 500 米以内　　B. 500 米到 1 千米范围内

C. 1 千米到 3 千米　　D. 3 千米以上

（指导教师：冯凡彦）

便利与安全

——黑车对通州新城治安的影响

调查时间： 2012 年 4 月 8 日至 2012 年 4 月 14 日

调查地点： 北京物资学院校内及通州街区

调查目的： 1. 黑车存在的问题

2. 市民对这些问题是否了解

3. 市民了解这些问题后是否继续乘坐黑车及其理由

4. 针对黑车存在的问题和市民的看法，可以采取哪些方式改善黑车现状

调查对象： 学生、在职人员、自由职业者、退休人员

调查方法： 问卷调查法

调查人员： 组长——张秀婷

副组长——刘智琳

组员——黄嘉伦　沙旻飞　李莉琰　严敏燕

调查分工： 全员参与问卷设计，张秀婷、刘智琳定稿

全员参与分发试卷

严敏燕、李莉琰负责统计数据

张秀婷负责制作 PPT

刘智琳、黄嘉伦负责撰写论文

张秀婷负责整理论文

前言

通州新城正在快速发展，然而随意停放、规格不统一、无视交规、肆意

揽活的黑车却让人觉得新城不新。黑车的存在给通州新城在治安方面造成了不良影响，尤其是在交通安全、人身安全方面影响极深。

黑车，指没有运营资格，不被国家允许的以营利为目的的车辆。它不仅对乘客没有安全上的保证，而且影响正规出租车的利益。黑车游走在法规之外，却渗透在我们的生活之中。在通州这个距离北京城区最近，引入绿色低碳宜居理念、向现代化国际新城发展的城市，交通却被黑车所霸占，黑车上路，也必然把生计日艰的出租车逼入更窘迫的境地。

为了调查黑车存在的危害，以及市民对黑车问题的看法，财管 2 班第 5 小组于 4 月 8 日开始在通州区发放问卷，进行调查，于 4 月 14 日顺利结束。

一、调查情况

（一）调查背景及目的

“打车吗?”“要去哪?”这是我们在校园门口最常听到的话，本应充满书卷气的学校门口早已成为黑车的“停车场”。不仅是在学校门口，当我们走出地铁站、超市、商场，或是在马路上多停留几分钟，就会有黑车司机上前揽活。正在快速发展中的通州新城，因为这些不正规的黑车给人留下了不良印象。黑车的存在让人感到通州的治安存在极大的问题。

以学校为例，我校为了学生安全，对进入校园的人群进行严格筛查，进校门时需要出示校园卡，这在一定程度上杜绝了校外人士进入学校的可能。然而我们会发现，黑车可混为家用轿车进入校园，这为学校安全带来一定隐患。

正如对于校园，黑车危害极大。黑车的存在给整个通州新城的治安都带来了极大的影响。而大量的客源是黑车日益猖獗的主要原因之一。

人们怎样才能在交通安全、城市发展和个人主义之间得以平衡？为什么有些人总爱和黑车共舞，充当他们的利益共谋？黑车到底存在哪些危害？对此问题，我们小组开展了对黑车问题的社会调查。

（二）调查方法

本次调查采用问卷调查、采访的形式，发放问卷共计 110 份，98 份有效，可以保证此次调查问卷的有效性。

（三）调查数据

1. 调查的人群（见图1）

2. 对“黑车”揽活的看法（见图2）

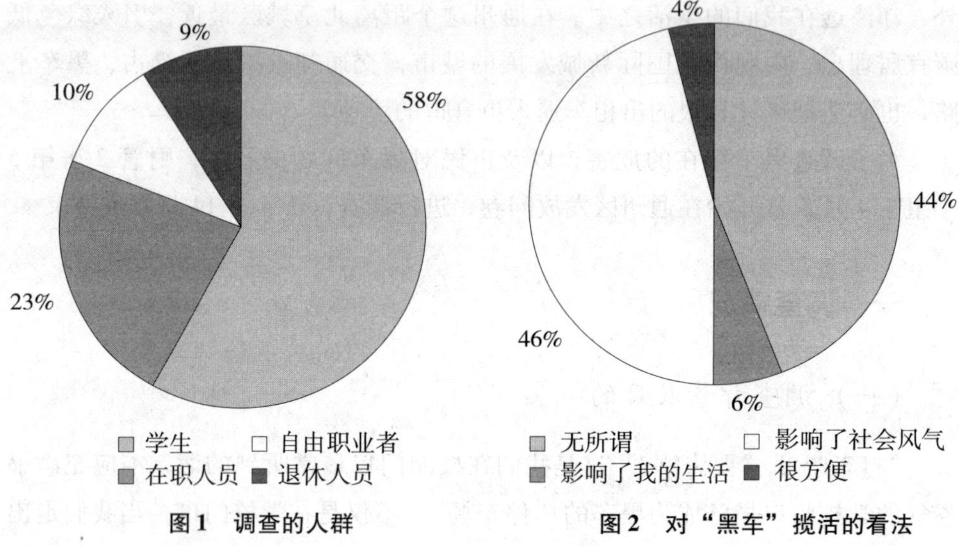

图1 调查的人群　　图2 对“黑车”揽活的看法

3. 对于黑车司机造成乘客人身财产伤害的事件，且在赔偿上有很大漏洞，是否了解（见图3）

4. 在了解这些问题后，是否会继续乘坐黑车（见图4）

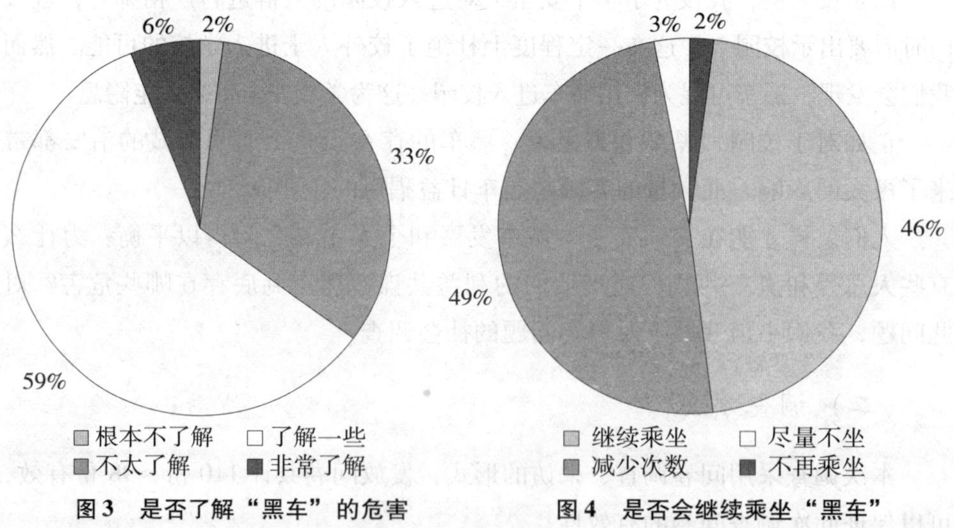

图3 是否了解“黑车”的危害　　图4 是否会继续乘坐“黑车”

5. 您对于政府彻底取缔黑车是否信任（见图5）

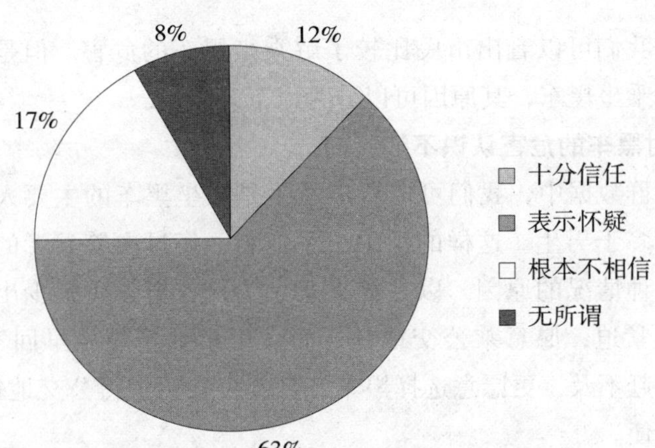

图5　是否相信政府能彻底取缔黑车

二、数据分析

（一）黑车存在的具体问题

1. 违法抢道、停靠

大部分黑车在行驶时都是招手即停，这样可能会让后方行驶的车辆来不及反应，导致撞击。违法抢道则是造成车祸的主要原因。

2. 随意停放、肆意揽活

黑车司机通过将黑车停在路边肆意招揽乘客来争取更多赢利的机会。他们的停放地点集中在学校、地铁站、商场等地方。黑车集中停放造成交通拥堵，也影响了社会面貌。其中停在公交车站附近的黑车给交通带来极大的阻碍。

3. 对乘客的人身财产安全没有保障

一方面少数黑车司机会有图财害命、侵害女性的倾向，虽然伤害乘客的司机占极少数，但是一旦事发，乘客很难对抗黑车司机。更有不法分子伪装成黑车司机，伤害乘客。另一方面因黑车没有管理机构，又没有足够的经济实力，一旦发生交通事故，乘客的合法权益就不能得到保障。

（二）市民的观念

通过调查我们可以看出市民比较了解乘坐黑车的危害。但是，还是有很多人不能杜绝乘坐黑车，其原因可以分为以下几点：

1. 市民对黑车的危害认识不够深刻

从乘坐人群数据中，我们可以看出学生是乘坐黑车的主要人群，乘坐黑车的女生远远多于男生。这样的结果出乎意料，经过向答卷者的询问，我们了解到形成这种情况的原因。以在校大学生为例，男学生很少出校门，出门时一般时间不紧迫，愿意乘公交地铁，而女生多数希望尽早回家或回学校，乘坐公交太慢赶不及，更愿意选择黑车，且部分女生觉得公交地铁过于拥挤，不如打黑车方便。

女生为了图方便选择乘坐黑车证明她们对黑车的危害了解不够深刻。她们认为伤害乘客的黑车司机是少之又少的，而公车扒手、公车色狼却不少见，相比之下黑车更好。很多女生在看到黑车的便利时，就弱化了黑车的危害，这样的想法是极其不理智的，实际上，公交车虽然也存在一些小问题，但不会造成生命危险，然而，一旦黑车司机违章发生交通事故或是黑车司机对乘客进行人身攻击，后果将不堪设想。

2. 市民对维护社会安定和社会面貌不重视

黑车司机存在逆行等违章行为，也有个别司机会对乘客造成人身财产伤害，且赔偿存在漏洞。乘坐黑车的乘客对这些问题较少了解，半数人认同黑车影响市容，但几乎没有人愿意完全放弃乘坐黑车。而多数人明明认为黑车司机揽活影响社会风气，黑车影响社会面貌，却仍要坚持乘坐黑车。在了解黑车的危险后，仍坚持坐黑车。可见市民对维护社会面貌和社会安全不重视。市民因碍于面子，不愿意阻止违章司机，甚至认为无关紧要，可见市民集体意识不够强烈，没有意识到通州新城的发展需要每一位成员的力量。

3. 交通不便利迫使市民选择搭乘黑车

市民在面对黑车存在的种种危害时，还要坚持乘坐黑车，不仅仅是因为存在侥幸心理，更多是迫于通州出租车少，交通不便利的现实。在采访中我们了解到一些上班族因为工作地点较偏僻，不乘坐黑车根本无法上班，他们面对这种现象表示非常的无奈，“有些司机还会多收钱”“有时我也愿意到很远的公交站坐公交，可是有的时候时间紧张不得不打黑车”。

4. 市民存在同情心理

黑车司机中多数人是下岗职工或是无职业者，有部分乘客认为他们是为了生存不得已而为之，且这些生活艰辛的人会更加珍惜这份工作，不会违反交通规则以及伤害他人。这种同情心理让乘客忽视了黑车违法的客观事实。

5. 市民对于黑车的根除信心不足

数据显示通州城内很少有执法人员去清理黑车，虽然国家在不断地出台政策解决黑车问题，却是效果欠佳，而且实际采取取缔黑车的地方政府少之又少。当然，通州城内对于黑车的取缔也是干打雷不下雨，久而久之，市民对于根除黑车失去信心，以身作则杜绝黑车也被认为是无谓的举动。

三、总结及建议

在对不同人群的随机调查过程中，我们可以发现学生和上班族是乘坐黑车的“主力军”，他们几乎都是因为赶时间而迫不得已选择了乘坐黑车。他们大多数人都清楚乘坐黑车的危害性，并认为黑车严重地影响了通州的对外形象。大部分人都选择尽量不乘坐黑车，而不是永远不坐则暴露出通州区乃至全北京的打车难问题。本来出租车的数量就很难满足迅速增长的人口的要求，而普遍存在的拒载现象更是雪上加霜，所以你很难看到有出租车司机将车停在你身边，还热情地问一句：师傅您上哪？而黑车司机显得很热情，有时真的很难拒绝他们。针对这些问题，我们小组有以下建议：

（1）我们的运管部门，增加通州出租车数量以满足通州居民的出行需求，降低“份子钱”提高出租车司机积极性，从而提高服务水平，减少或杜绝拒载现象的发生。

（2）严厉打击黑车，有关部门对黑车的打击不应该走过场，而是应该在黑车聚集地，如地铁口、公交车站等地实现常态化巡逻，避免“游击战”现象的形成。黑车通常会在后视镜处加挂红色小灯，易于辨认，所以可以通过路口的交通摄像头抓拍，然后给予相应处罚。

（3）在学校、党委机关中提倡不坐黑车，从小方面着手，从客源上减少黑车的生存空间。

（4）加强市民的社会荣誉感，让大家了解维护社会面貌人人有责，深刻讲明乘坐黑车的危害，在学校、居委会等各个组织内宣传杜绝黑车。

（5）增加就业机会，我们不难发现绝大部分的黑车司机都是下岗失业或农转非人员，他们迫于生计才选择开黑车。如果给他们提供合适的就业岗位，则能从根源上解决通州的黑车问题。

结语

在这次调查中，被调查者也更多地了解到黑车存在的危害，引起一定的重视，但根本的解决方法还是需要政府的管理和市民的积极配合。一个真正的国际化城市，首先体现在它的城市面貌，随着通州的不断发展以及人口的增加，通州正在不断地成为北京的新的发展点，而通州如果想真正可持续发展，就必须打造一个舒适的工作生活环境，才能吸引人才、留住人才。我们作为通州的大学生，应该为其实现发展目标做贡献。你想让黑车成为通州的第一张名片吗？如果不想，就加入行动吧！

附录

通州区黑车问题调查问卷

您好！我们是北京物资学院的学生，正在对通州区黑车问题进行研究，希望了解一些您的看法，需要耽误您几分钟，请您按顺序答题，非常感谢！

1. 您的性别（　）

A. 男　B. 女

2. 您的职业（　）

A. 学生　B. 在职人员　C. 自由职业者　D. 退休

3. 您在通州（　）

A. 居住　B. 工作　C. 学习　D. 休闲

4. 您坐黑车的次数（　）

A. 从来没有　B. 偶尔

C. 经常　D. 需要打车时都选择黑车

5. 您选择乘坐黑车的理由是（　）

A. 便宜　B. 方便　C. 交通不便　D. 其他

6. 您是否会独自乘坐黑车？

A. 每次都是　B. 从来不　C. 偶尔会　D. 看情况而定

7. 您见到过黑车存在哪些违反交通规则的行为？（　　）

A. 逆行　B. 违法停车　C. 违法抢道　D. 其他

8. 您是否会制止黑车司机的违章行为？（　）

A. 从来没有　B. 偶尔

C. 经常　D. 见到违章就会制止

9. 如果您看到黑车司机揽活，您会觉得（可多选）（　　）

A. 无所谓　B. 影响了我的生活

C. 影响了社会风气　D. 很方便

10. 关于一些黑车司机对乘客造成人身财产伤害的刑事案件，而且在赔偿上存在很大漏洞的问题，您是否了解？

A. 很了解　B. 了解一些　C. 不太了解　D. 根本不了解

11. 如果您已经得知黑车存在多种问题，您是否会继续选择乘坐？（　）

A. 不再乘坐　B. 不改变态度，继续乘坐

C. 尽量不坐　D. 减少次数

12. 您会劝阻他人乘坐黑车吗？（　　）

A. 不会　B. 会　C. 根据实际情况

13. 您对取缔黑车的态度（　）

A. 十分支持　B. 比较支持　C. 反对　D. 无所谓

14. 您是否见过执法人员清理黑车（　）

A. 从来没有　B. 几乎没有　C. 偶尔见到　D. 经常见到

15. 您对于政府彻底清除黑车

A. 十分信任　B. 表示怀疑　C. 根本不相信　D. 无所谓

16. 如果您对黑车还有什么看法，请写明

____

再次感谢您对我们工作的大力支持！

（指导教师：王志利）

通州新城的建立对房价的影响

调查目标： 通过此次社会调查，较为客观地分析在通州新城建立后，北京城区及通州地区的房价变化

调查时间： 2013 年 4 月 8 日至 2013 年 4 月 19 日

调查对象： 北京物资学院学生以及社会人士共 30 人

调查人员： 金海曈　张鑫　李卉阳　孟新卓　杨莉宁　许丹阳

调查方式： 网上对过去几年的房价数据进行收集，对校内及校外共 30 人发放调查问卷，针对调查问卷数据统计进行分析与讨论。

一、通州新城的建设情况

在古代，水系被誉为“国之命脉”。在京杭大运河为漕运命脉的 800 年间，通州是京城门户、仓储重地，政治、军事、经济地位十分突出。

如今，新的时代机缘再次赋予大运河与通州新的历史使命，来见证千年京杭运河的兴盛和商业经济命脉的延续，这个位于千年前京杭运河起点的区域新城，正在迅速崛起。在坐拥十二五规划“天时”、北京副中心“地利”、科技人才等人文资源“人和”的条件下，通州新城开始进入三级跳跃的高速发展期。

通州，以其聚“天时、地利、人和”之大势，把握历史机遇，重整优资大成，秉承千年运河文脉滋养，令时代聚集世界——北京——通州！

通州新城建设从 2010 年开始，引入绿色低碳宜居理念的现代化国际新城全面启动，通州这个距离北京城区最近的新城，在 2010 年迎来了全新的发展契机。

通州新城规划面积 155 平方千米，其中核心区面积 48 平方千米，未来人

口承载将达到100万人。

通州区为北京预留一部分行政区划，东方化工厂的拆迁也将在新城建设当中逐步落实。而关于运河核心区的标志性建筑的问题，该区负责人表示"标志性"的含义不仅仅是高度，更要充分体现"三个北京"（绿色北京、人文北京、科技北京）的理念，突出环保、低碳的建设理念，高品位、高质量、有特点。

通州正面临着前所未有的历史发展机遇：北京城市定位升级再调整，自奥运会之后，重点以建造与纽约、东京、巴黎齐肩的世界城市成为伟大的历史使命！由于发展需要，北京城市重心再东移，通州以其特殊的地理位置成为辅助北京世界城市建设的重点区域，整个通州将被定位为北京"副中心"。并指出，未来将把通州新城的功能按照城市副中心的要求进一步来明确，为北京建设世界城市增加新的承载力。未来发展中，通州新城将进一步做好顶层设计，按照国际化大都市副中心的规格、标准，推进市级整体部署。

通州城市规划中的"通州新城"作为北京"副中心"未来发展的领衔核心区域，未来人口承载将达到100万人。历经3年建设期的通州核心区已经从规划设计走向了项目建设，通州新城建设的脚步进一步加快——运河CBD早已奠基，地铁6号线以及国际先进的环隧工程正在施工建设。除运河核心区相关建设外，文化旅游区、宋庄文化创意产业集聚区、环渤海高端总部基地、北京国际医疗康体功能区、国际组织聚集区等商务聚集区也已初具规模——一个繁荣鼎盛的通州正在向世界吹响前进的号角！

二、对北京房价的调查

房子，是我们每一个人的容身之所，是老百姓幸福生活的保障。俗话说"安家立业"，只有有了安定的居所，才能有更高的追求。马斯洛的需求层次也说明，衣食住行等基本的生存需要，是一切人类发展的基础。

由此可见，房价的高低与我们的生活息息相关，与我们的幸福感紧密相连。

作为中国的首都，国际化的大都市，北京的房价在过去的十年间经历了巨大的变化。在一片的"涨"声里，北京的房价仿佛一夜之间成为许多人的噩梦，"买房"成为了许多人遥不可及的梦。

让我们看看这十年间究竟发生了什么？（以朝阳区为例）

在这10年里，朝阳区楼市价格从3800元/平方米上升到29000元/平方米，这样巨大幅度的变化，究竟是什么因素影响了北京的房价呢？北京的房价波动究竟和什么有关，可以引导我们对北京房价的预测。通州新城的建立究竟会不会使得北京房价有所变化呢？

我们小组通过对2000年以来北京房价数据的分析，把北京的房价走势划分为五个阶段。

下面我们就对这五个阶段分别进行分析。

（一）第一阶段：2000—2004年平稳慢升期

北京的房价在进入21世纪后，走过了一段平稳发展期，在政策扶持、市场健康有序的大环境下，房价不但没有上涨，反而连续有小幅下降。2000—2004年这几年间，北京的房地产市场发展态势一片大好，整个市场运行越来越规范与透明。

1. 政府扶植，政策优待

这一阶段的平稳发展不能不归功于政府一直不遗余力进行的各种调控，出台了很多促进房地产行业积极发展的有利政策，如土地招拍挂制度的实行、现房销售的在线网签、对存量房交易的促进，如取消交易分成、央产房放量、取消审批等，政府大力鼓励房地产建设，这一段时间政府对于房地产的态度以“供”为主，房地产行业如同婴儿一般备受呵护。

2. 需求稳中有升

随着时间的推移，老百姓逐渐对房产有了更为深入的了解，市场需求越来越大，供应量已经满足不了日益增长的购房需求。2003年政府出台了土地招牌挂制度，低价拿地的历史一去不复返，招牌挂的形式推动了地价上涨。但在2004年之前，低价的上涨还未传播影响到房价，在这一阶段，房价基本稳定，并未出现明显上涨。

（二）第二阶段：2005—2006年快速上升期

在走过了房地产初期开发的二十多年平稳期后，北京进入城市化发展最为迅猛的时期，2004年之后的北京楼市价格，涨幅快到以日计算，让民众望而生畏。

2004 年是一个转折期，房价由此一发不可收拾，发生了明显的上升趋势，三年时间北京商品房价格由 5053 元/平方米涨到 14411 元/平方米，上涨幅度达到 185%，2007 年的商品房均价较 2006 年上涨超过 50%，已步入房产发展的畸形期。

1. 国际化城市备受青睐

2004—2007 年三年间，北京关于城区的观念范围得到了最大化的延伸，北京的经济、城市发展，国际影响力各方面也正是在这一时期取得了最快的进步，从而真正确立了自己国际一线大都市的地位，水涨船高，作为中华人民共和国的伟大首都，北京受到了前所未有的关注，奥运会所带来的新一轮移居热潮成为北京别于其他地区的显著楼市景观。

2. 政府经验不足，调控不力

政府在这一时期的工作非但没有能够有效地抑制住房价，反而直接促使房价以更迅猛的态势上涨。紧锁供应致使地价进一步上扬。同时各种税费也随之增加，土地出让金更是一路上涨。

2005 年和 2006 年国家两次调整房产交易税，税收是调节市场的有效杠杆，但当房地产市场成为稀缺市场时，它无疑会成为转嫁推高房价的无形的手。

3. 开发商炒作，囤地抬价

在开发商中，存在着较为普遍的采取各种隐蔽手段违规销售、炒作、囤积房源、哄抬房价的行为，这是造成房价上涨较快的主要原因。大量的土地囤积在开发商手中，他们故意拉长开发周期，造成上市新盘数量紧缩，房地产市场有限供给和巨大需求之间的矛盾很难得以解决。

4. 城市扩张推房价

城市化进程是北京房价增速的催化剂。2001 年北京申奥成功，北京的国际化都市地位得到了进一步确立，全方位的城市建设和改造使这几年成为北京城市化进程最快的几年，数据显示，到 2006 年年底，北京市城区面积已达 1182. 3 平方千米，较 2004 年的 770 平方千米大了足足 400 多平方千米。足见近几年北京城市扩张的速度是何等之快。

5. 人口猛增需求大

随着北京城市化的快速发展，人口数量开始猛增，2004 年北京外来人口约合 300 万，但仅过了三年，到 2007 年北京外来人口数量已超过 450 万，人口总数已逼近2000万，伴随着城市人口急剧增多的是大规模的城市改造和居民拆迁，住房市场被动需求增加，新建住宅成本日益提升，成为房价上涨的一大推手。

（三）第三阶段：2007—2008年短暂下滑期

根据中国房地产指数系统提供的数据，2007年11月底，北京市的平均房价是每平方米15162元，而在12月底，每平方米的价格降为12180元，月环比降幅为19.67%，其中北京的东城、西城、崇文、宣武四个内城区由每平方米23467元，下降为18401元，跌幅高达21.59%，而朝阳、丰台、石景山、海淀四个外城区，由每平方米15829元，降为14715元，降幅为7.04%。

1. 政府打出“组合拳”

为了抑制北京房价的过快上涨，国家在2007年、2008年打出了一系列调控房价的组合拳。

2007年2月2日，北京市建委等部门联合下发《关于规范境外机构和境外个人购买商品房的通知》，对境外个人以及机构在北京购买商品房做出一系列的明确规定。这在很大程度上，抑制海外资金开始频繁收购国内大型商业地产，推高房价的行为。

另外，国务院还出台了《关于加强商业性房地产信贷管理的通知》。通知要求，对已利用贷款购买住房、又申请购买第二套（含）以上住房的，贷款首付款比例不得低于40%，贷款利率不得低于同期同档次基准利率的1.1倍，而且首付比例和利率水平应随套数增加而大幅度提高。

2. “奥运热”退潮

奥运结束在一定程度上也是房价下跌的导火索。在奥运经济刺激下的房价上涨的基础已经消除掉，北京的经济发展和城市扩张速度也会减缓，在相当长的时间内要消化申奥成功之后很多年的固定资产投入和因此引发的房价暴涨，因此2008年房价短暂下滑。

3. 消费者观望，成交量下滑

在这一阶段，消费者热情也显得大不如前。伴随着全球金融危机的大背景，全球经济不看好的情况下，再加上在一系列的调控政策出台后，越来越多的消费者感到房地产市场前景扑朔迷离，持观望态度。这直接导致北京商品房成交量大幅缩水。从2008年2月销售数据来看，同比2007年2月，期房日均成交量下跌了128套，降幅达54.2%。众多的开发商纷纷打出优惠，降价的牌，吸引消费者。

4. 保障性住房的大力开发

与此同时，保障性住房的大力开发建设也对北京市的房价造成了一定的冲击。出台的相关政策规定，在住房用地供应中，各类保障性住房和中小套型普通商品住房用地不低于70%，将筹建保障性住房20万套以上，竣工保障性住房10万套，并且优先重点保障廉租房家庭；大力发展公租房，今筹集公租房房源6万套以上。这也抑制了商品房价格的疯长，从而为稳定房价起到了一定作用。

（四）第四阶段：2009—2010年失控飙升期

“没想到”“太疯狂”，谈及2009年的北京楼市，多数业内人士发出了这样的感慨。从年初的低迷，到年中的回暖，再到年末的疯狂，戏剧性的变化令人始料不及。

1. 金融危机阴霾

笼罩2009年，金融危机的阴霾还远未散去，在经济三大支柱：投资，出口，内需中，投资与出口都遭遇低潮。大部分投资者因为经济的不明朗而持币观望，致使投资锐减；面对经济危机，各国都在减少进口，采取贸易保护，致使我们出口锐减；为保GDP的增长目标，唯一的方法就是促进内需，我们用举国体制进行宏观调控，扩大内需。

2. “炒房一族”投资火热

对于消费者而言，避免货币贬值和保证收益，固定资产投资之一的房产投资就成了一个不可多得的主要渠道之一。从长远来看，投资房地产的风险要低于投资股票的风险。越来越多的有钱人把买房作为自己的一项长期稳健的投资。2009年期房成交量涨幅达到112.4%，据统计，1至11月北京成交商品住宅112015套，期房成交量涨幅接近2007年水平。

3. 开发商捂盘抬价，一房难求

与投资者狂热的需求不相吻合的是，2009年北京的新房供应量仅为7.6万套，为2003以来的最低点。2009年1至11月，北京商品住宅累计新增76183套，同比下降15.6%。与此同时，还有许多开发商捂盘抬价，囤地抬价，更是使得房地产市场供求不平衡，加剧了房价的过快增长。如此供需矛

盾，怎能不使房价失控疯长？

（五）第五阶段：2010年至今调控博弈期

2010年是我国房地产的调控之年。2010年4月17日，国务院发布了《国务院关于坚决遏制部分城市房价过快上涨的通知》，相继北京市政府出台了《北京市人民政府贯彻落实国务院关于坚决遏制部分城市房价过快上涨文件的通知》。2010年再出重拳遏制房价增长，拉开"史上最严调控"的序幕。

1. 保障房、商品房并驾齐驱

逐步形成符合首都实际的保障性住房体系和商品住房体系。加快实施保障性安居工程，"十二五"期间全市计划建设、收购各类保障性住房100万套，比"十一五"翻一番，全面实现住有所居目标。同时大力发展公共租赁住房。在加大政府投入的同时，2011年年底前实现配租入住1万户以上。

2. 限购令"重磅炸弹"强硬干脆

同时，限购令也强有力地限制了房价的上涨。规定对已拥有2套及以上住房的本市户籍居民家庭、拥有1套及以上住房的非本市户籍居民家庭、无法提供本市有效暂住证和连续5年（含）以上在本市缴纳社会保险或个人所得税缴纳证明的非本市户籍居民家庭，暂停在本市向其售房。这使得一大批北京的潜在买房者失去了购房的权利，有效遏制了炒房等行为，对稳定房价产生了积极的影响。

由以上分析可以看出北京房价的变化是极其复杂的，房价是各种因素综合作用的结果。这些因素也会影响到未来北京房价的变化，现在虽然处于第五阶段，也就是调控博弈期，但是要想使房价调整到居民认可的范围还需要很长时间。通州新城将在这个阶段出现在北京的建设当中，它给北京增加了许多房源，添加了良好的居住环境，那么，它可以为北京城区的房价做出怎样的贡献呢？随着通州新城的建设，北京城区的房价会继续升高还是降低呢？

下面我们再来着重关注一下通州的房价变化吧。

1. 通州地区2008—2012年房价比较

从表1中我们不难看出通州的房价从2008年开始飞速上涨，于2011年达到顶峰，在刚刚过去的2012年却有下降的趋势。经调查，原计划将市政府挪至通州区，导致了通州房价一路飙升，向北京城区靠近，但是此方案一直没有施行。所以房价又退回到了原有标准。

表 1　　通州地区 2008—2012 年房价比较

年　份	2008	2010	2011	2012
价格（元/平方米）	8000	10000	30000	16043

2. 通州部分地区平均房价

表 2　　通州部分地区平均房价

房产	通州中关村	通州梨园	通州国贸东	通州新华大街	通州果园	通州九棵树西路	通州北苑
价格（元/平方米）	13800	19000	30000	30000	18000	19000	15000

从表 2 我们可以看出通州的这些房价，靠近中心城区的房价会比远离中心城区高出许多。

三、通州新城的建立对房价的影响

通州新城建设标准高于中心城区，新城的土地储备占全市的 70%，新城是北京未来的发展重点。“新城将比中心城更加宜居，每一个新城的规划都引入了低碳生态、绿色宜居、自主创新等理念”。低碳生态、绿色可循环、公交优先、人性化规划设计、精细化管理、产业的自主创新等，这些新的理念在新城规划中都予以体现。新城一定不是复制中心城的局部，新城在很多方面都会超过中心城。

下面就是这次问卷的调查结果的统计与分析，其中穿插的是我组对于每一道所做的简单分析。

调查人员比例：在我们小组这次的调查中，所进行的社会调查问卷采取了随机抽样的方法，其中女性受访者占了 60%，男性受访者占了 40%。

年龄比例：在广大受访者之中，18～34 岁的青年奋斗者占了绝大多数，对此我们主要是考虑到了这个年龄段的人即将处于婚嫁年龄，所以对房价变化应该比较关注和了解。各个年龄段的人，对于房价的看法有稍微的差别，可以为我们的调查带来更真实的数据。

文化程度比例：这些受访者的文化程度比较高，其中本科以上学历者高达73%。文化水平的不同，带给人们的消费水平以及思想就会不同，美中不足的是，受访者中缺少初中及以下人群和博士及以上人群。

婚姻状况比例：在这些受访者里，大多数是年轻人，未婚男女占有很大比例，他们的观点很值得我们理解，采纳。

有无子女比例：在那些已婚者之中，还无子女的人占了将近4/5。这个问题的差别，关系到了其他问题的作答和结果的分析与讨论。

是否是本地户口比例：本地户口者占了83%，所以也都迫切地需要在自己所居住的地方买一套房，来保证自己的稳定工作环境。同时也关系到外地人口是否有想迁入北京而给北京房价带来的影响。

是否有工作比例：有了稳定的工作，同时也就具有了一定的经济实力，买房的欲望也会有所提升，进而会对房价的涨跌趋势有着较为客观的见解。本次调查的人群里，有23人有稳定的工作，他们对房价的了解程度及想法会很多，相信对数据有很大帮助。

目前住房类型比例：在广大受访者中以购房者占了57%，但是没有自己购房的人也占了很大一部分比例，他们对此所提出的观点对我们也会有很大的帮助。

过去一年收入比例：年收入3万元到30万元的人占了90%之多，他们应该可以代替大多数群众的声音，通州房价应该也会照顾这一阶段人群的购房问题。可能也只有这些人对房价的变化才有深刻的感悟，也是他们才可能对于住房有紧迫的需求。

住房获得方式比例：商品房还是占其中的主要地位，显示出群众对房屋的购买欲望还是比较高。

购房考虑因素：对于购房所考虑的因素，各方面的条件平分秋色，现在的住房应该注重综合实力。

可接受房价水平比例：6000~15000元/平方米是人们所能勉强接受的价位，毕竟每年的经济收入有限，看到房价居高不下，不少人还是过着望房兴叹的生活。

对未来房价预测：大多数人认为在未来几年内，北京乃至通州城区的房价还是会持续上涨，认为下调的期望不会太大。

对通州新城房价预测：虽然认为在未来几年，通州房价也会有一定的上涨，但是人们始终认为，这里的房价会比城区内的房价低，比城区高的可能性不太高。但是不否认，随着通州新城的建设，通州房价会与城区房价相当。

是否会移居：随着未来几年通州经济的发展，交通也会相对的便利起来，而且环境和房价也相对比较让人满意，于是大多数人会在有条件的情况下，来到通州居住。

以上就是我组对于这份问卷调查进行的数据统计与简单的数据分析。这些分析，有些会用于之后我组的深入探究中，但是我们不否认上述的简单分析中有与后文深入分析不符的内容，望各位老师和同学见谅。

四、分析与讨论

根据调查的数据，我们来计算一下北京城区的房价：假设住在北京城区的一对儿夫妻，一个人年均收入 45000 元，两个人不吃不喝一年可以挣 9 万元。他们打算买一个 80 平方米的商品房，房价大约 3 万元/平方米，则房屋总价为 240 万元。这就是发生在我们身边的真实情况。

下面我们引入一个名词——房价收入比。房价收入比的定义是，某地区户均房屋总价与家庭年均收入之比。房价收入比是各国评价房价水平的指标，能较准确地判断某地区的房价水平。国际公认的合理房价收入比是 3 ~ 6。

那么我们来计算一下刚刚那对儿足以代表北京城区现况的家庭的房价收入比。总房价 240 万元，年均收入 9 万元，则房价收入比约为 26. 7。刚刚我们说过国际认可的房价收入比为 3 ~ 6，也就是说，国际规定每 3 ~ 6 年的收入可以买得一套房子，在北京城区则要花费 26 年多。而退休年龄为男 60 岁，女 55 岁，差不多 23 岁可以找到工作，北京城区的人需要把每一分工资攒起来 26 年才能买到房！打拼的血汗钱，全部用来买房了。综上所述，北京城区的房价真的应该下降了。

但是要真的有强烈下降趋势的话还需要很长时间，需要政府、房地产商、房屋中介以及人民群众共同努力。

五、结论

我们组的最终结论是：北京城区的房价将趋于稳定，并且必定会有下降的趋势。通州新城的建立，会导致通州的房价上升，迅速飙高，与北京城区房价看齐。而且因为市政府并没有迁址，所以靠近中心城区的房价上升的速度会快一些。

附录

通州新城的建立对房价的影响调查问卷

在选项前画“√”

1. 您的性别

（1）男　（2）女

2. 您的年龄

（1）18～25岁　（2）26～35岁　（3）36～45岁

（4）46～55岁　（5）56岁以上

3. 您的文化程度

（1）初中及以下　（2）高中、中专、职高或技校　（3）大专

（4）本科　（5）硕士　（6）博士或以上

4. 您的婚姻状况

（1）未婚　（2）已婚

5. 您是否有子女？

（1）有　（2）无

6. 您是否是本地户口？

（1）是　（2）否

7. 您是否有工作？

（1）有　（2）无

8. 您过去一年的收入是

（1）10000～30000元　（2）30000～60000元

（3）60000～100000 元　　（4）100000～300000 元

（5）300000 元以上

9. 您目前住的房屋是

（1）自己租住　　（2）与人合租　　（3）单位提供

（4）借住　　（5）自己购买

10. 您的住房获得方式

（1）自己购买商品房　（2）单位福利房　　（3）经济适用房

11. 您选购住房所考虑的因素有哪些？（多选）

（1）价格　　（2）所处地段　　（3）交通便利

（4）房屋面积　　（5）房屋质量

（6）小区物业等环境因素　　（7）子女入学是否方便

12. 您可以接受的房价水平是（元/平方米）

（1）6000～10000　　（2）10000～15000

（3）15000～20000　　（4）20000～25000

（5）25000～50000　　（6）50000 以上

13. 您对未来北京城区房价的预测

（1）还会继续上涨　　（2）相对稳定

（3）会小幅下调　　（4）会大幅下降

14. 您对未来通州新城房价的预测

（1）比北京城区房价高　　（2）相对一样

（3）比北京城区房价低

15. “新城将比中心城更加宜居，每一个新城的规划都引入了低碳生态、绿色宜居、自主创新等理念。”您是否考虑移居或购置通州新城的新住房？

（1）会　　（2）不会

（指导教师：王志利）

立足新城发展，展望美好明天

——通州新城三维立体化建设情况调研

调查时间： 2013 年 4 月 3 日

调查地点： 北京市通州区

调查目的： 深入了解通州区市民的教育水平状况、文化氛围以及生态环保意识

调查对象： 通州区市民（学生、家长、上班族、老人）

调查方法： 问卷调查

调查分工： 冯进、童梦瑶负责问卷调查

袁育蕾负责数据统计

宋蕊、杨茜负责撰写报告

前言

2013 年，世界聚焦中国，首都聚焦通州！这一年新城建设全面提速，美好蓝图的实现指日可待。大运河畔，一座集聚世界现代城市理念、荟萃当今最新科技成果、历史与现代完美融合、经典与时尚交相辉映、城市功能完备的美丽水城正在加速崛起。早在 2008 年通州新城规划已全面启动，经过规划后的通州早已发生翻天覆地的变化，原来的通州区只是北京东南部运河边一个发展缓慢的小城区，无论是经济发展、教育水平还是其他各方面都远不如北京的其他城区，而现在它正向着成为国际化新城的目标步步迈进，原来城区的交通问题令人十分担忧，道路常常被围得水泄不通，而现在整个城区几乎被四通八达的公路铁路网所覆盖，这大大加强了通州与市区，甚至与全国各地的联系，再加上今年北京地铁六号线的开通，真

正使通州成为四通八达的宝地，除此之外还有很多问题也得到了较大程度的解决，原来的通州大运河污染十分严重，环境很差，是通州区的一块陋地，然而经过治理后的运河水流清澈，景色十分美丽，运河旁还开设了一个运河文化广场，走进广场，会使人感受到强烈的文化氛围和浓郁的现代气息，这已然成为了首都百里长安街东端的标志性文化景观，它更是通州区的象征。通州新城的规划使通州区发生了翻天覆地的变化，然而要想真正实现打造绿色国际化新城这一目标，还需要更多人的努力。随着党的十八大的完美落幕，五位一体化成为2013年国家发展的新旗帜、新方向，我们小组由此联想到一个关于新城整体发展的新模式——三维立体化，这是一种把教育、文化、生态三者相结合的立体模式，也是我们此次调查的新理念，总结的新目标。为了深入了解通州区市民的教育水平状况、文化氛围以及生态环保意识，我们小组发放了65份问卷，问卷内容涉及教育、生态、文化三个方面，对通州区的65位市民进行了问卷调查，其中包括35名男性，30名女性，问卷有效率达到100%（见图1）。

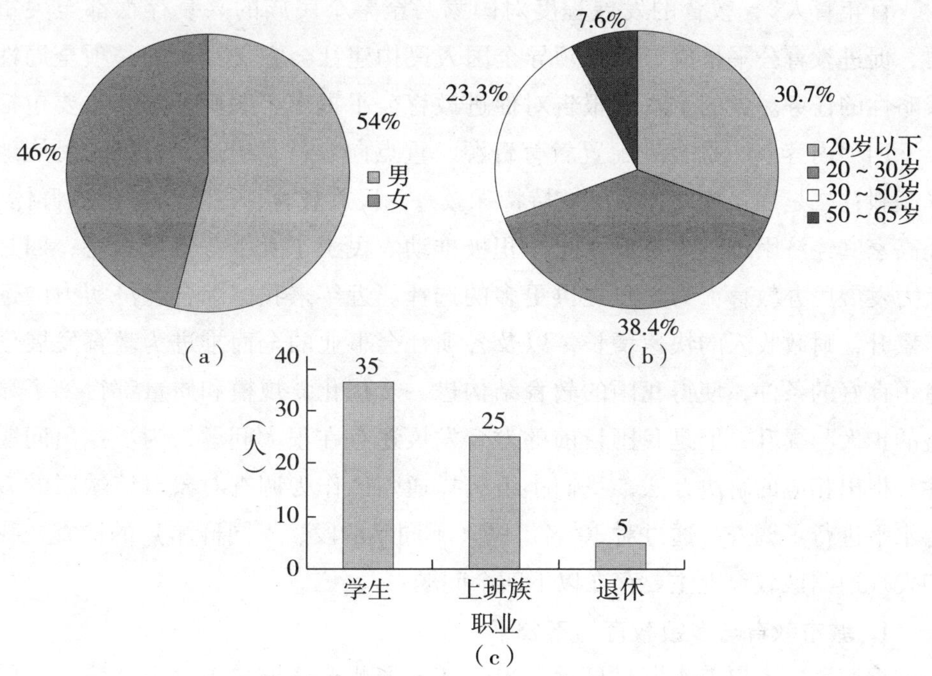

图1　调查的男女比例、年龄、职业分布情况

一、通州新城三维立体化建设问题

（一）通州新城三维立体化之教育建设问题

教育公平的观念源远流长，追求教育公平是人类社会古老的理念。从历史上看，柏拉图最早提出教育公平的思想，亚里士多德则首先提出通过法律保证自由公民的教育权利，在两千年前的中国孔子也提出“有教无类”的朴素教育民主思想。教育公平是一个历史范畴，在不同的国家和不同的历史时期有着不同的含义。它既是对社会现实的一种反映，也是对社会现实的一种超越，是社会现实与教育理想的统一，具有特定的历史意义。教育公平主要是指人们接受教育的基本权利的平等，它是现代化社会每个人发展所必需的对于教育资源的平等所有权。教育公平包括教育机会公平、教育过程公平、教育质量公平以及结果公平。我国在法律上规定了人人都有平等受教育的权利和机会，教育公平问题得到了人们的重视和法律的保障，俗语说“十年育树，百年育人”，教育的发展程度对国家乃至整个民族的兴衰存亡都至关重要，促进教育公平也成为我党领导全国人民构建社会主义社会的一项全局性战略性的任务。党的十八大报告对促进教育公平提出了明确要求，主要包括以下四项内容，一是合理配置教育资源，重点向农村、边远、贫困、民族地区倾斜；二是加强薄弱环节，支持特殊教育、民族教育；三是扶持困难群体，提高家庭经济困难学生资助水平，积极推动农民工子女平等接受教育；四是大力发展民办教育，为学生提供更多的选择。近年来我国综合经济实力的逐年攀升，财政收入的快速增长，以及各项社会事业的全面推进为教育发展创造了良好的条件，使得我国的教育结构进一步优化，规模和质量都得到了显著的扩大与提升，但是我国目前的教育发展还存在很大问题，为了找出问题并且提出相应的解决办法，我们小组选择通州区作为调查对象对该城区的教育水平进行了调查，通过对30名市民（不同年龄段、不同群体）的调查，我们发现通州区教育上主要存在以下四个问题：

1. 城市教育与乡镇教育的不公平

据第六次人口普查资料显示，2010年，通州全区城镇人口占常住人口的比重为49.92%，其中城市人口占全区常住人口的比例为13.75%，乡镇人口占全区常住人口的比例为36.17%，虽然随着经济的快速增长，通州新城的不断规划进行中，城市人口的比例在逐渐上升，可是通过数据我们可以看到通州区的乡镇人口比例还是远远大于城市人口比例，因此城乡之间的教育公平问题，特别是乡镇的教育问题就尤为重要，我们对30位市民就此问题进行调查，15人认为较公平、10人认为不太公平，只有5个人认为很公平（见图2），由此可以看出通州区的城市乡镇公平已经成为影响该区教育水平的重要因素，为了了解城乡教育涉及哪些方面，我们分别对15名城区学生和15名乡镇学生进行了调查，他们中有六个人都认为教育资源的配置不合理，特别是乡镇学校，这一点主要体现在教学设施、学校基础设施建设、师资力量，以及外来人员受教育问题（见图3）。随着通州新城建设的不断进行，通州区的经济、交通、文化等都得到了很大程度的改善，这正吸引了大量外来人口的迁入，通州公安分局报告指出目前通州区共登记户籍人口663303人，外来人口13853人，其中流动人口427036人，境外人员1147人（见图4）。面对这么多的外来人员涌入的现状，如何保证他们的受教育情况也是通州市政府、教育局应当讨论的重要问题，根据我们对10位市民的调查，其中有9位都对外来人员受教情况很不满意，他们认为自己合法的受教育权利没有得到保障，这已然成为一个十分严重的教育问题。

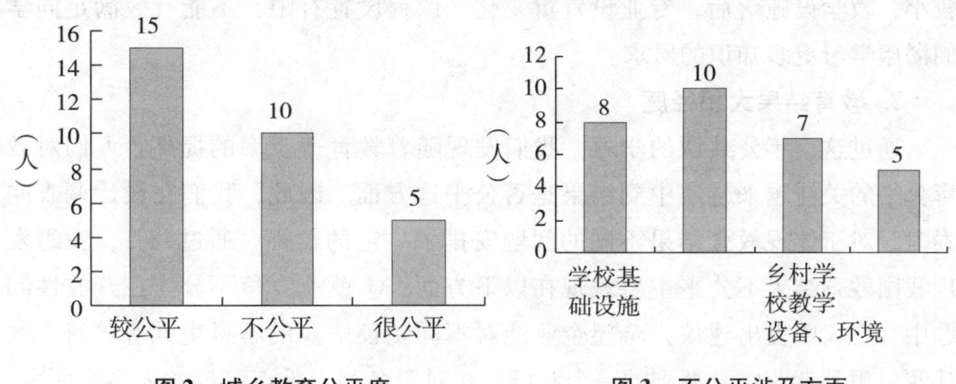

图2　城乡教育公平度　　图3　不公平涉及方面

2. 学校类型不齐全，缺少名校，学前教育和职校涉及范围小

根据调查，通州区教育水平一直排在北京其他城区之后，甚至于和其他几个郊区相比也不占优势，是什么导致通州区的教育存在如此大的问题呢？我们就此对17位学生以及家长进行调查，令人欣喜的是同学们对于学习、职

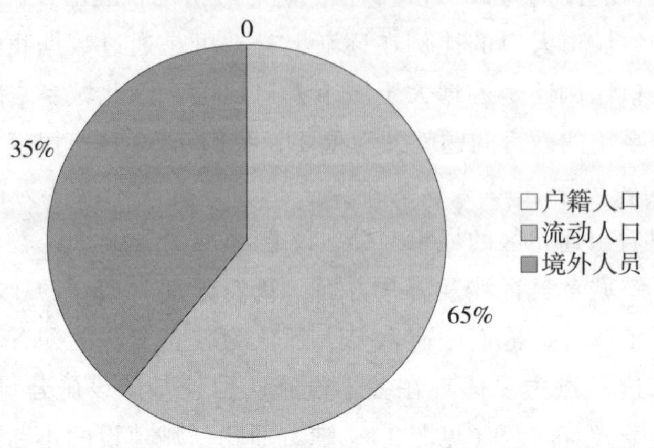

图4　通州区实有人口示意图

业发展都有很好的规划，但是同时他们也提出一些困扰，例如在“您所住社区附近学校类型是否齐全”这道问题上，有10人认为缺少高等教育学校，2人认为缺少较多教育类型，5人认为类型很齐全，在北京市规划的市重点中学中通州区只有潞河中学、运河中学以及永乐店中学三所名校，名校数量太少，师资力量薄弱，教学水平较低，除此之外该区还缺少高等学府，不利于高校之间的教学交流，通过对北京财贸学院学生的调查我们发现通州职校的规模较小，教学设施落后，专业设置重复化，课程设置有限，不能有效满足同学们渴望学习更多知识的夙求。

3. 教育结果大相径庭

通过这一年公共课的学习，我们发现随着教育普及率的提高，人们对教育公平的关注越来越集中到结果是否公平这方面。因此，我们在设计调查问卷时，对于体现教育结果不同的问题安排了一定的篇幅。通过调查，我组发现我国教育结果不公平主要表现在以下方面：①就业竞争不公。在开放性问题中，有人曾提出建议，希望企业能对不同院校毕业的本科生同等看待。这让我组想到就业中常遇到的一个窘境。相对于名牌、重点院校的大学生而言，不少一般本科、专科院校的毕业生，在就业市场上面临“品牌劣势”的窘境。例如某沿海城市在举办毕业生就业招聘会时，曾打出“非重点院校的毕业生谢绝入内”的标语，严重破坏了就业竞争的公平性；②女生的学业成功机会较少。历次人口普查表明，我国总人口的男女性别结构基本稳定在52∶48，按照理想分布，男女学生的比例也应与性别结构相近。但我们实际的调查情况是，除小学文化程度的男女生比例较为接近外，其他各种文化程度中，女生所占比例都低于男生，而且层次越高，女生的比例越少。随着时代的进步，这种状况已经得到大大改善，但是与总人口中的男女性别比例还有一定的差距；③家庭背景不同的学生教育结果不平等。调查表明，不同的家庭背景影响教育结果。据统计，“1990 年，北京录取的 17248 名大学新生中，干部、军人、职员子女占 78%，工农子女占 21%，而我国的职业结构中工人和农民则占 90% 以上”。名牌大学和热门专业中来自知识分子和干部家庭的子女比重越来越高，而在军校、师范、农林、地矿等一些收费相对较低的学校，低收入阶层子女所占比重相对较大。

4. 心理健康教育不完善

随着时代的进步，社会的发展，除了国民生产总值的增长，财政收入的增长，人均收入的增长外，还有一个值也在不断地增长，它就是自杀率，特别是针对大学生这个特殊群体。高校大学生是一个高知识层、未成熟的青年群体，与青春期前期相比，他们虽然更能接受较为复杂的情感和事件，却常因大学时代各种各样的成长困惑和来自多方面的压力，而直接影响大学生的心理健康，甚至进一步影响他们的学习、生活及未来。近年来，大学生心理健康已经渐渐成为社会关注的焦点，一些大学生因心理问题休学、退学的事例不断增多，自杀、凶杀等一些反常或恶性事件也不时见诸报端。在深感惋惜的同时，人们也不禁反思：是什么原因导致这些天之骄子们一个个陷入心理问题的旋涡？

从当前我国高校的普遍情况来看，多数大学生的心理是健康的；但也有一部分大学生的心理健康状况不容乐观。据有关调查资料显示，有相当数量的大学生存在负面心理情绪，其中大约 20. 3% 的人有明显的心理障碍；而大学生因心理疾病退学的，达到退学总人数的 50% 以上。如今，大学生已成为心理弱势群体，心理危机正逐渐影响大学生群体的发展，如何应对心理危机也成为高校无法回避的紧迫问题。

根据我们小组的调查结果显示，常见的大学生心理问题有以下几点：环境适应问题、人际交往问题、学习生活压力困难、情感困扰问题以及就业择业难题。这些问题看似简单，然而如若得不到妥善解决，就将成为隐藏在我们身边的杀手，给我们致命一击。发生在我们身边的悲剧很多很多，如前几年热议的马加爵事件，广州某学生跳楼事件，又如那 10 万字的感人日记，诸如此类的悲剧时时都在我们身边上演，看着这一桩桩校园悲剧在我们眼前发生，实在是令人痛心疾首！随着就业、情感、学业等压力的增大，大学生心理问题将更加突出，甚至已经演变成一种普遍和急需解决的社会问题，关注大学生心理健康刻不容缓！

（二）通州新城三维立体化之文化建设问题

校园文化氛围不强烈、基础设施建设不完善。校园文化是学校教育不可缺少的重要组成部分，是学校所具有的特定的精神环境和文化氛围，它体现了一所学校的校风。健康和谐的校园文化能给师生创造一个有形而庄重的心理"磁场"，能在无形中统摄全体师生的灵魂，起到"润物细无声"的教育魅力。这就要求高校要正确认识校园文化的重要性，进行良好的校园文化建设。要想真正做到这一点，需要掌握以下三个原则：教育性原则、科学性原则和艺术性原则。教育性原则即学校通过各种有效形式对学生进行爱国主义、集体主义、社会主义和中华民族精神教育，探求激励学生学习成才的规律，使学生的综合素质不断提高，在形成正确的爱国成才观的基础上提高学习成绩，这一原则在中国得到了很好的贯彻；科学性原则即学校精心统筹，科学规划，合理安排各种适合同学们的活动；艺术性原则即学校负责人员要有艺术眼光，要让学生通过学校的设施、氛围等，处处受到艺术的感染，得到美的享受。通过调查我们发现：80%的学生认为加强校园文化设施建设对学习生活具有非常大的帮助，另外20%的人认为有一定帮助（见图5），他们认为校园文化应该丰富多彩，富有多样性，并且能扬长避短，营造一种积极向上的文化氛围，从而促进学生各方面素质的全面发展。但其中60%的学生认为自己学校的校园文化设施建设不够完善（见图6），没有丰富的校园文化活动，校园生活枯燥乏味，此外同学们还反映，由于通州区基础文化设施较少（如公园、文化节等），因此课余时间大部分人喜欢宅在家中，只有少部分人选择外出活动。

（三）通州新城三维立体化之生态建设问题

市民环保意识有所加强，但整体环境较差。随着通州新城的不断规划进行，为打造"绿色低碳"的国际新城，通州区进行了大规模的改造活动，加强了对运河水质的治理，对环保意识的宣传，现在的通州区生态环境较之以

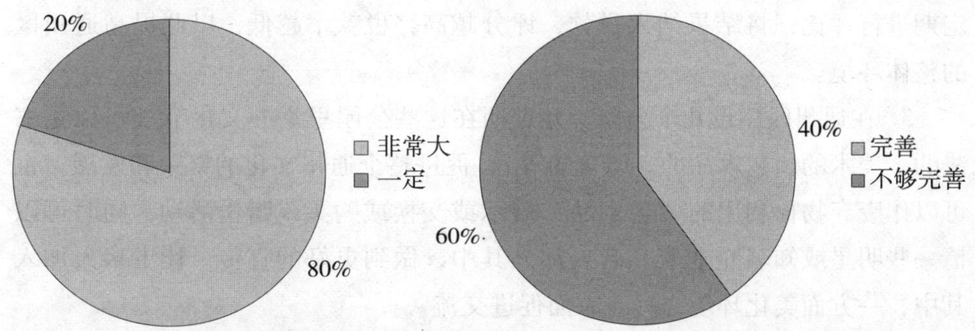

图 5　校园文化设施建设对学习生活的影响　　**图 6　校园文化设施完善程度**

往已经有了很大程度的改善。从调查结果可以看出人们的环保意识有所加强，大部分人可以做到随手关灯、节约资源，出门尽量选择公共车辆出行，只有一小部分人还没有注意到这点，虽然取得一些成果，但还有一些问题不容小觑，市民反映通州区整体环境较差，宣传力度不够，在街上还是可以看到随处乱丢的垃圾，为了更大程度地改善通州区的环境，市民们纷纷表达了自己的看法及建议，人们希望可以通过公益广告等形式加强宣传力度，增强人们的环保意识。尽管“低碳环保”已经广为大家所知，人们甚至可以随口说出与其相关的“低碳经济”“低碳排放”“碳汇”等词汇，但是大家对于“低碳环保”到底有多少了解？调查数据显示样本中“没听过，不太了解”和“了解部分”的占 73.8%，非常了解的仅有 14.1%，可见真正地普及低碳环保观念，增强低碳环保意识，让市民真正了解、真正做到是非常重要的。

二、对通州新城三维立体化建设提出的建议

作为北京市首个规划的新城区，同时也作为其他新城区的试点区，北京市政府致力于把通州新城打造成一个集“绿色、人文、娱乐”于一体的现代化国际化的新城区，为了促进通州新城更好更快的发展，我组提出以下建议：

1. 在通州区建设一个大型图书馆，方便通州区的学生、老师、居民及其他社会工作者（包括农民工、环卫工人）阅读图书，以此提高通州区人民的整体文化水平。

2. 将通州区分为若干地理面积相差不多的区域，规定每个区域由附近的较大机构轮流负责环境管理（这些机构包括学校、医院、银行、饭店等），并

定期进行评比，将结果纳入税款，评分越高，税款率越低，以此提高通州区的整体环境。

3. 在通州区建设几个公园，并定期在这些公园里举办文化节（可以是书法的、美术的、艺术品的、语言的等），促进整个通州文化的繁荣和发展。也可以作废弃物再利用的“艺术品”展示或交换或购买或赠送活动，同时可以请一些明星或知名企业家、名人加入其中，做到更好的宣传，让更多人加入其中，一方面美化环境，另一方面促进交流。

4. 建立一个通州区自己的网站，使教育、文化、生态三维立体化的发展理念可以得到更好的传播。

5. 在通州区大学之间，小学之间，中学之间，以及大中小学之间建立“手拉手”联系链，促进各个学校的发展，从而促进整个通州教育水平的提高，人们文化素质的提高。

6 在通州区建立若干心理健康咨询室，方便通州区的人们进行心理方面的咨询和学习，减少因心理问题给通州区造成的各方面的危害（比如自杀、抢劫、他杀、报复社会等）。

7. 在通州区大力发展绿化，如移植草坪、增加绿色植被种植等，营造绿道纵横、公园镶嵌、林水相依的生态景观，从而彰显现代化国际新城的独特魅力。

三、对通州新城三维立体化建设的展望

通州是北京重点发展的新城之一，是面向区域的可持续发展的综合服务新城，也是北京参与环渤海区域合作发展的重要基地。我组衷心希望通州新城的建设能够深入贯彻党的十八大精神，提倡“厉行节约，反对浪费”的主张，大力弘扬中华民族勤俭节约的优良传统，按照首都可持续发展的要求，注重保障和改善民生、注重教育公平、注重生态环境建设，切实解决好现在所存在的一切问题，顺应人民群众追求美好生活的期待，打造美丽通州，建设美丽新城，真正使通州发展成一个三维立体化的集“绿色、人文、娱乐”于一体的现代化国际化新城区，在实现目标的同时我组建议新城建设可利用现有的交通优势，积极发展高端、高辐射的现代物流业，大力引进“总部＋物流”“生产基地＋物流”“展示交易＋物流”型项目，着力与空港和朝阳口

岸形成物理和软件连接，共同形成环渤海的总部加物流的服务中心。

四、总结

通州新城作为我市首个规划的新城区，它的规划与发展对其他新城的规划（如亦庄、顺义等）有着很大的引导和借鉴作用，我组进行此次调查一方面是为了发现通州区现在存在的一些问题，使之得到广大群众及政府的重视并妥善解决，以此促进通州新城更好地发展；另一方面是以小见大，我们认为通州区目前存在的一些问题也可能存在于其他未规划的城区中，我组仅选取通州区作为样本，提出一些切实可行的建议希望通州的成功实践能够带动其他城区的建设，从而促进北京市新城规划的发展。

附录

立足新城发展，展望美好明天
——通州新城三维立体化建设情况调查问卷

您好，我们是北京物资学院的学生。这是毛泽东思想和中国特色社会主义理论体系概论调查活动，立足于通州新城的发展，我们将通过这次活动对通州区的教育、文化及生态方面进行调查。感谢您愿意在百忙之中抽出宝贵时间帮助我们填写这份问卷！本问卷采用不记名方式，希望您在填写时不要有任何顾虑，填上自己的真实想法即可，谢谢合作！

您的性别是：

A. 男　B. 女

您的年龄：

A. 20 岁以下　B. 20 ~ 35 岁　C. 35 ~ 50 岁　D. 50 ~ 65 岁

您的职业：

A. 学生　B. 上班族　C. 退休　D. 其他

1. 您所住社区附近学校类型：

A. 各类学校齐全　B. 缺少高等学校　C. 缺少中等学校

D. 缺少学前教育　E. 缺少较多类型

2. 您居住地区的中学教师的平均学历状况：

A. 初中及以下　　B. 高中或中专　　C. 大学专科

D. 大学本科

3. 您居住地区外来人员子女在本地上学与本地子女受教育平等吗？

A. 平等　　B. 不平等　　C. 无法了解

4. 您所在地区各类教育培训机构多吗？如 EF（某种培训机构）等

A. 很多　　B. 多　　C. 一般　　D. 短缺

5. 您认为教育还有哪些需要改进的地方

A. 完善教育的监督制度　　B. 平衡各地师资和教学设备

C. 加大高等教育的投资，减少学生因经济问题退学

D. 其他

6. 您如何看待学生自杀事件？（多选）

A. 压力过大，能够理解

B. 对引发事件发生的社会原因和学校的责任非常愤慨

C. 非常鄙视自杀之人，对不起父母和社会的栽培

D. 以此为鉴，努力疏导自身心理问题

E. 社会应更多地关心大学生生活健康状况

F. 其他

7. 您如何利用休闲时间？

A. 宅在家里　　B. 上课外班　　C. 和朋友外出购物

D 参加公园文化节、社区活动

8. 您是否会记得随手关灯、不总开空调、节约资源

A. 是　　B. 否　　C. 没注意

9. 您认为文化设施对学习生活有帮助吗？

A. 肯定的，非常有帮助　　B. 有一定帮助，不是很大

C. 没什么关系　　D. 其他

10. 您认为大学生的心理问题主要是由什么引起的？

A. 人际交往带来的压力问题　　B. 学习压力

C. 情感问题　　D. 就业压力　　E. 对周围环境的不适应

11. 教育公平，一般的理解是不论城乡、不论地区、不论家里有钱没钱，有权没权，有关系没关系，都能够享受到相对平等的受教育的权利。在这个

意义上，您觉得目前您所在城区教育公平的现状如何？

A. 非常公平　　B. 比较公平　　C. 不太公平

D. 严重不公平　　E. 不好说

12. 您更看重通州国际新城规划的哪一方面？

A. 绿色低碳、注重环保　　B. 大力发展文化产业

C. 加大教育力度　　D. 发展旅游经济

13. 您认为目前通州的学校应该加强哪些方面的设施建设？

A. 教学设施　　B. 师资力量　　C. 文化设施（如图书馆等）

D. 其他

14. 您对您或您孩子所在学校的教育情况（教育水平、教师资历）是否满意？

A. 满意　　B. 不满意（请说明原因）

15. 您觉得您的家人对您读书考学重视程度

A. 十分重视，只要我努力，尽全力供我读书考学

B. 比较重视，会花钱供我读书

C. 比较不重视，读不读书都行，不想出很多钱供我读书

D. 一点都不重视，不鼓励读书

E. 其他

16. 您对读书考学的态度如何？

A. 很重视，一定要尽全力把书读好

B. 比较重视，学习差不多就行了

C. 比较不重视，家人让我读书我就读些吧，我自己无所谓

D. 不重视，我就不想读书

17. 您认为影响您受教育水平进一步提高的原因是：

A. 家庭经济上的原因导致我无法进一步读书

B. 观念上的原因，我自己认为读书不是那么有用，不想继续读书

C. 学校课程有限（如专业设置范围太小等）

D. 其他

18. 您认为大学生在心理健康上最需要辅导的项目是：

A. 在我面临人生重大选择时提供参考意见

B. 解答一些思想问题

C. 介绍一些为人处世的经验　　　　D. 介绍和开放校内外资源

E. 在我难以自我控制时给予警醒

19. 在新城规划中有人提议让名校分校迁入通州，对此您有何看法？

______

20. 您认为通州区居民的环保意识如何？应怎样加强环保意识？

______

21. 对于通州发展国际新城的规划您有什么期待？您认为这能使您的生活、学习、工作发生哪些好的变化？

______

感谢您抽出宝贵的时间对我们调查的支持与配合，祝您生活幸福，身体安康，工作顺利！

（指导教师：高书文）

关于当前北京市房价问题的调查报告

——以北京通州区为调查对象

调查时间：2013 年 3 月 25 日

调查地点：通州北苑、天赐良缘等地区

调查目的：关注社会热点问题，亲身体会房价重压下的社会百态，深入研究房价背后的问题，从而提出针对性的建议及意见

调查对象：地区周边的行人及居民

调查方法：在通州北苑、天赐良缘等小区进行调查问卷、随机调查

调查人员：郑壮　孔艺　赵桐　周君　张艺凡　张立志

调查分工：张艺凡负责调查问卷的分发

周君、张立志负责资料收集与调查问卷分发

副组长孔艺、赵桐负责调查问卷的分发、资料汇总与 PPT 制作

组长郑壮负责调查问卷的设计、数据统计与调查报告的撰写

前言

为遏制房价过快上涨，近年来中央出台了一系列房地产调控政策。在调控的大背景下，2012 年北京楼市调控成效不错，房价走势下降明显，据官方数据，截至 2012 年下半年，北京五环外的房子已经跌过 2 万元大关，而通州区也正位于五环之外。但是，尽管民众对于房价下跌后，住房商购的意欲表现显著，但民调显示，这难以转化为实际的购买力，即使历经两年调控，75% 的人仍然不能承受当前房价。过高的房价导致人才的流动趋向房价较低的远郊区县，低收入阶层的生活问题、交通问题、居住问题进一步突显。

2013 年 3 月 25 日到 4 月 4 日期间，本小组就北京房价问题进行了一次社

会调查。我们亲身走访了通州北苑地区、天赐良缘地区以及一些新入住的小区，采访了过路行人，通过纸质问卷以及现场问答的形式，了解到通州百姓和在北京打拼的北漂族们对于北京房价的感想。真正需要一套房子安家的北漂族和大量工薪阶层买不起北京的哪怕一套小户型，而大量外资以及炒房者抑或投资者却将北京房价带动不断上涨。房价的畸形非常严重，已经成为一个有碍民生的大问题。本次调查在3月26日到4月1日5天内共发放问卷100份，收回有效问卷97份，调查对象为通州北苑地区、天赐良缘小区及新近入住的一些小区的路人以及小区居民，目的是为了关注社会热点问题，亲身体会房价重压下的社会百态，深入研究房价背后的问题，从而提出针对性的建议及意见。

一、调查内容与分析

1. 接受调查人员的年龄。本调查组在发放问卷时尽量使年龄分布较均匀，本次调查对象的年龄分布为：20~30岁占总比例的40%，30~40岁占36%，40~50岁占8%，50岁以上占16%。

2. 调查对象家庭年收入情况。统计回收的调查问卷的结果显示，北京人家庭年收入集中在20万元以下。而其中年5万~10万元收入的人最多，占1/3以上。在北京生活，一个家庭年收入在5万元以下便会略显拮据，而数据显示，超过1/5的人是这样，可想而知他们在北京的生活并不自如。而这样一部分人群，想要在北京买一套房子，以60平方米为例，在比较偏的地方也需要100万元，而这个数字，将会耗费他们超过20年的时间。这是北京房价怎样的一种畸形！

3. 调查对象居住情况。调查数据显示，北京买房与租房的人群占到多数。且不论受调查人群有多少是老北京人，家里很早便有房子，这将近1/3的租房者受的买房压力也可见一斑。二手房在北京也有很大市场，这无疑是在高房价重压下购房者的另一种解决方案，但这更是炒房者们对无房者的另一种压迫。

4. 调查对象目前住房面积。从受访者中的调查数据显示，绝大多数在北京居住的市民住在90平方米以下的住房。而拥有一套120平方米以上的住房不到1/10。将近1/3的人住房面积小于60平方米。而这部分人群也肯定会有很多人有购置第二套住房以改善居住条件的需求（见图1）。

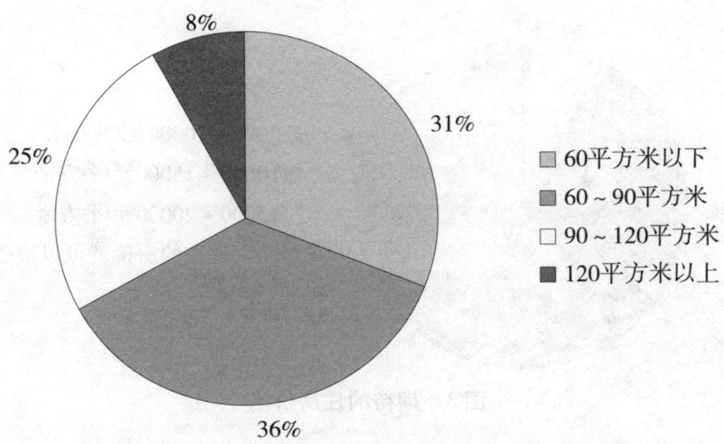

图1　调查对象当前居住面积

5. 调查对象期待的住房面积。从受访者中的调查数据显示，只有 26% 的人期待 60 平方米左右的住房，而大部分人希望拥有 120 平方米的住房。期待 120 平方米以上住房的人数不多（见图 2）。

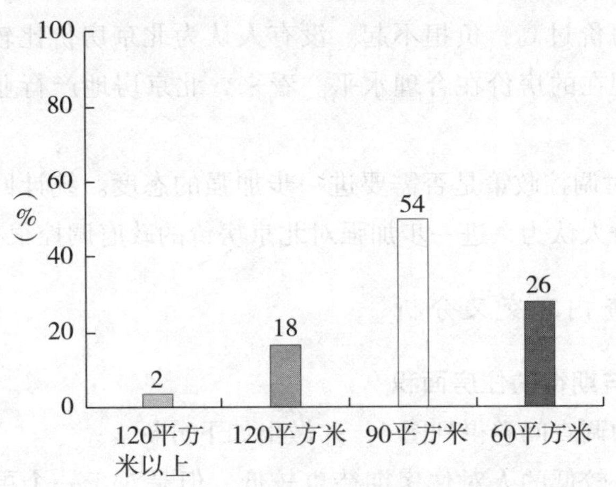

图2　期待住房面积

6. 调查对象期待的住房价格。从受访者中的调查数据显示，超过半数的受调查者期待住房价格在 5000 ~10000 元/平方米，相对的，只有极少数人认为北京现在的房价就可以接受。超过 90% 的人群期待北京住房价格在 15000 元/平方米以下，这不可不说是明确表达了市民对北京现房价的不满（见图 3）。

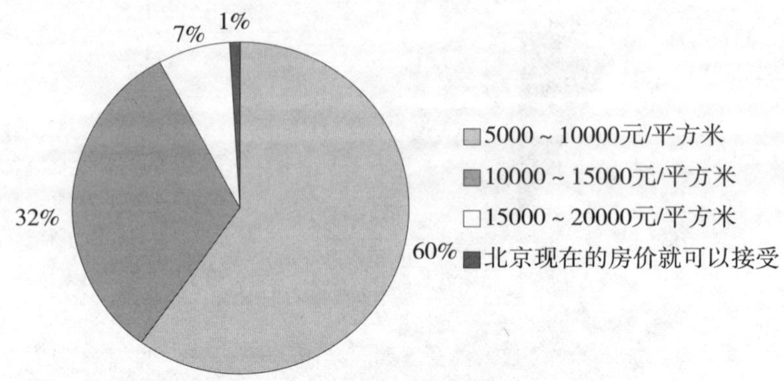

图3　期待的住房价格

7. 购房因素。从受访者中的调查数据显示，大部分人看中楼盘交通情况，其他依次是：价格、周围环境、周围教育资源、户型、周围医疗资源、地段、建筑质量、建筑物外立面。由图表可知，绝大部分人并不关心建筑物外立面如何，都看重实在的东西。

8. 调查对象对北京现在房价的态度。统计回收的调查问卷得知，将近3/4的人认为北京房价过高，负担不起。没有人认为北京房价比较低，甚至只有极少数人认为现在的房价在合理水平。看来，北京房地产行业价格调控仍需继续努力。

9. 受访者对调控政策是否需要进一步加强的态度。统计回收的调查问卷得知，绝大部分人认为，进一步加强对北京房价的政府调控很有必要。

（二）调查内容交叉分析

1. 年收入与期待的住房面积

统计回收的调查问卷得到图4，并做出如下分析。

家庭年收入较低的人对住房期待也较低。但是对于一个更大更舒适的住房环境的需求与家庭年收入的关系并不大，这种需求是广泛存在的。

2. 年收入与对北京房价的看法

统计回收的调查问卷得到图5，并对数据进行了如下分析。

家庭年收入与对北京房价看法的交叉分析显示，年家庭收入影响人们对于房价的看法，高年薪对北京房价的承受能力也高一些。但即使是高年薪，对房价也仍然有很大一部分人认为太高，承担不起。

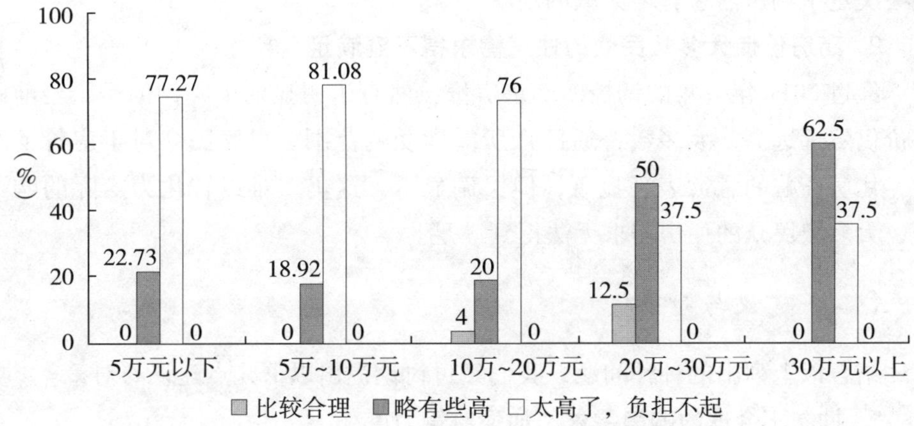

图 4　家庭年收入与期待住房面积交叉分析

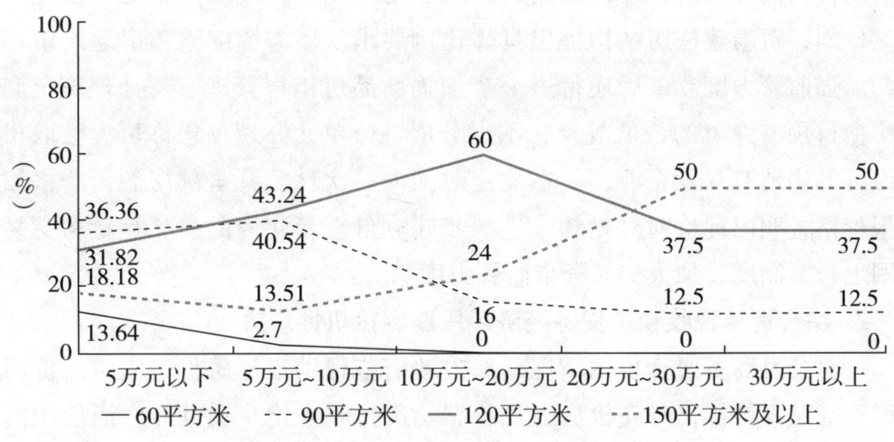

图 5　家庭年收入与对北京房价的看法交叉分析

二、调查结论及建议

（一）调查结论

1. 北京住房需求有增无减

北京房地产市场与深圳、上海等南方市场情况不同，北京楼市购房主要以自住为主，如深圳那样大批炒房团并不多。另外，北京作为全国政治、文化和经济的中心城市，各地打工者、求学者纷纷涌入，不断增加的城市人口最终决定了购房需求有增无减的现状。

2. 高房价使大多数民众的住房需求得不到满足

经过2011年一年的调控，北京房价虽然有了明显的下降，但是，当前的房价仍然远远高于大多数普通民众所能承受的范围。尽管民众对于房价下跌后，住房商购的意欲表现显著，但民调显示，这仍然难以转化为实际的购买力，大多数民众的住房需求无法得到满足。

（二）建议与对策

结合以上列出的种种问题，我们经过讨论提出以下几点建议与对策。

1. 抑制不合理的购房需求，加强监管力度

加大经济适用房和廉租房的建设质量和规模，努力发展中低价位、中小套型的普通商品住房、经济适用房和廉租房。此外各地还要制定和实施住房建设计划，对新建住房结构提出具体比例要求。还需继续整顿房地产市场秩序，加强监管力度。最后还得进一步加强商品房销售管理。要合理确定商品住房项目预售许可的最低规模，不得分层、分单元办理预售许可。已取得预售许可的房地产开发企业，要在规定时间内一次性公开全部房源，严格按照申报价格，明码标价对外销售。进一步建立健全新建商品房、存量房交易合同网上备案制度，加大交易资金监管力度。

2. 综合运用税收和信贷等经济手段遏制投机性炒房

针对开发商不愿降价的情况，地方政府应帮助指导房价。应对低价房减免税费或贴现补偿，对高价房追加税费。房价收入比是被世界广泛使用的判断房地产价格是否合理的重要指标。世界银行的标准是5∶1，联合国的标准是3∶1。美国目前的比例是3∶1，日本则是4∶1。而在我国，这个比例大约是10∶1～15∶1，可见我国的房价存在明显的虚高。此外，还应充分利用税收来调控商品房结构，实现高收入群体和低收入群体的贫富之间的转移支付，以此来调节住房结构的矛盾。

3. 利用政府宏观调控稳定房价，加强按揭贷款风险控制

首先，各商业银行要按照“有保有压、区别对待，满足合理的房地产信贷需求”的原则，加大差别化信贷政策执行力度，控制别墅、高档住宅及商业营业用房的信贷投放，在继续支持居民首套房贷款的同时，严格二套住房购房贷款管理，合理引导住房消费，抑制投资投机性购房需求。其次，要加强房地产信贷风险管理。金融机构要进一步完善房地产信贷风险管理制度，坚持公平、有序竞争，严格执行信贷标准。

三、结束语

过高、增长过快的房价带来的金融风险和民无所居所带来的社会稳定风险不得不引起人们的担忧。高房价令城市居民的生活缺乏稳定感，加大了在工作、生活方面的压力。这些需要引起社会的广泛关注，采取正确的对策，相信住房需求问题一定会得到解决。

附录

有关房价问题的调查问卷

您好！

我们是法学专业的学生，非常欢迎您参加本次调查。本调查旨在调查有关北京房价的问题。本问卷仅用于研究，任何个人相关信息将严格保密。请您根据自身感受，放心填写。

1. 您的年龄：

A. 20 岁以下　B. 20 ~ 30 岁　C. 30 ~ 40 岁　D. 40 岁以上

2. 您的家庭年收入大约为：

A. 5 万元以下　B. 5 万 ~ 10 万元

C. 10 万 ~ 20 万元　D. 20 万 ~ 30 万元

E. 30 万元以上

3. 您现在居住在：

A. 买的新房　B. 租房　C. 二手房　D. 其他

4. 您现在住房的面积为：

A. 60 平方米以下　B. 60 ~ 90 平方米　C. 90 ~ 120 平方米

D. 120 平方米以上

5. 您期待的住房面积大约是：

A. 60 平方米　B. 90 平方米　C. 120 平方米

D. 150 平方米及以上

6. 您期待的住房价格大约是：

A. 5000～10000 元/平方米　B. 10000～15000 元/平方米

C. 15000～20000 元/平方米　D. 北京现在的房价就可以接受

7. 如果您购买一套房子，您会首先看重哪几个因素？（多选，不超过 3 个）

A. 周围环境　B. 周围教育资源　C. 周围医疗资源　D. 价格

E. 建筑质量　F. 地段　G. 交通　H. 户型

I. 建筑外立面

8. 您觉得北京现在的房价怎样？

A. 比较合理　B. 略有些高　C. 太高了，负担不起

D. 略有些低

9. 您认为是否有必要加强对房价的政府调控？

A. 很有必要　B. 有必要

C. 无所谓　D. 没有必要

10. 最后，请您对当前高房价问题提出宝贵建议：

真诚感谢您的合作！

（指导教师：高书文）

通州新城发展目标
——绿色低碳的现代化国际新城

调查时间： 2013 年 4 月 5 日
调查地点： 北京物资学院图书馆二楼
调查目的： 了解通州新城的发展状况
调查对象： 通州市民
调查方法： 问卷调查
调查人员： 李灿城　李智　葛晓光　张文远
调查分工： 李智负责报告
李灿城负责资料收集
葛晓光、张文远负责资料整理

前言

通州新城是距离北京城区最近的新城，位于北京市东南部，是首都东部门户，京杭大运河的起点，地理位置优越，生态环境良好，土地资源丰富，交通方便快捷，文化底蕴深厚，区域战略地位突出，区位优势明显。2009 年年底，北京市提出了“集中力量、聚焦通州，借助国际国内资源，尽快形成与首都发展需求相适应的现代化国际新城”的战略部署，通州新城迎来了难得的历史发展机遇。《通州新城规划 2005—2020 年》中对通州新城的发展目标定义为“区域服务中心、文化产业基地、滨水宜居新城”，本文将采用文献调查的方法，展现通州新城在绿色低碳宜居这一方面的发展方向。

一、调查结果与建议

我们对100名通州市民分发了调查问卷，收回了80份。其中在环保意识的调查中，有很强环保意识的人只有8个，占调查人数的10%，一般的有60人，占75%，基本没有环保意识的有12人，占15%（见下图）。

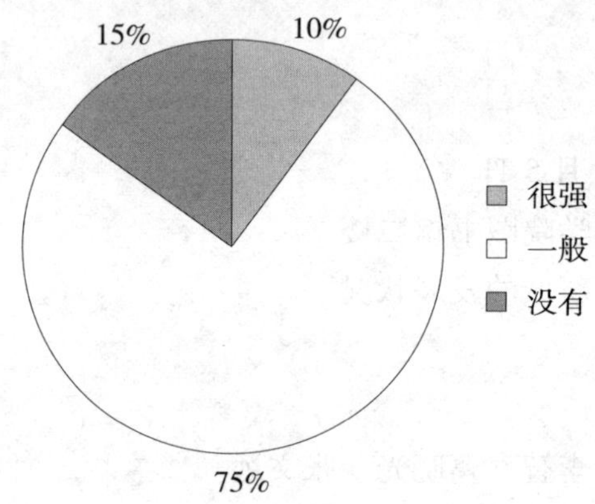

对垃圾分类的调查中，懂垃圾分类的有10人，占12.5%，不太懂的有52人，占65%，完全不懂的有18人，占22.5%。对关于植树造林的态度调查中，有53人支持，占66.25%，不关心的有25人，占31.25%，不支持的有2人，占2.5%。

对环保活动的参与度调查中，有21人参与过，占26.25%，没参与过的有59人，占73.75%。

根据调查结果我们可以看到除了植树造林人们的支持率较高之外，其他几项调查可以表明老百姓的环保意识普遍较低，于是我们不禁会问为什么老百姓的环保意识还是那么低呢？是政府的疏忽还是老百姓自身的问题呢？

以下是我们找到的一些政府部门关于环保所提出来的法规和政策。

（一）平原造林——建设绿色新城

根据《通州新城规划2005—2020年》第九章第三节第七十三条对区域生态的要求，在新城规划范围的城市生态网络中，应注重对周边生态区域的连接，强化新城与中心城之间的楔形绿化带，要求绿化覆盖率达到85%以上，树冠覆盖率达55%以上；沿北运河、运潮减河、通惠河、六环路与京沈高速路设生态廊道，连接南北侧生态带、温榆河生态走廊（风景区）及楔形绿化带，并以“城市森林”的生态及绿化系统建构城市生态网络，为区域整体碳氧平衡和生态环境改善发挥最大效益。

2012年，通州区园林绿化局实施平原造林工程，全年平面造林五万亩，取得了历史性的突破。其中，郭县镇完成了3140亩的平原造林任务，并计划今年实施建设占地8018.5亩通州滨水森林公园。此前，通州大运河森林公园已建设完成，并入选市级精品公园，年接待游客180万人次，拓展了城市的绿色空间，改善了通州城区的环境面貌，为建设绿色新城提供了强力支撑，相信通州滨水森林公园的建成也会起到相同的作用。

（二）能源与交通——建设低碳新城

根据《通州新城规划2005—2020年》（以下简称为《规划》）第十章第三节第八十九条，为了实现既保障供应，又保护环境的能源发展目标，应采取如下能源利用战略。

（1）应优先满足居民生活用气和公共设施天然气用气，鼓励以天然气替代工业、采暖用煤，适当发展小型冷、热、电联产装置和分布式电源。

（2）控制煤炭使用，逐步消除终端煤炭消费。全区范围内继续推进清洁能源替煤工程；以煤炭作为能源的项目，必须使用洗选加工后的洁净煤，并配套建设必要的环保装置。

（3）因地制宜地发展新能源和可再生能源。积极发展新能源，推广热泵技术，推进浅层地热、风力发电、太阳能发电等能源新技术产业化进程；鼓励利用垃圾、污泥进行发电和制气。

例如通州新城运河核心区区域能源系统建设能源中心的初步拟建，为满足核心区的功能需求，已确定采用区域能源中心实现热电冷能源综合供应的方式，这种方式既安全可靠又高效低碳。此外为满足核心区能源供应一体化运营模式，实现能源系统的智能化运行，厂区内将配套建设能源监控调度中心，用以进一步加强低碳建设。

日前，通州区西田阳垃圾卫生填埋场正对渗沥液处理站展开60天的升级改造，完工后，通州新城生活垃圾及废水将实现无害化处理。经过处理的废水也将达到直排标准，可直接用于浇花，清洗路面，物尽其用，最终达到节能的作用。这是对《规划》最好实践，该工程预计 5 月底完成安装调试。

根据《通州新城规划 2005—2020 年》第十一章，为更好地引导人们低碳出行，通州新城将大力发展综合交通体系。如通州新城改造工程京塘路堤级缓解新城交通压力。通州新城发展核心区地铁，在地面交通设计上力求最大程度地满足行人、自行车和清洁燃料公交需要的同时加强地下轨道交通建设。据了解，当 M6、R1、S6 三条轨道开通后，核心区内地铁出行比例将达到 75%。

由以上的文件表明政府还是充分地认识到环保的重要性，也为之努力着。

可是走出校门可见漫天飞舞的灰尘，垃圾随处可见。环境污染还是十分严重的，现状十分令人堪忧。

于是我们小组提出一个问题：谁应该为环境污染埋单呢？是政府还是企业还是老百姓呢？为什么？

根据问卷可以发现老百姓觉得环保是政府的事，可是想想中央每年发布了多少关于环保的法规和文件，中央好像也的确有在为环境保护作出自己的努力，可是为什么没有特别大的效果呢？于是我们小组得出了这样一个矛盾：是政府还是人民阻碍了环保的进程呢？答案不是肯定的。城市是大家的，环保人人有责，环保不是单纯政府的事，而应该是政府和人民一起为自己的家园做出努力。

政府的环保应该怎么做呢？政府的环保部只是一味地空想出一些政策和文件。或许这些文件是正确的，但是 100 分的想法无法得到 100 分的实践，从中央到地方再到人民的手中还剩多少呢？故政府部门应该加强环保工作的落实不是只停留在政策文件，而应落实到地方部门的文件贯彻，再由地方部门确实地开展环保活动（不是走走形式）要确实看得到环保的效果。在环保取得一定成效的同时，政府加强监督禁止不良的企业进行二次的污染。同时政府应该加强环保宣传，让市民认识到环保的重要性，以增强市民的环保意识。

而作为市民的我们又应该为环保做出哪些努力呢？我们不应该认为环保是政府的事与我无关，美好的生活环境是大家共建的。所以我们也要为我们的城市更美好尽自己的一份努力。我们可以做到买菜提起菜篮子，尽可能地少用或不用塑料袋；可以把用过的电池收集起来送到收集点；家中的垃圾进行分类，能回收再利用的决不丢弃；无论在哪里都不乱扔废弃物等诸如此类的小事。我们还可以多参加一些环保活动以增强自己的环保意识。我想，如果人人都这样做，那么我们的环境就会减少一些污染。

结语

通过此次调查，我们了解了市民的环保意识状况以及市民平时的环保行为，并且了解了政府的相关法律法规，据此，我们为城市的环保工作提供了我们的看法和意见。希望通过我们的努力可以让新城建设得更加美好。

附录

通州新城发展目标——绿色低碳的现代化国际新城的调查问卷

为了我们的城市更美好，我们做此调查，希望得到大家的支持！

1. 您知道以下垃圾属于哪一类别吗？请在（ ）内填字母

A. 可回收垃圾　B. 厨余垃圾　C. 有害垃圾　D. 其他垃圾

塑料袋（ ）灯泡（ ）果皮（ ）废电池（ ）过期药品（ ）渣土（ ）灰尘（ ）

2. 您平时会去了解环境保护方面的知识吗？

A. 会　B. 不会

3. 您有垃圾分类处理的习惯吗？

A. 有　B. 没有

4. 您购物会首先考虑环保节能产品吗？

A. 会　B. 不会

5. 您如何处理生活垃圾？

A. 随手扔掉　B. 投入垃圾桶

6. 您的环保意识如何？

A. 很强　B. 一般　C. 没有

7. 您认为市民的环保意识与城市的文明发展关系如何？

A. 密切　B. 一般　C. 不密切

8. 您认为植树造林对环境的改善影响有多大？

A. 很大　　　　　B. 不大

9. 您认为减少二氧化碳的排放对环境改善的影响有多大？

A. 很大　　　　　B. 不大

10. 您认为垃圾无害化处理对环境改善的影响有多大？

A. 很大　　　　　B. 不大

11. 您认为发展新能源与可再生能源对环境改善的作用有多大？

A. 很大　　　　　B. 不大

12. 在您使用一次性食品包装时，是否想到白色污染？

A. 是　　　　　B. 否　　　　　C. 认为不对，但仍继续使用

D. 无所谓

13. 如果某志愿团体举行环保活动，当条件允许时您将

A. 捐款并参加　　　　　B. 参加　　　　　C. 捐款

D. 不理会

14. 你是否经常踩踏草地？

A. 经常　　　　　B. 偶尔　　　　　C. 不曾

15. 你知道关于政府部门主导的一些环保活动吗？

A. 知道但没有参加过　　　　　B. 知道但只参加过几次

C. 不知道（从未听闻）

16. 您觉得环境问题对你生活产生过影响吗？你想过改变吗？做过吗？

A. 没有影响，大家能活的下来我也可以，活在中国必须坚强（呵呵）

B. 有影响，想改变过但是觉得自己能力太小所以没有动手实践过

C. 有影响，正努力地从自己出发并积极发动周围的人一起参加

谢谢大家参与本次调查。

（指导教师：高书文）

通州交通情况调查

调查时间：2013 年 8 月
调查地点：北京通州区
调查目的：了解通州区交通情况和问题
调查对象：通州区居民，通州区交通系统
调查方法：问卷调查、网络搜索、实地调查
调查人员：姜方楠　施伟浩　郭鹏飞　杜明俊
调查分工：施伟浩负责实地调查，郭鹏飞负责实地采访
杜明俊负责资料查找，姜方楠负责调研报告整理

前言

我们的学校坐落于通州区富河大街。在这一个学期的生活中，我们对学校的周边已有所了解，而学校周边的交通一直是我们所谈论的话题。交通，对我们是不可或缺的，但是在我们平常的生活中，我们还是觉得学校周边的交通有不足，平时我们坐公交 812 路去国贸，等一趟车最少要半个小时，地铁 6 号线修到草房，坐地铁要先倒一次公交车，才能到地铁站。而学校门口的十字路口交通更是十分混乱，所以我们小组希望利用这个暑假对通州区的交通状况进行调查和研究，从而提出一些改进的建议，方便我们的生活。

一、通州交通情况概述

通州区道路网采用放射线与方格网结合的布局结构，具体是：

1. 京哈、京沈、京津塘高速等5条高速路穿境而过；

2. 5条与连接北京中心城的干线通道（分别为京通快速路、朝阳路、朝阳北路、京沈高速和两广路延长线）；

3. 1条直接连接首都机场3号航站楼的快速路；

4. 4条联系天津滨海新区的交通通道；

5. 3条联通其他地方的高速路；

6. 六环路、地铁八通线和规划的M6、M6支、M1支、S6、S5、S3、R1、R1支八条轨道交通贯穿全境。

二、通州居民出行情况调查

通过调查发现，通州的居民在上班、上学或者出行时有以下几种选择：公交、地铁、自驾车、坐出租车、步行等。

根据我组的关于通州区居民出行工具调查（见图1），我们可以得出以下结论：

1. 通州区人们的出行还是较多地依赖公交车和地铁；

2. 通州区人们的上班地点普遍较远，不能依靠步行或自行车等近距离交通工具完成；

3. 通州区处于市郊，出租车较少。

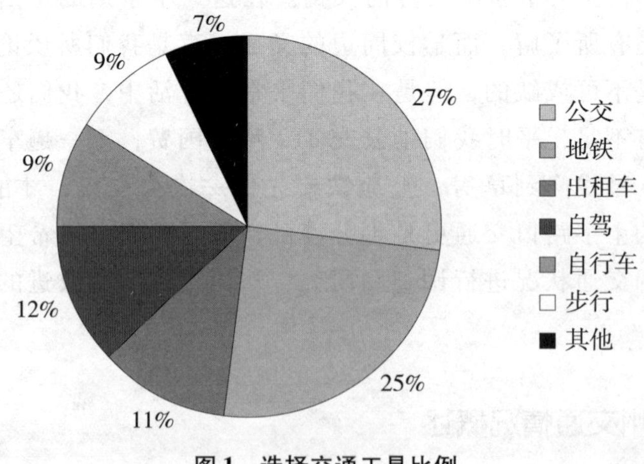

图1　选择交通工具比例

三、通州居民对交通满意度调查

我们组还就“通州区居民对通州区道路交通满意度”做了调查，由图可知通州居民对通州的道路交通还是持否定态度的。通过调查我们发现通州的交通建设是比较好的，但居民对通州交通的满意度却不高。

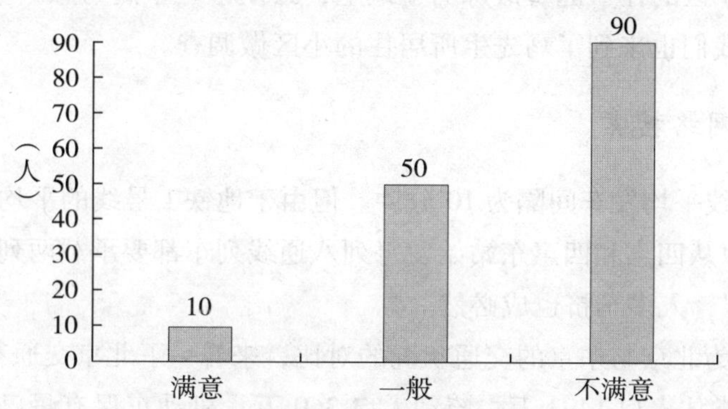

图 2　通州区居民对道路交通满意度调查

四、对通州交通的调查

（一）实地采访

1. 采访马先生（住在通州区，当天下午去国贸）

通过采访我们了解到，马先生家住在北京物资学院旁的天赐良缘小区，平时出行都是坐公交车，或坐地铁。14 点 30 分，马先生从家走到小区门口的“天赐良缘”站等 812 路公交车，等车的人比较多，等了 6 分钟来了第一辆车他没能上去，之后又等了快 20 分钟，车还没有来。15 点 09 分，马先生决定去两千米外的八里桥地铁站倒乘地铁八通线，准备坐出租车去地铁站。15 点 20 分，等了 10 分钟，没有等到出租车，决定坐黑车去地铁站。15 点 30 分，到达八通线，16 点 00 分，到达地铁四惠东站，换乘地铁 1 号线。16 点 15 分，经过近两个小时的跋涉，马先生到达地铁大望路站。

从通州到国贸，这段二十多千米路，马先生要花两个多小时才能走完。换乘了公交车、出租车、私家车、地铁四样不同的交通工具，白白浪费了不少时间不说，就这段上班路付出的体力和精力也很多。

2. 对马先生所住的天赐良缘家属区调查

据马先生说："随着私家车越来越多，家属区里乱停乱放车辆的现象就显得尤为突出，许多人为了图一时的方便，不管是否有无禁止停车的标志想把车停在哪里就停放在哪里，并不考虑是否影响别人的行路与安全，占用小区的消防通道也已成为普遍之事。而有些人为了节约停车费，将自家的车开到了本应该供小区的住户健身锻炼的空地上，致使小区车满为患。"为了验证马先生的话，我们也来到了马先生所居住的小区做调查。

（二）网络搜索

1. 八通线平均发车间隔为10分钟。但由于地铁1号线的平均发车间隔为5分钟，所以从四惠和四惠东站始发每列八通线列车都要承载两列1号线送来的"通州人"，人多车挤也成必然。

2. 表1为北京与东京的交通状况的对比，来看一下北京交通存在的问题。目前，北京常住人口1493万，流动人口360万，机动车保有量已达到245万辆，其中私人小汽车160万辆。而东京等特大城市的交通主要依靠轨道交通，公共交通方式出行占80%，这些城市的私人汽车远比北京的汽车多，但使用率远没有北京的高，绝大多数人选择公共交通工具，这是自由选择的结果，因为轨道交通最为快捷，省时省钱；反观北京，公共交通出行只占26.5%，与80%相去甚远，自行车出行占16.4%，其余的73.3%多为小汽车、公务车和出租车。北京公共交通出行方式比例小，与北京公共交通不够方便快捷，尤其是轨道交通线路短有关，并且与人们的用车理念有关。

表1　　北京与东京的交通状况对比

	北　京	东　京	北京/东京（%）
面积（平方千米）	16800	13280	127
人口（万人）	2069	3607	57.4
机动车（万辆）	245	1556	15.7
公共交通所占比例（%）	26.5	80	33.1
轨道交通所占比例（%）	50	83.8	60
轨道交通总里程（千米）	144	2686（其中地铁322，余为城铁）	4.2

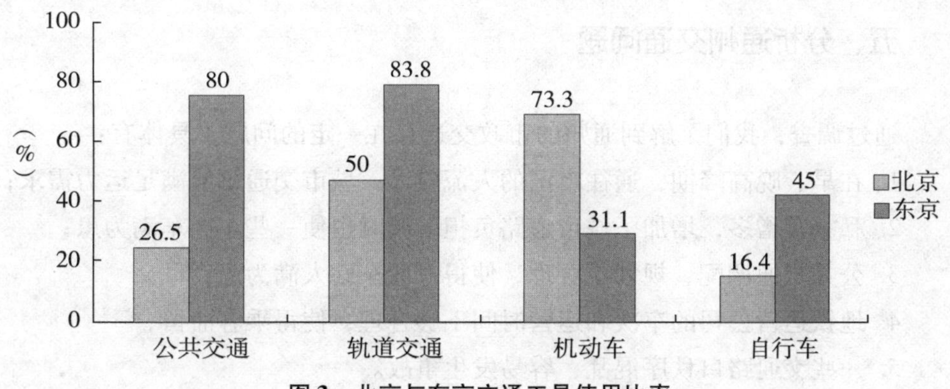

图3 北京与东京交通工具使用比率

（三）实地考察

地点：北京物资学院大门口的十字路口

时间：2013 年 4 月 5 日星期五 14：00～14：40

表2 闯红灯和等红灯的人数和车数

行人（人）	闯红灯	等红灯
	5	24
汽车（辆）	转弯打灯	转弯不打灯
	98	12

从表 2 可以看到红绿灯的无奈，说到红绿灯大家都应该知道其作用：红灯停，绿灯行。这些都是在童年之时就知道的事情，可是就有些人面对着马路口及道路之间的禁止通行的红灯视而不见或者根本就不看它依然我行我素，侯宝林大师在相声《夜行记》里说，反正你不敢撞我，却不知一旦汽车驾驶员稍有失误那倒霉的就不会是别人了。

还有些骑车人看到红灯时也停车等待，但是却停的很不是地方，其不停在停车线以内而是把车停到人行横道上或者超过人行横道挡住了被放行车辆行驶的路上，这样的结果是他也过不去别人也不好走，使得原本可以顺畅的路口乱成一团。

五、分析通州交通问题

通过调查，我们了解到通州的市政交通存在一定的问题，具体有：

1. 在早、晚高峰期，通往市区的人流较大，城市交通不能满足运力需求；
2. 私家车增多，增加了城市道路负担，同时也使一些小区车满为患；
3. 公共交通调配、规划不合理，使得一些车站人满为患；
4. 地铁运营公司的车次和运营时间不够合理，使得乘客滞留；
5. 一些交通路口秩序混乱，容易发生事故。

六、针对问题的分析和建议

通过这次调查，我们小组发现了四类问题。

（一）早、晚高峰期通州进城难、回家难的问题

建议解决途径如下：

1. 限制进城的单车流量；
2. 发展大容量的公共交通；
3. 仿效林肯隧道的模式进行道路规划。

林肯隧道

林肯隧道由三条隧道组成，共有六条车道，可以根据车流情况灵活调整放行方案。

每天早高峰，进城方向车流量远远大于出城的车流量，这时就把中间一条隧道的双车道全都改为进城方向，共有4条车道通往城区。

在下班的晚高峰时间段内，这两条车道则调整为出城方向。

所以，针对通州大家早高峰四面八方来到市区，到了晚上离开北京的方向车辆特别多，相反反向车辆特别少，这种现象非常适合改变车道的控制模式。

（二）地铁、公交运行时间和班次不合理的问题

建议解决途径如下：

1. 建立完善的快速公交系统（BRT）

在特大型城市中，轨道交通的交通量分担率都相当高，因此，为了实现高质量的公共交通，就需要积极合理发展快速公交系统（BRT），BRT运行环境独立，可以保障公交车畅行无阻，相比轨道交通，它具有投资小，周期短的优势，在轨道交通覆盖不到的地方可以成为有益补充。

2. 优化公交站、线、网，提高公共交通服务质量

公交站线网存在的问题主要有：

（1）有些站客流量太大，等车人过于集中；

（2）有些线路设置重复，空载率较高；

（3）一些地区的公交车覆盖不够。

所以应该积极认真调查实际情况，优化公交站、线、网，努力提高公共交通服务质量，使出行者享受到更加安全、方便、快捷的高质量公共交通系统。只有建设高质量的公交系统，方便快捷，准时，舒适，才会吸引出行人员选择公交作为出行方式。

（三）过多私家车出行，增加道路压力的问题

建议解决途径如下：

限制引导小汽车的使用，宣传公交优先的理念，让更多人选择乘坐公共交通工具出行，减少小汽车的使用率，减轻低容量交通工具对交通道路的压力。控制北京小汽车使用最直接、经济上最有效的办法就是通过经济手段将隐性费用显性化。

1. 停车收费管理

市中心交通压力大，停车车位不足，收取较高费用；对于繁华地段实行分时段收费；在市郊与市区连接处建立免费停车场，鼓励人们选择公共交通方式出行；路旁停车高收费。通过上面的差别停车收费，有效地调控市区的交通量。

2. 收取拥挤费

拥挤收费概念出现于20世纪70年代，是指在城市交通严重拥挤的情况

下，通过对使用者收费来引导和调节交通需求，在时空上改变交通流量的分布，从而达到缓解交通拥挤的目的。新加坡、伦敦，还有美国的一些城市已经实践，这一收费政策对控制高峰期严重拥堵地区、路段的上路汽车数量，收效极为明显。

（四）十字路口秩序混乱的问题

建议解决途径如下：

1. 增大路面的警力，通过人员疏导来让交通正常运转起来；
2. 加大处罚力度，违者必究；
3. 增加道路监督员，进行监督。

结语

通过这次调查，我们了解到通州交通的变化和不足，但我们相信，随着它的发展，这些不足会一点一点地改变，让我们期待新通州的交通。

附录

通州交通状况调查问卷

亲爱的朋友，您好。我们是来自北京物资学院的学生，为了做好社会实践，我们决定了解通州区交通状况，希望您能在百忙之余，为我们填写这一份调查问卷。此问卷调查采取匿名方式填写。对于您的资料，我们承诺为您保密。感谢您对大学生活动的关心和支持。

您现在居住的居民小区（社区）名称是________________

您的性别：　　　　□男　　　　□女

1. 您通常选择的出行方式是（　）

A. 私家车　　B. 出租车　　C. 公交车　　D. 摩托车

E. 自行车　　F. 步行　　G. 电瓶车　　H. 其他

2. 您认为通州区的红绿灯设置是否合理？（　　）

A. 不合理

①红绿灯相隔太近

②红灯时间太长

③红灯时间太短

④红绿灯没有计时器

⑤红绿灯地点设置不合理

⑥交通红绿灯和人行道的红绿灯不协调

⑦其他

B. 合理

3. 您认为通州公交车设置合理吗？（　　）

A. 不合理

①车太旧，存在安全隐患

②车辆班次太少，等车时间太长

③司机素质不高

④站台与站台之间太近

⑤晚班车太少

⑥可选择度不高，选择单一

⑦其他

B. 合理

4. 您对违反交通规则的行为态度如何？（　）

A. 很反感，主张严惩不贷

B. 可以理解，但自己不会

C. 无车通行时自己也会闯红灯，不走人行道

D. 自己不会违反，同时也劝告他人

E. 其他

5. 您认为通州区主要存在哪些不文明的交通行为？（　　）

A. 酒后驾驶

B. 超速行驶

C. 道路两旁摆摊

D. 违法调头

E. 闯红灯，包括行人、非机动车闯红灯

F. 机动车不礼让斑马线上通行的人

G. 违法停车，出租车、公交车不按规定停靠

H. 行人不走人行横道线

I. 其他

6. 您认为通州区哪类车辆交通违法行为最突出？（　）

A. 私家车　　B. 出租车　　C. 公交车　　D. 摩托车

E. 自行车　　F. 货车　　G. 电瓶车　　H. 其他

7. 您认为通州区交通安全宣传的重点对象是（　）

A. 机动车驾驶人　　B. 学生　　C. 农民

D. 外来务工人员　　E. 居民　　F. 其他

8. 您对当前公路交通信息服务工作的评价是（　）

A. 非常不满意　　B. 不满意　　C. 一般

D. 比较满意　　E. 非常满意

9. 您对当前公路交通系统对于突发事件的应急能力的评价是（　）

A. 非常不满意　　B. 不满意　　C. 一般

D. 比较满意　　E. 非常满意

10. 您对公交车设备及内部环境的评价是（　）

A. 非常不满意　　B. 不满意　　C. 一般

D. 比较满意　　E. 非常满意

11. 您对公交车站台的设置以及间隔、线路等的评价是（　）

A. 非常不满意　　B. 不满意　　C. 一般

D. 比较满意　　E. 非常满意

12. 您对公交车的候车环境的满意程度是（　）

A. 非常不满意　　B. 不满意　　C. 一般

D. 比较满意　　E. 非常满意

13. 作为行人，您对步行环境、天桥等的评价是（　）

A. 非常不满意　　B. 不满意　　C. 一般

D. 比较满意　　E. 非常满意

14. 您对当前公路交通安全情况的评价是（　）

A. 非常不满意　　B. 不满意　　C. 一般

D. 比较满意　　E. 非常满意

15. 在思考过以上问题后，您对通州区的交通状况是否满意（　　）

A. 很满意，通州区的交通状况没有问题

B. 比较满意，不会给生活和工作带来很大不便

C. 一般，有时会有不便

D. 不满意，通州区的交通状况有很多问题，需要大力改进

16. 改善通州区交通，您认为最应该做到下列哪几点？（　　）

A. 支持环保，提倡自行车

B. 对小商小贩进行整治

C. 加大对交通违规的惩罚力度

D. 提高交管部门的管理水平

E. 合理规划，建设一定量的停车场

F. 政府加大道路设施的建设

G. 提高市民交通意识

H. 完善交通管理条例

I. 大力发展公共汽车、出租车等公共交通

J. 其他

感谢您对我们社会实践的支持与配合，祝您身体健康，工作顺利！

（指导教师：高书文）

关于北京通州区房价变动的调查论文

调查时间：2013 年 4 月 10 日

调查地点：北京通州区天赐良缘小区

调查目的：了解通州区房价变化及与各区间的对比

调查对象：普通通州区市民

调查方法：问卷调查 网络资料搜索

调查人员：叶哲玥　韩笑　卢安　牟新颖　王楠

调查分工：韩笑、卢安负责网络资料

牟新颖、王楠、叶哲玥负责问卷调查

叶哲玥负责前言撰写

卢安负责调查背景

牟新颖负责情况分析

王楠负责建议分析

韩笑负责调查总结

叶哲玥负责论文整编

前言

中国的经济发展已经日益趋向发达国家，随之而来的便是越来越多的金融风险，越来越频繁的资金流动，已经满足不了人们对资金增值的期盼，房子作为一种不动资产，却是在不断增值的一种低风险的投资，人们选择住房作为自己的投资对象，房价的变动也越来越拨动人们的心。与此同时，人口的增长，同样也是北京存在的社会问题之一，北京的城市流动人口过多，随着城市的发展，越来越多的外地人也选择在北京居住，这对于北京的房价变

动也有一定的影响。

通州区作为一个相对于其他区发展较为落后的地区，现在正在努力地进行开发，我们作为一群通州区的大学生，也从2012年开始切身体会到了通州区的发展速度之快，地铁6号线的开通，学校周边各项公共设施的建设，以及各种现代化商城商场的施工效率之高，也让我们意识到通州区的房价情况是否会因为这些而发生变动，与此同时，我们想通过问卷调查和网络搜索的科学调查方法对通州的房价进行社会实践调查。

由于通州的区域较大，我们选取了以天赐良缘小区为调查中心，其他区域则选择通过网络来进行调查研究。我们采取的是问卷调查的方式，对通州区的居民和附近北京物资学院的在校大学生进行了调查，我们共制作了60张调查问卷，分别由小组成员完成问卷的发放和回收。其中有2张因为填写原因作废，问卷填写有效率约为96.7%。在调查过程中，我们感受到困难，有些人会对我们的调查很不配合，这对我们的调查充满了挑战，但我们最终还是完成了任务。

问卷调查同时，我们也采取了网络调查的方式。在网络资源日益丰富的今天，有很多信息可以通过网络这种快捷有效的渠道来了解，我们通过网络搜寻的方式，了解到了通州区房价暴涨的事实、通州区二手房涨价情况和通州区与北京整体平均房价的对比等各方面，通州区各小区的房价排名及房价变化的情况。

经过一系列的调查活动，我们了解到了通州房价的变动情况，并且通过实况的分析，最终得出了调查建议。

一、调查背景

房价早已成为社会热议的话题，住房紧张的今天，有很多问题可以从中发现。有的人辛苦工作，努力攒钱，却换不回一个可供人休息的房子。有的人却可以利用手头数量之多的住房，让自己腰缠万贯，以此来作为一种收入来源。房价控制着人们对它的选择，它的起伏决定着未来房子的来源走向。住房作为一种特殊的商品，具有不可替代的地位。为了清楚了解房价变动的影响，我们对通州区的房价进行了调查。

中国房价调控肇始于2005年，其持续时间之长、政策之密集、效果不尽如人意，令人侧目。

公开资料显示，涵盖医疗、教育、商业等配套的多个大规模、高层次项目集中启动，将建成辐射整个大京东区域的国际化标准设施，这无疑将为区域楼市带来强劲动力。据了解，通州国际化新城建设规模将达数千亿元，标准也瞄准“世界级”，其所蕴含的商业能量巨大。同时，高品质产业将吸引大量高素质人群涌入，由此势必衍生巨大置业需求。通州巨大的市场空间尽人皆知。

1. 北京通州二手房价创历史新高

随着北京楼市的整体回暖，对市场反应最为敏感的通州二手楼市，房价也出现了明显上涨。来自伟业我爱我家的统计数据显示，通州目前的二手房成交均价已超过调控前的最高点，达到16781元/平方米。

根据伟业我爱我家市场研究院的数据统计，2013年1月份北京通州区二手房成交均价为16781元/平方米，与楼市调控以来房价最低点时的2012年1月份的房价相比大幅上涨了近35%。目前通州的房价不仅恢复到了楼市调控前的水平，而且与楼市调控前房价最高点时的2010年4月份的房价相比还小幅上涨了2.6%，再创历史新高。

伟业我爱我家集团副总裁胡景晖分析，通州二手房成交价格的上涨，与被长期压抑的购房需求集中释放有关。

一方面，昌平、大兴、房山、顺义等远郊区县交通条件和各方面配套设施的逐步完善，以及新盘和二手房源供应量的增加，使得通州的区域优势正逐步消失，更多的购房需求逐步被分流至其他远郊区县。另一方面，除了2012年年底，通州成功出让了总建筑面积达38.56万平方米的土地，2013年还将有地块陆续推出，将稳定未来市场对房源供应量的预期。①

在一片涨声的大环境下，通州房价也起起落落。现在又出现了房价大幅下降，各业主纷纷要求退房的现象，面对房价起伏不定的问题，也有媒体提出了到底是“真降”还是“假摔”的问题。

对于当前的楼市调控而言，判断其成功与否最重要的标志就是房价的变动情况。而从目前市场形势来看，本轮调控不会是一场“空调”。

① 网络来源：（新浪乐居 > 新闻 > 二手房 > 区域热点 > 北京通州二手房价创历史新高 http://wh.house.sina.com.cn/esf/2013-01-29/09381885610.shtml）

最近几年通州地区楼市陡然崛起，坊间一度视为北京房价的风向标。在调控政策的大背景下，该地区的房价到底是“真降”还是“假摔”？而通州楼市的走向是否会直接影响北京整体房价指数，这些还都有待观察。

2. 北京市通州区必定是未来发展的重点

北京市新城建设聚焦通州，2010 年 1 月 28 日下午，北京市十三届人大三次会议举行了“统筹城乡发展，加快新城建设”新闻发布会。通州区常务副区长岳鹏表示，通州区的“现代化国际新城”工作，将于 2010 年 3 月底完成规划，各项建设开始逐步推开，预计在“十二五”期间新城将初具规模。

每个新城规划都引入低碳生态理念，通州将试行土地开发与公共设施建设同步实施，新城建设标准高于中心城，2020 年通州新城规划人口规模 90 万，运河核心区将建“慢行交通”。①

以上这些都是对于通州区未来的建设规划，从这些规划中不难看出，通州区必定是未来发展的重中之重。在通州区新城建设方面，政府出台的政策都十分有利于其发展。政策支持，很大程度上解决了实施的问题；交通便利，不论是对于住宿区还是商务区，都很大程度上能够吸引更多的人群；吸引人才，高新技术永远是发展一切事物的最根本的要求，人才越多，新城的发展才会更上一个档次；最后是低碳生活，“十八大”大力推进生态文明建设，低碳生态理念符合整个社会的发展潮流，也必定被大众所追捧。

二、实况分析

根据网络搜索和调查问卷的收集，我们对于通州房价的变动做出了如下的分析：

1. 房地产商对楼市的信心和预期。因为看准通州强大的购房需求，所以，房地产商才敢高价拍下土地。而地价的上涨，同时也推动了房价的攀升。据了解，2010 年 2 月 24 日，北京市土地储备中心对通州半壁店地块挂牌竞价出售，最终被天旭运河房地产以 28.2 亿元竞得，折合楼面地价 10635 元/平方

① 网络来源：（新浪二手房 > 新闻中心 > 通州新城 http://bj.esf.sina.com.cn/news_show.php?page=2&id=27581）

米。而在2009年，通州拍卖土地最高的绿城项目，楼面地价也仅为6961元/平方米。①

2. 社会投资者看好通州投资前景。往年，在通州买房的都是CBD的白领，而现在随着通州房价的不断高涨，更多的投资者看到商机，提高房屋“换手率”，推动房价上涨。

3. 政策的刺激。北京市人民政府对通州的新定位是“北京市重点发展的新城之一”，面向区域可持续发展的综合服务新城，北京参与环渤海区域合作发展的重要基地。这样的政策被利用和放大，如今，走进通州各楼盘的售楼部，随处都会看到新城规划的相关介绍，有的楼盘甚至还制作了精美的宣传册：北京CBD东扩、超高地标将落户通州新城核心区、区内规划8条轨道交通。

4. 轨道交通的便利。以前大家都是挤着很久才来一班的812路公交车，要用40多分钟才能到大望路换乘地铁，而现在，6号线的开通，使得通州交通便利许多，从而带动了沿线房价的上涨。

5. 供求关系。通州区常住人口61万，就更别说那些流动人口了，而通州区面积只有912平方千米，严重的供需不平衡关系，供给远远小于需求，这就导致房价的进一步攀升。

6. 经济的发展。经济发展与城市建设往往是同步的。近几年通州经济迅速发展，推动城市建设，加速城市改造和开发。城市一系列发展就会令土地开发商拥有巨大的商机，从而加速房地产的发展。发展城市的资金就会大量流入房地产，加速房价上涨。

图1和图2为本组人员调查所得，是居民心目中的住房面积与房价的预期。

从图3可以看出，受调查的人中40%月收入在3000~4000元，29%在2000~3000元，都是属于中等收入者，而由图2和图3可以计算出，受调查的人的理想平均购房价格大致为92万元，如果按平均工资4000元来计算，他们不吃不喝要工作230个月，也就是19年，才能买到一套房。

所以，《蜗居》的故事还在不断重复。拥有一套理想房，也终究只能是理

① 数据来自新浪博客博主名为yhr07316644博文名为《解析北京通州区房价为何上涨？》http：//blog. sina. com. cn/s/blog_ 476ff0090100hj9v. html

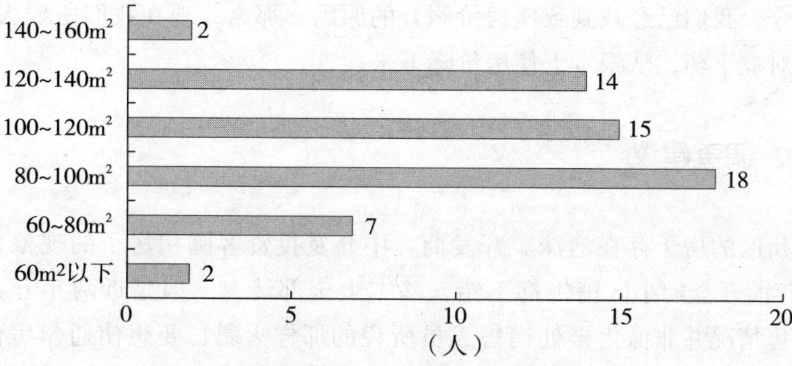

图1　符合需要的住宅总建筑面积人数统计

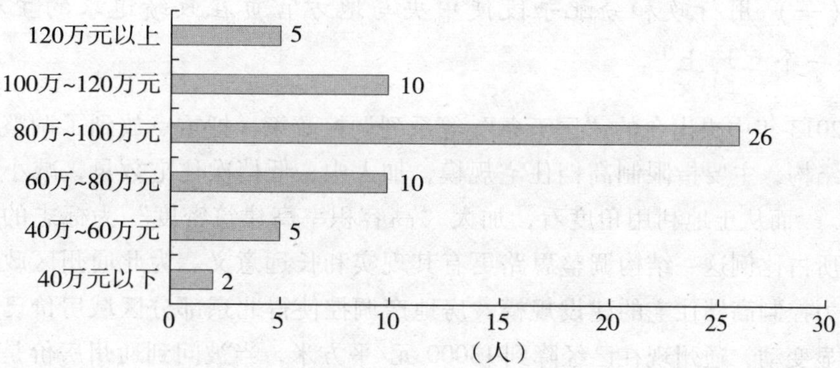

图2　受调查人最多承受的理想房总价人数对比

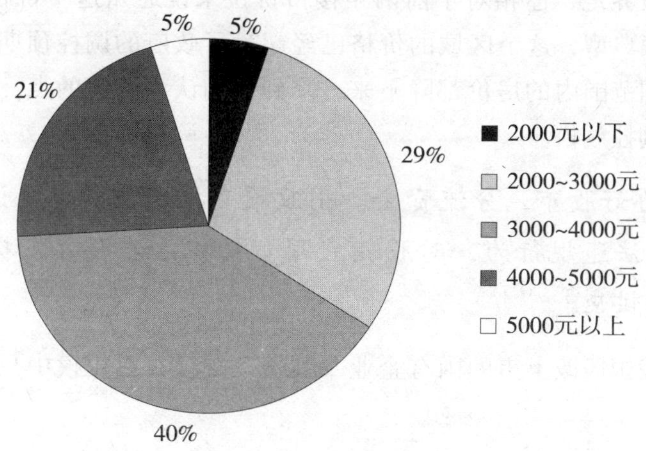

图3　受调查人中的年均月收入人数对比

想。而今，我们已经找到致使房价飙升的原因。那么，现在我们所要去做的，就是要对症下药，从根本上使房价降下来。

三、调查建议

通州区的房子存在泡沫。开发商、中介及投资客囤积房子的现象比较明显。4 年前开盘的小区销售都不错，基本上全部清盘。但是近两年开盘的房子，销售情况并非像售楼处销售人员所说的那样火暴，要想使通州房价回归理性，而且不造成硬着陆，现阶段性调控建议：

（一）用行政和分配手段使中央与地方官员在政绩追求的主观愿望在一个立场上[①]

2013 年中央出台的“国五条”等系列调控政策，把重点放到了调整住宅供应结构，主要指限制高档住宅规模，加大中、低档次住宅数量，减小套型面积。[②] 而从土地利用角度看，加大“高容积率高建筑密度”为标志的高层住宅所占比例这一结构调整思路更有其现实和长远意义。为此通州区政府应该着力控制高档住宅的建设规模，房地产调控使得北京部分区域房价已经出现明显变动，通州现在已经降到 13000 元/平方米，当被问到通州房价是否已到“合理”价格，专家认为全国降价幅度很大，降后价格是否合乎政府心理预期不容易被界定，但相对于前两年楼市价位来说通州这个价格是合理的。通州的例子很典型，这个区域的价格已经超过了政府的调控预期。但政府的目标是将全国范围内的房价都降下来，降到他们认为合适的点，局部地区的下降不会使调控放松。

（二）办好股市，分流资金。用政策直接调控股市要谨慎，着力监管股市违法违规行为，对股指宜用市场化方法引导，提高新股发行效率增加供应[③]

目前，我国股改上市的国有企业及其资产规模在总规模中只占很小的比

① 来自“搜狐焦点”
② “国五条”细则
③ 《宏观经济管理》2012 年第 6 期

重。我们还有大量优质的国有企业没有实行股份制改革，还有大量的国有资产没有通过资本的形式流动起来。目前，我们应当充分利用股市千载难逢的大好时机，大力推进国有企业股份制改革，通过股票市场实现国有资产的资本化、流动化及风险分散化，促进国有资产的保值增值。在国家启动大型项目投资的背景下，北京环球影视城被列入北京 2009 年重点项目的消息，引爆通州板块的整体启动，并演绎出与上海迪斯尼板块相似的路径。通州环球影视板块的启动，激活了整个市场，据报道，该项目将由美国环球公司和首旅集团共同出资，总投资高达上百亿元，未来可能对北京通州区域旅游业、服务业、房地产、消费等行业带来积极影响。要完善风控到位、运行高效的经营管理体系。推动银行业金融机构完善全面风险管理体系，提高经营管理水平，充分发挥风险管理第一道防线作用，严守不发生系统性、区域性金融风险的底线。①

（三）地方官员经营城市的观念要重新认识，着力解决城市化对于房价的影响②

1. 扩大建房空间，加大住房供应量

现在通州的拐点是经济的拐点而不是房价的拐点。从长远来看，商品房仍供不应求。目前，地价在房价成本构成中所占比例较大，这也是抬高房价的一个重要因素。土地的投入量加大了，地价当然也会下降，土地多了，住房的供应量也会随之增加，供求差距减少必然会导致房价的下降。然而土地的投放量也是要和我国的国情及持续发展规划相协调。加大住房用地投入量所需的土地，可以在消除目前因城镇过度扩张所造成的土地资源浪费中解决。

2. 政府鼓励多建中低档小区，多建经济适用房和廉租房

通州的房价在涨，通州政府和开发商都在想尽办法打造更好、更高档次的生活享受。但业界分析人士认为，未来通州发展，应该作为 CBD 配套服务中心和物流商务中心。因为从通州的未来发展来看，它的地理位置是北京的一个交通要道，具有战略位置。政府可以相应地降低土地价格，或者减免一些此类开发项目的税赋，提高开发商开发经济小区和住房的积极性。

---

① 中国银监会主席尚福林在 2013 年陆家嘴论坛上发表的演讲

② 《陕西师范大学学报（哲学社会科学版）》

（四）引导人们改变婚姻观念，树立正确的买房观念

控制北京房价可从减少刚性需求入手。[①] 婚姻并不一定建立在有房的基础上，相依相惜，房子就在心里。很多人认为没有房子不能结婚，但是房子不等于家。据统计，通州区人均收入不过3万元。作为没有经济基础的年轻人，他们买房的钱大都来自于父母的积蓄。大学生未毕业先购房，父母为了孩子的幸福愿意掏钱，但实际上是“子债父偿”，是父母替子女解决了本该由他们自己解决的问题，这不但加重了父母的负担，而且也加重了子女对父母的依赖心理，不利于子女健康人格的形成以及独立自主能力和社会适应能力的培养，会直接或间接对他们步入社会后的发展产生不利影响。因此要引导人们的婚姻观念。

（五）建设通州新城，扩大购房空间[②]

通州实际上应该是北京三个新城里的重中之重，通州排第一，其次是顺义、亦庄。通州非常有潜力，不管是从它的土地价值还是长远价值来说，都非常有潜力。通州有一个潞河中学是重点中学，就在梨园，那个学校出过北京市高考状元。和北京其他新城一样，通州实际上也是要围绕梨园镇建造一个新城。2011年，完成38个较大项目初步设计方案会审，核发施工许可证91份，总建筑面积231.5万平方米。受理工程质量监管建筑面积538.2万平方米，其中介入集体土地安置房建筑面积306.7万平方米，介入重点工程项目52个，建筑面积47.1万平方米。完成施工图及抗震设计审查工程项目251个，建筑面积410万平方米。[③]

（六）抑制房价过快增长，通州政府应采取合理经济手段

1. 给一手房按揭按照面积或者单价分级提高到4、5、6成，豪宅甚至8成或全款，这种政策比较人性化，富人有好房子住，穷人也买得起房，豪宅也得到控制，新房销售减缓，价格上涨停止。不用增加土地供应，因为增加土地供应会增加空置率。不用管开发商做什么房，由市场去决定，开发商开发什么品种都会认真调查需求的。

---

① 来自《人民日报》

② 来自《首都新城——通州政府远景规划报告》

③ 北京通州政府官网

2. 符合转让政策的二手房首付降低或保持不变，让更多的人买得起房，且新房的房价与旧房形成比价作用，市场不会使旧房房价超过新房，这样做的好处是既能达到消化空置，给炒房者一条出路，不会引起动荡，又可以抑制房价，而且能使穷人买得起房和富人也有好房住的多重作用。这样做的好处不言而喻，简单易行，只要区分一手房或二手房，不管买几套，也不管开发商造多少豪华的产品，而且能争取做到软着陆，熨平政策缺陷，做到政策宏观，只是对金融政策调整，不涉及具体措施，不干涉市场。

（七）要控制房价，就得控制灰色收入的流入

有报道说，北京购买首套房的平均年龄是 27 岁，而日本、德国是 42 岁，美国 52% 的首次购房者年龄为 31 岁，[①] 这只能说明中国人对住房的偏好远高于其他国家。灰色收入亦不例外。灰色收入的种种积弊有目共睹，备受公众诟病。当前，实现分配领域的社会公平众望所归，果断地对灰色收入动手术，将其彻底清除出灰色地带，大势所趋；而且经历了改革开放 30 多年的摸索实践，与时俱进，正本清源，从法律层面给灰色收入一个明确的“说法”，不仅有必要，而且也具备了条件，更是政府责无旁贷的义务。因此，政府有必要控制灰色收入，加强审计与管理，把灰色收入的萌芽扼杀在摇篮里。媒体也可以加大曝光的力度，加强舆论监督，共同遏制灰色收入，为遏制房价贡献力量。我们认为这一点不仅对于通州房价的控制有着深远意义，而且对于控制整个中国房地产业的泡沫有极大的借鉴意义。

四、总结

现如今，由于 GDP 的不断增长，房价也同时增长。正由于 GDP 的增长，房价也就有了一个上涨的助力，但是，当今房价上涨幅度远大于 GDP 的增长，所以引起房价疯涨并不是只有这一因素；随着北京的迅猛发展，涌入北京的人越来越多，人们都希望能在北京争得一席之位，导致人口直线上升，房屋需求量越来越大，况且很多人把购房作为一种投资，于是北京的竞争越来越激烈，推动着房价也越来越高。通州区算是离市区较远的区域，但它的地理

① 来自中国经济网

位置丝毫不影响它那居高不下的房价。

房价持续不断的上涨直接影响居民的生活水平，当今，“房奴”数不胜数，这些人每天都要背负着重重的“房债”压力。为了买房，大多数购房者纷纷削减了衣着、教育、医疗、休闲娱乐等方面的消费。还有许多潜在的购房者也只能节衣缩食，以积攒首付款提前购房，随之而来的便是物价的飞涨。房价增长过快会导致全社会商务成本的提高。

房价增长过快加剧了居民之间的贫富差距，增加了居民心理和支付能力的压力，很多人感到生活压力越来越大，离自己的房梦越来越远，自己生活的越来越不幸福，有人甚至因此失去宝贵的生命。

面对如此的上涨趋势，我组提出了建议供大家参考，希望人们在如此疯狂增长的房价面前沉着冷静，认真思考，不跟风，理智地做出判断并采取正确的解决办法。

在调查时，受调查者也都比较积极，对于房屋价格普遍表示比较关注。通过这次调查，我们深刻认识了房价快速上涨这个热门社会话题。同时也意识到了身为大学生，应该多多关心社会，融入社会，心系民生，培养主人翁意识。

这一次研究性学习活动的意义不仅在于我们解决了课题中的问题，更重要的是，我们的能力在与社会接触中得到了很好的锻炼。社会经验值的增加，为我们将来面对激烈的社会竞争打下了良好的基础和团队精神，提高了我们的协作能力，全体小组成员齐心协力地完成了这次调查。

最后我们要感谢本次调研中热情帮助的市民，也要感谢社会的支持，以及学校给予我们的提高自身素质的机会。

附录

关于通州房价变化的调查问卷

亲爱的市民：

您好，我们是北京物资学院的在校大学生。房价问题成为社会的一大热点，很多人为买不起房而发愁，也有很多人因房产而腰缠万贯。作为通州区的居民您是如何看待这个热点话题的呢？为了了解广大通州居民对房价的看法，我们制作了这次的调查问卷，真诚感谢您的参与与支持！

说明：您只需要在所选项前的空白处画“√”即可。

1. 您的性别

□男 □女

2. 您的职业

□教师 □公务员 □个体经营者 □金融业工作者

□学生 □其他

3. 您的年龄

□20～30岁 □31～40岁 □41～50岁 □51～60岁

□60岁以上

4. 年均月收入

□2000元以下 □2000～3000元 □3000～4000元 □4000～5000元

□5000元以上

5. 您有打算购买房子的意向吗？

□有 □没有 □看看再说

6. 您认为现在的房价合理吗？

□合理 □过高 □过低 □无所谓

7. 您是否接受现在的房价？

□太高了，无法接受 □偏高，一般价格可以接受

□合适，较易接受 □偏低，完全接受

□不清楚

8. 符合您需要的住宅总建筑面积是？

□60平方米以下 □60～80平方米

□80～100平方米 □100～120平方米

□120～140平方米 □140～160平方米

9. 根据以上您的选择，您能最多承受的理想购房总价？

□40万元以下 □40万～60万元

□60万～80万元 □80万～100万元

□100万～120万元 □120万元以上

10. 您可能在什么地方买房子？

□发达城市 □中小城市 □原来居住的城市 □不一定

11. 您怎么看待“房奴”这个问题？

□对那些房奴表示同情　　　　□可能成为房奴，正在为买房奋斗

□不愿做房奴，做租房族　　　□不赞同，也不会成为房奴

12. 房价升的那么快，您认为什么原因呢？

□炒房客　　□宏观调整不力　□泡沫经济

13. 您认为一系列宏观调控政策对房地产发展的影响是？

□调控作用明显能有效抑制房价过快上涨

□对房地产市场有一定调控作用，但无法有效抑制房价上涨

□目前的宏观调控作用不大，需加大调控力度

以下是多选题

14. 您购房的目的？

□结婚　　　□转卖升值　　□居住（以解决生活问题为目的）

□房租以收长期利益　　　　□居住（以改善生产质量为目的）

□商住两用　　□其他＿＿＿＿＿＿＿＿

15. 您觉得通过什么方式能抑制房价过快上涨？

□国家出台政策强行要求房地产商降价

□国家降低土地价格

□国家鼓励房地产商多盖楼，以使供大于求，从而抑制房价

□国家限制房地产商盖楼，规范房地产企业

□国家通过政策限制炒楼

16. 您认为要解决当前住房难问题最有效的措施是什么？

□降低廉租房、经济适用房和两限房的购买标准

□政府收购商品房作为廉租房

□用行政手段引导房地产商合理投资

□紧缩房地产信贷

□增加低价位的土地供应量，提高土地供应透明度

□土地出让金用于大面积建设保障性住房

□出台政策限制炒房

□其他＿＿＿＿＿＿＿＿

（指导教师：高亚春）

北京市通州区居民住房情况调查报告

调查时间： 2013年4月3日至2013年4月7日

调查地点： 北京市通州区部分居民小区

调查对象： 北京市通州区居民

调查人员： 袁梅　金晶　郑熠　白静云　李昱　宋宸宸

调查分工： 袁梅负责调查活动策划

李昱、宋宸宸负责调查问卷设计

金晶、郑熠、白静云负责分发调查问卷、采集数据

袁梅负责数据整理，分析，撰写调查报告

调查方式： 以小组的形式，采取向小区居民分发调查问卷的方式展开调查。其中共发放调查问卷30份，收回30份，回收率100%。

调查目的： 我们通过调查，以真实、科学的实际情况以及对数据的分析，来了解北京市通州区居民的住房状况和购房需求情况，同时调查的结果也可作为市场分析以及思想政治课程学习的材料。

前言

目前住房问题已成为社会的热点，因而了解居民的现居住状况以及未来购房期望，从而获知居民的需求，成为相关研究人员、房地产经营者以及政府部门必须要进行的重要工作。本次调查活动围绕北京市通州区居民住房情况进行，小组以调查问卷的形式，对受调查人群的基本信息，如年龄、受教育水平、职业、收入、婚姻状况等，以及居民的居住现状和未来购房期望等问题进行了调查和信息收集。通过对数据的收集、整理、分析，得出了以下结论：①居民住房现状特点：居民现有住房条件一般；居民对住房整体满意

度一般；自有住房者的第二套（及以上）住房率较低，说明楼市总体上以自住性需求为主；居民住房条件主要决定于年龄、受教育程度、职业、收入等因素。②居民住房需求特点：各类居民购房意愿较强，潜在住房需求大；居民拟购新建商品房和经济适用房的比例较高，选择二手房的比例较低；近期购房者仍占一定比例，主要解决无房问题；自用性住房占绝对地位。

一、调查结果分析

（一）问卷结果分析

本次问卷调查的调查对象的年龄，所涉及的住房产权性质分布、家庭收入状况、住房户型、家庭常住人口组成、住房面积、理想住房面积、购房计划情况、能够接受的售价和购房原因分别见图 1 ~ 图 10（结果均以百分比的形式体现）。

（二）居民住房现状的特点

1. 居民现有住房条件一般。通过对住房建造时间、房屋总层数、住房产权性质、住房面积、住房户型等问题的结果分析可以得出，存在建设较久远的楼房建筑，房屋总层数较低，住房产权性质多集中在两室一厅、三室一厅。

2. 居民对现有住房整体满意度一般。通过对现有住房的情况和居民购房期望进行对比，发现在住房面积、户型、产权性质等方面存在差异，存在差

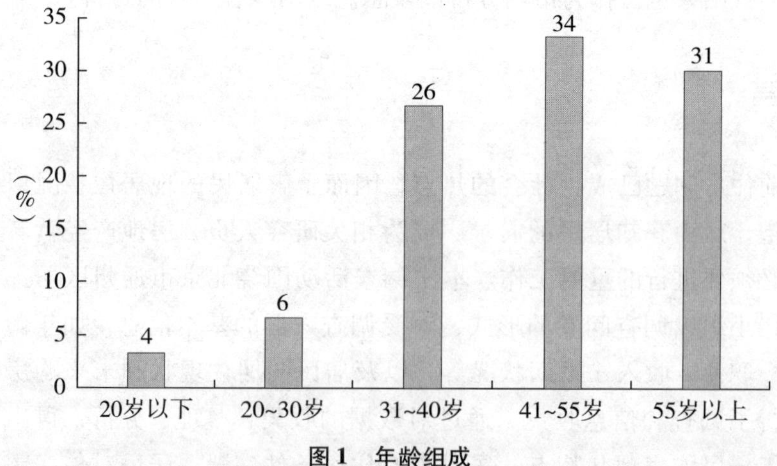

图 1　年龄组成

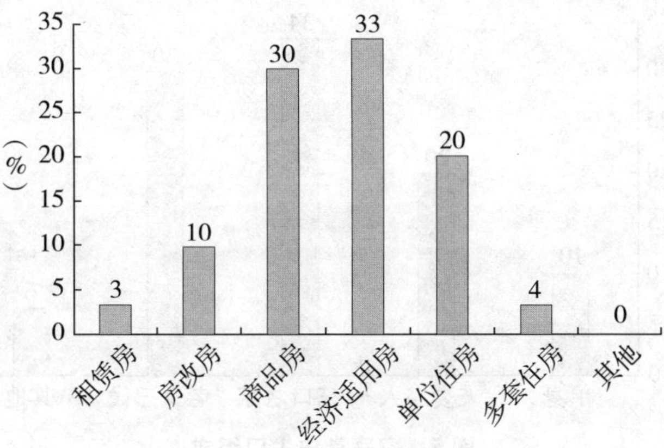

图 2　住房产权性质分布

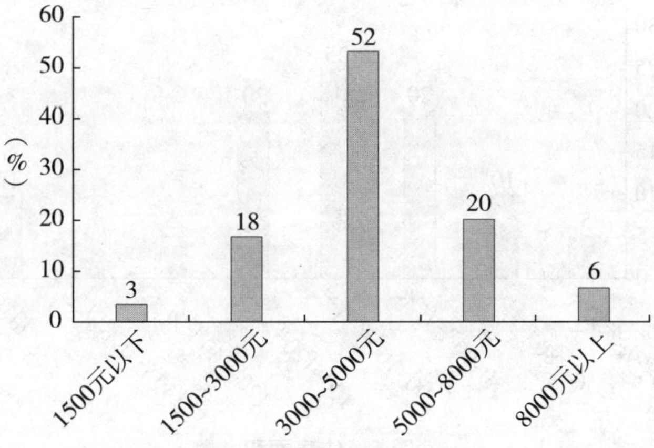

图 3　家庭收入状况

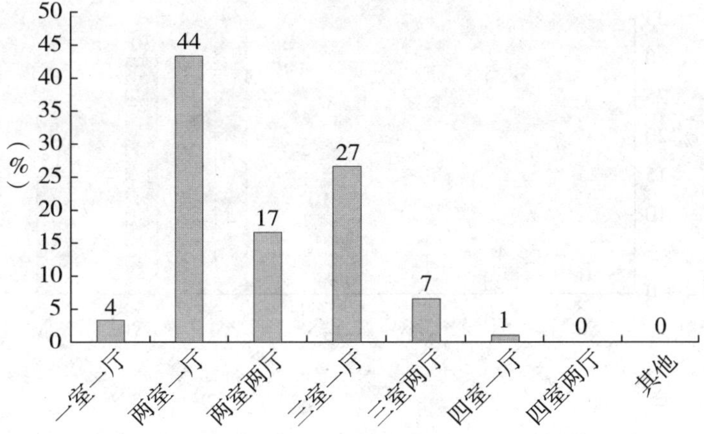

图 4　住房户型

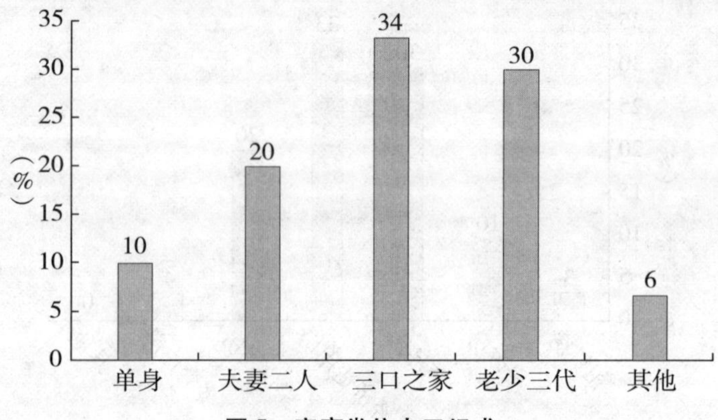

图5　家庭常住人口组成

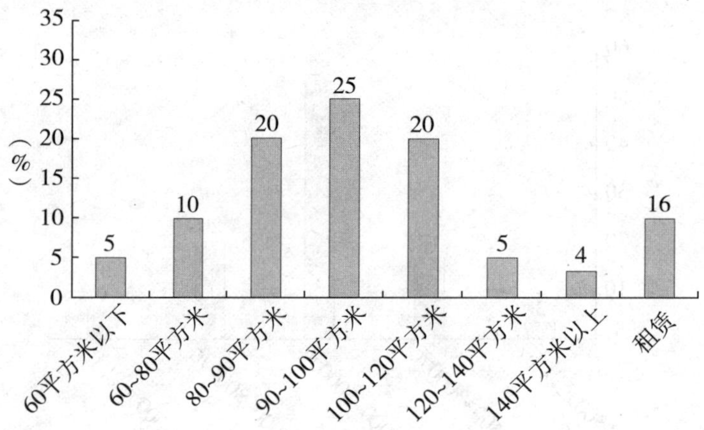

图6　住房面积

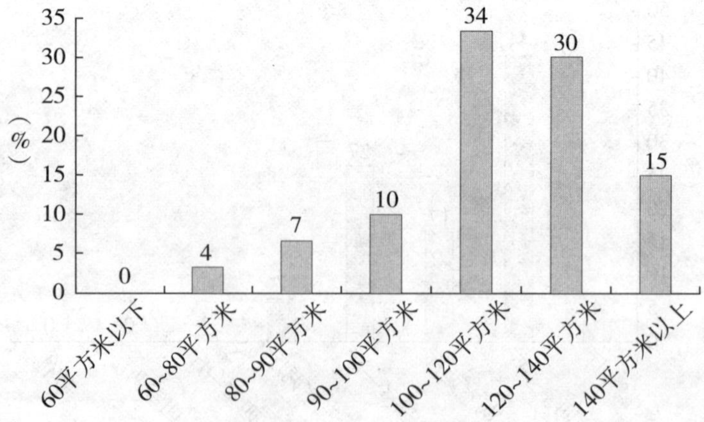

图7　理想住房面积

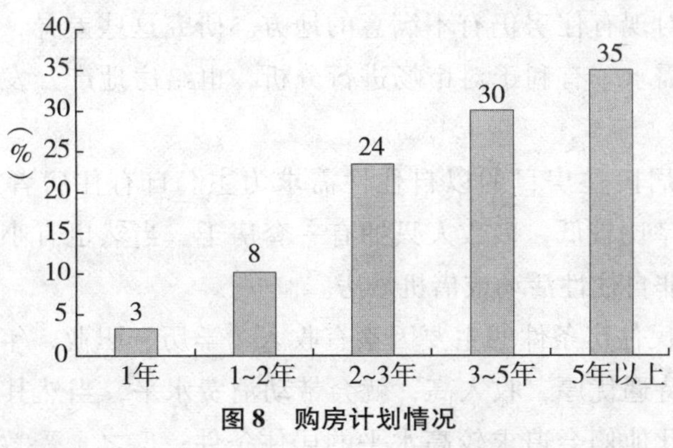

图8　购房计划情况

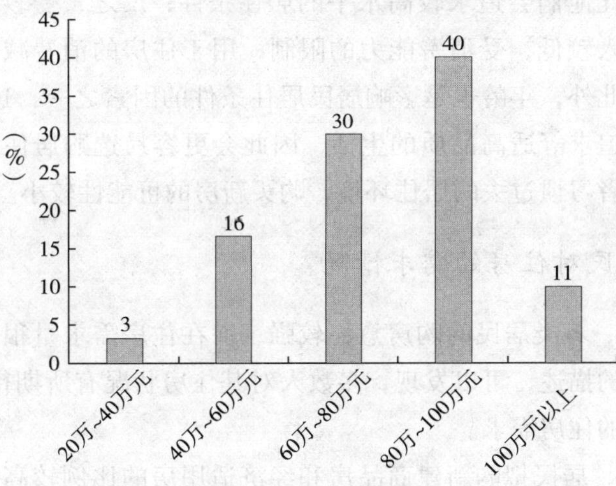

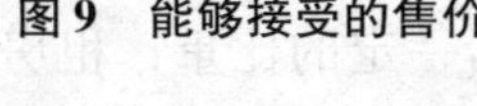

图9　能够接受的售价

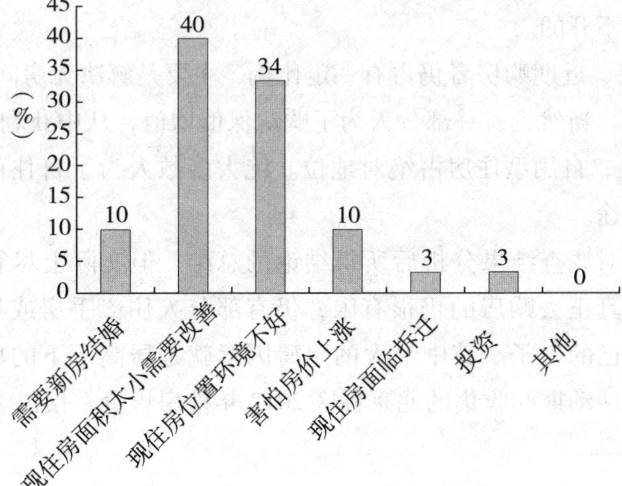

图10　购房原因

异就说明居民对现有住房仍有不满意的地方。研究这些差异，有利于找出用户、消费者的需求，有利于对市场进行分析，也给房地产开发者提出改进的建议。

3. 总体上居民住房目的以自住性需求为主。自有住房者第二套（及以上）住房空关率比较低，多数人只拥有一套房子。当然也有小部分人购买多套以从事其他非自住性活动或借机炒房。

4. 影响居民住房条件的主要因素有收入、学历、职业、年龄等。受教育水平高，职业待遇优厚，收入高，就会带动消费水平，当然其中必然包括住房的消费，因此他们会追求较高水平的居住条件；反之，受教育水平低，职业待遇差，收入较低，受消费能力的限制，用于住房的消费减少，居住条件也较差一些。此外，年龄也是影响居民居住条件的因素之一，这主要是因为，年轻人更喜欢追求舒适高品质的生活，因此会更容易选购居住条件较为好的住房，而年老者习惯过去的居住环境，购买新房的可能性较小。

（三）居民对住房的需求情况

1. 数量上，各类居民的购房意愿较强，潜在住房需求量很大。从受调查者对他们期望的描述，可以发现，多数人对其住房状况有所期待，不甚满意，这就造成潜在的住房需求。

2. 结构上，居民拟购新建商品房和经济适用房的比例较高，选择二手房虽然不是主要选择，但仍占据一定的比重，租房者也日渐增多。这是与日渐上涨的房价分不开的。

3. 时间上，近期购房者仍占有一定比例，主要是解决无房问题的年轻人、外来工作者等。当然也有一部分人为了购房保值增值，从中获利。

4. 目的上，自用型住房占绝对地位。绝大多数人为了自住而购房，而非其他营利性用途。

以上即是对调查结果分析后所得结论的总结。但实际上尽管居民有购房的需求，但是真正去购房的仍很有限，仍有部分人住二手房或租房居住，不能拥有一套自己的房子。其中最大的阻碍因素就是居高不下的房价。下表是本小组在调查活动期间收集的北京各区2012年楼房售价，仅供参考。①

---

① 2012年北京市各区楼房售价是在网上收集的，并非调查结果。

2012 年北京市各区楼房售价表

行政区	平均售价（元）	同比上月
海淀	27746.34701	↑20.12%
通州	14583.05091	↑14.29%
朝阳	24021.8226	↑13.03%
顺义	13481.09468	↑3.73%
大兴	16740.63621	↑3.68%
朝阳	29084.53109	↑3.55%
大兴	17287.41561	↑3.51%
海淀	33056.06	↑3.28%
宣武	33225.12	↑3.16%
崇文	36251.55532	↑2.84%
昌平	16800.23425	↑2.76%
丰台	24353.87892	↑2.66%
门头沟	14484.91819	↑2.66%
西城	42587.64048	↑2.55%
怀柔	11632.48	↑2.48%
石景山	22697.06	↑2.35%
东城	38386.62768	↑2.28%
北京周边	5187.28382	↑1.93%
通州	14275.6605	↑1.61%
昌平	15688.94402	↑1.36%
密云	9185.151	↑1.13%
延庆	10336.95	↑0.91%
燕郊	7226.15204	↓ -0.28%
平谷	11218.47807	↓ -2.83%
房山	10911.24	↓ -3.11%
丰台	24228.73971	↓ -10.84%

几乎各区的平均每平方米房价都已达到了万元，较为发达的区域，平均每平方米楼房售价甚至接近 4 万元。这和过去的几年相比翻了几十倍。然而过高的楼价与人们的经济收入的增长并不成正比，多数人仍是通过自己储蓄，

父母亲朋的帮助和银行的贷款购房，但这远远不够，我们仍可从上表中看到房价不断增长的趋势。究竟是什么造成房价上涨呢？通过查阅寻找各方信息我们发现原因有：北京人口增长，外来务工人员聚集，造成住房紧张；北京是我国的首都，是政治、经济、文化中心，其重要性和特殊的地位，使其本身地价就较高，房价随之看涨；银行向房地产商贷款牟取暴利；部分人炒房哄高价格；房子的空置率高。

二、对策和建议

（一）加强政策实施过程的有效监控，保障政策落实到位

政府面对居民住房问题采取了很多措施，政策的制定并不是难事，难的是真真正正地贯彻下去。只有抓好落实，保证政策的执行，保持政策的连续性和稳定性，才可提升居民信心，有效促进房地产市场健康发展。

（二）增加经济适用房等保障性住房的数量，扩大供应范围

目前，有购房需求的群体中，有一部分处在享受不到保障房，又买不起商品房的尴尬境地，应纳入保障范围内。因此，适度放宽保障性住房申请条件，降低准入门槛，逐步将这类群体纳入保障范围是政府需要加强的。可借鉴一些发达国家和地区的经验，加强保障性住房体系建设，操作过程尽量公开、透明，并建立相应退出机制。

（三）区分二套房购房用途，加大限制投资投机性购房力度

应采取有效措施，严格区分二套房购房者中改善性购房需求与投资投机性购房需求，并区别对待。对投资投机性购房者，应提高“二套房”购房贷款首付比例和贷款利率；对居民为改善住房条件购房者则放宽信贷税收标准。由此让真正需要房子的人能买上房子，防止一些人囤积居奇，哄高价格。

（四）加强房地产市场监管和违规处罚力度，规范市场秩序

要加强对商品房销售过程的监管，供需信息公开、透明、对称；加大对开发商违法违规行为的查处力度，防止开发商暗箱操作。对开发商囤房捂盘、

哄抬房价等违规行为要进行严厉的打击。

注：本次调查因活动范围有限，调查采集问卷数量有限，数据及图表不能完全、十分准确地代表北京市通州区的具体居民住房情况，有一定的误差和不确定因素，但仍具有一定的参考价值。

附录

北京市通州区居民住房情况调查问卷

为深入了解社会生活，走进社会，同时将毛泽东思想和中国特色社会主义理论体系概论课程落实到实践，北京物资学院“毛概”学习小组在学校的组织下，开展了此次调研活动。感谢您能抽出宝贵的时间如实填写本次调查问卷，您的宝贵意见将是我们重要的参考依据。请在您认为合适的选项上打“√”。

1. 您是否有通州区户口？

□是　　□否　　□准备定居

2. 您是否结婚？

□是　　□否

3. 您的年龄

□20 岁以下　　□20 ~ 30 岁　　□31 ~ 40 岁　　□41 ~ 55 岁

□55 岁以上

4. 您在通州区的居住时间

□一年以内　　□2 ~ 3 年　　□5 ~ 10 年　　□十年以上

5. 您的教育程度

□大专　　□本科　　□硕士　　□博士

□其他

6. 您的职业

□机关、事业单位职员　　□公司企业职员

□个体　　□学生　　□其他

7. 您的家庭月收入

□1500 元以下　　□1500 ~ 3000 元　　□3000 ~ 5000 元

□5000 ~ 8000 元　　□8000 元以上

8. 您家庭常住人口构成

□单身　□夫妻二人　□三口之家

□老少三代4～6口之家　□其他

9. 您居住的房屋建造时间

□1980年以前　□1981—1990年　□1991—2000年　□2000年以后

10. 您住房的房屋层数

□1～2层　□3～6层　□7～12层　□12层以上

□别墅

11. 您家庭现有住房产权性质

□租赁房　□房改房　□商品房　□经济适用房

□单位住房　□多套住房　□其他

12. 您现有住房总建筑面积

□60平方米以下　□60～80平方米　□80～90平方米

□90～100平方米　□100～120平方米　□120～140平方米

□140平方米以上　□租赁

13. 您现有住房户型

□一室一厅　□两室一厅　□两室两厅　□三室一厅

□三室两厅　□四室一厅　□四室两厅　□其他

14. 您购房计划

□1年　□1～2年　□2～3年　□3～5年

□5年以上

15. 您购房时期望的住房总建筑面积

□60平方米以下　□60～80平方米　□80～90平方米

□90～100平方米　□100～120平方米　□120～140平方米

□140平方米以上

16. 您购房时期望的住房户型

□一室一厅　□两室一厅　□两室两厅　□三室一厅

□三室两厅　□四室一厅　□四室两厅　□其他

17. 您能够接受的住房售价

□20万～40万元　□40万～60万元　□60万～80万元

□80万～100万元　□100万元以上

18. 您购房的主要原因

□需要新房结婚　　□现住房面积太小需要改善

□现住房位置环境不好　　□害怕房价上涨

□现住房面临拆迁　　□投资

□其他

（指导教师：高亚春）

通州区房地产市场消费者调查报告

杨安奕　罗段玲　王赛　王茜

一、研究目的

随着国家住房政策从福利分房向商品房的转变，房地产市场集团客户将逐步减少，个人客户将成为需求主体。这一实质性变化对房地产界产生了深刻影响，也将推动房地产市场进一步走向成熟。我们小组即是在国家住房政策变化的大背景下，对通州区房地产市场消费者的需求进行调查。我们的主要研究内容包括了解通州区居民的需求及未来需求趋向，不同类别需求群体的差异化特征等，以对消费者的消费趋向和市场脉动有一定的认识。

二、研究方式

本次调查采用问卷调查与定性调查的方式。

1. 问卷调查

采用登门访问与随机访问的方式，对22岁以上、未来4年内有意购房者进行随机调查。

2. 定性调查

对月收入4000～5000元的受访者进行深入的访谈，且受访者均有意在1～2年内购房。

三、调查结果与分析

（一）不同类别住房需求群体细分

（1）居住需要群体（47.4%）：购买商品房是以满足居住为第一需要的

群体。

我们住得太拥挤，希望住得宽敞些（20.9%）；

我是为了孩子买房子，为他们结婚创造条件（14.3%）；

我现在是租房子住，特别希望有一个稳定的住所（7.5%）；

我即将买的房子只是暂时改善我不稳定的居住条件（4.7%）。

（2）舒适需要群体（36.0%）：购买商品房是以享受生活、改善住房条件为第一需要的群体。

买房子是为了更好地享受生活（13.2%）；

尽管我现在的住房条件还可以，但我希望拥有一个更大一点的房子（9.8%）；

是为了孩子能有一个好的学习环境（8.5%）；

想与家人住在一起，需要一个大一点的房子（4.5%）。

（3）投资需要群体（9.8%）：购买商品房是以投资保值为第一需要的群体。

现在买房是一种划算的投资，将来可以增加自己的收入（6.4%）；

由于有存量政策，现在买房更划算（3.4%）。

（4）非常需要群体（6.8%）：购买商品房是以实现个性化及其他特殊需要为第一需要的群体。

我特别希望有一个独立的空间，因而我想买房与父母分开住（4.5%）；

现在大了，工作了，最好与父母分开住（1.7%）；

周围的朋友都买新房了，因而我也想买（0.6%）。

从调查结果来看，绝大多数受访者属于居住需要群体及舒适需要群体，分别占总体的47.4%和36.0%，其中20.9%的居住需要群体以增大住房面积为主要购房目的，而13.2%的舒适需要群体则表示“买房是为了更好地享受生活”。在通州区，购房者投资保值的动机较为薄弱，这一群体仅占9.8%，以个性化及特殊需要为购房目的的非常需要群体为最少。可见，解决住房及改善住房条件是目前通州区购房者的主要目的（见图1）。

（二）不同类别住房需求群体背景

1. 性别

总体看来，在受访对象中男性占总体的58.9%（见图2）。一般来说，消费者家庭在进行资金占用比例较大的消费品购买决策过程中，男性占主导地位，而在此次调查中，表示想要购房的消费者里女性比例占到了四成，这说

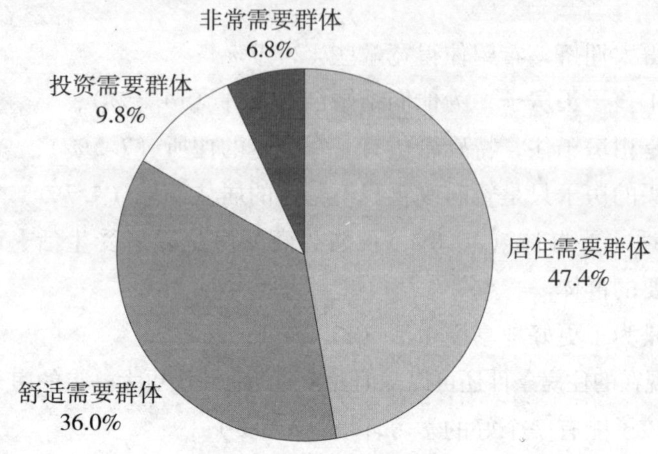

图1　不同类别的住房需求

明相对于其他耗用资金较大的消费品来说，女性在商品房这一消费品领域有较大的决策权。

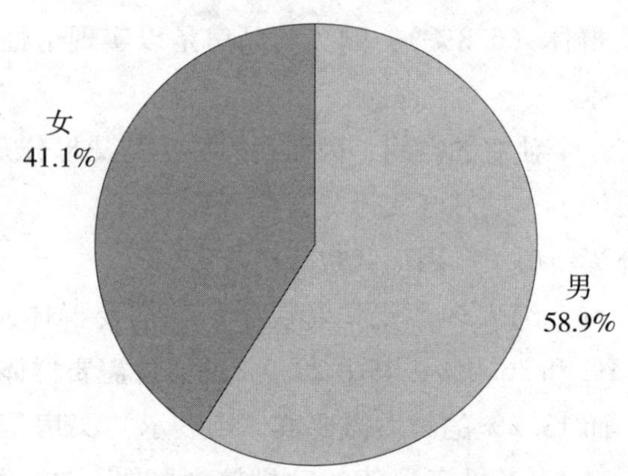

图2　受访对象的性别比例

比较不同类别住房需求群体发现，投资需要群体和非常需要群体中，男性比例分别为67.3%和75%（见图3），而居住及舒适群体则相反，女性占有较高比例。这说明，男性更看重住房的投资效益及非常需要，而女性更倾向于居住及舒适目的。

2. 年龄

此次调查结果显示，随着受访者年龄的不断增长，其比例不断减小，这说明受访对象的年轻化趋势较为明显，中青年消费者的购房需求较为强烈。

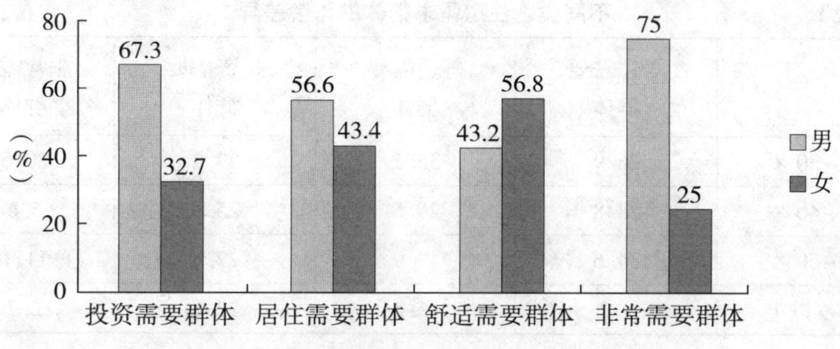

图3 不同类别的住房需求：性别比例

不同类别住房需求群体的年龄差异十分显著，居住需要群体以22～30岁这个年龄段为主，处于这一年龄段的人未婚或刚完婚，独立工作的较多，因此寻觅一个属于自己的空间，一个婚后稳定的居所成为他们住房的第一需求。

舒适需要群体中，31～49岁的受访者居多，这一年龄段的群体大多数已具有一定经济基础，并已结婚生子，因而创建一个更为舒适、更为理想的家居环境成为他们的第一住房需求。

投资保值已成为41～50岁受访者的主要购房目的，此年龄段群体属于事业及家庭都相对较为成熟的群体。

在非常需求群体中，年轻化趋势十分明显。此需求的受访者均为22～30岁，可见这一年龄段消费群体的个性化要求较为强烈（见图4）。

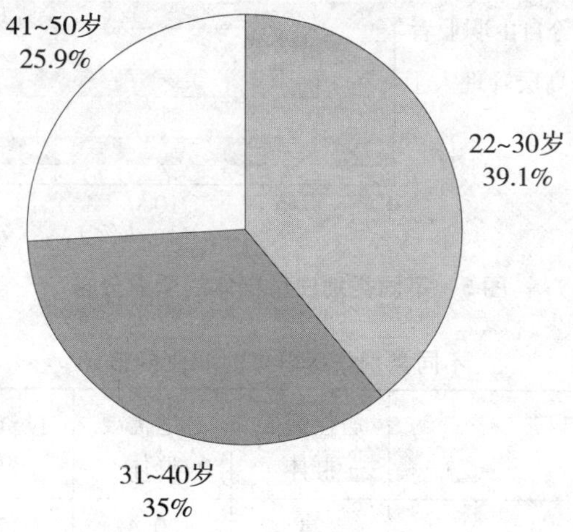

图4 受访对象：年龄分布

表1　不同类别住房需求群体的年龄差异　（单位：%）

	居住需要群体	舒适需要群体	投资需要群体	非常需要群体
22～30岁	26.9	35.1	29.2	80.6
31～40岁	28.8	29.5	25.9	5.6
41～50岁	34.6	19.9	22.4	11.1
51岁以上	9.7	15.5	22.5	2.7

3. 职业

总体来看，此次调查的受访者多数为个体户，中高层管理人士及企业、事业单位职员比例居第二，而位居第三的则是一些从事科学、教育等行业的专业人员（见图5）。

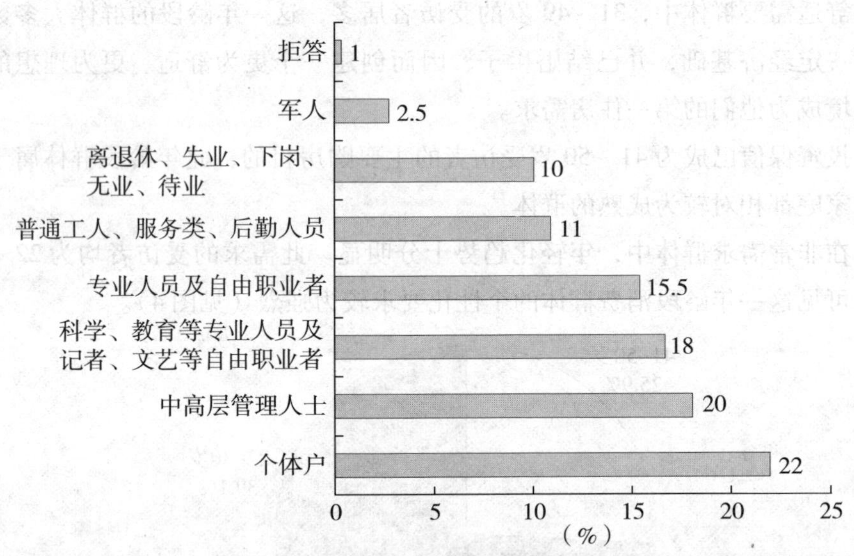

图5　不同类别住房群体的职业分布

表2　不同类别住房群体的职业分布　（单位：%）

	居住需要群体	舒适需要群体	投资需要群体	非常需要群体
个体户	24	20.4	17.3	25
中高层管理人员	16.4	19.9	25	11.2

续 表

	居住需要群体	舒适需要群体	投资需要群体	非常需要群体
专业人员及自由职业者	12	18.3	11.6	30.6
企业及事业单位职员	15.6	18.9	15.4	16.7
普通工人、服务类、后勤人员	17.2	9.9	15.9	11.1
离退休、失业、下岗、无业、待业	12.8	8.9	12.9	0
军人	2	3.7	1.9	5.4

交叉分析显示，不同类别住房群体在职业性质方面存在一定差异。居住需要群体以个体户为主，投资需要群体中中高层管理人员相对较多，而非常需要群体中相对较多的受访者则从事科教等专业行业及自由行业等。

4. 收入

数据显示，一半以上的受访者家庭处于低档收入群体，高档收入群体和中档收入群体比例相当，分别占总体的24.3%和19.6%（见图6）。比较不同类别住房需求群体的家庭收入档次发现，家庭收入档次的不同直接影响其购房的主要目的。居住需要群体的家庭收入档次相对较低，这说明收入档次较低的家庭买房是为了解决最基本的居住问题，而舒适、投资与非常需求群体中高档收入受访者相对较多，这说明相当一部分高档收入的家庭已对生活品质提出了更高要求，并且更加关注住房的投资保值。

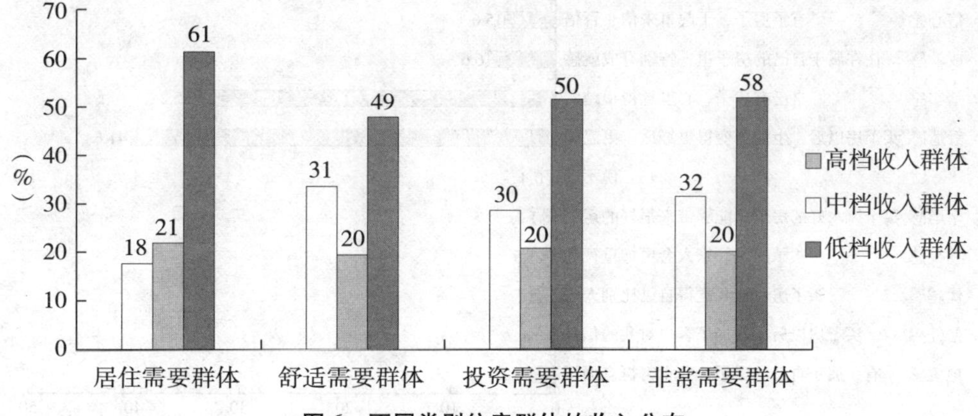

图6　不同类别住房群体的收入分布

5. 户口所在地

接受此次调查的受访者中绝大多数的受访者户口所在地为通州，其占总体的87.6%。不同类别住房需求群体的户口所在地基本无差异。

（三）消费者购房心理需求及功能需求

1. 心理需求

消费者的任何购买行为和购买决策都是建立在其对产品的需求的基础之上的，而人们的需求又是多层面的，购房者除了对商品房所处的地理位置、出售价格、房屋设计等功利层面的问题提出要求以外，在心理层面对房屋也有广泛的要求。

调查结果显示，根据需求程度的不同可将人们的各种心理需求分为三个层次：第一层次的心理需求包括获得温馨舒适的生活氛围及生活稳定感，其中，人们对获得温馨舒适的生活气氛的要求最为广泛，有41.6%的受访者提到“买了房之后，生活会变得更加舒适，更温馨”，而希望通过买房获得生活稳定感的受访者占总体的35.2%。两种需求以相当的提及率成为购房者的核心心理需求；第二层次则包含了人们希望通过买房增加成就感和增强在事业方面的信心；第三层次的心理需求为获得朋友的尊重、提高身份地位、获得客户信任、获得家人重视、获得优越感、获得好运气等，此层次的心理需求提及率较低，均在2.5%以下（见图7）。

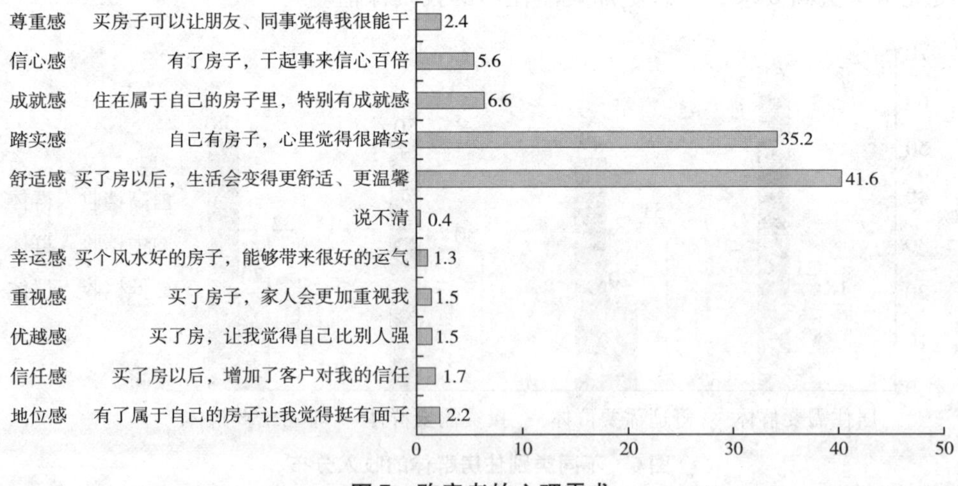

图7　购房者的心理需求

表 3　　不同类别住房需求群体的心理需求　　（单位：%）

	居住需要群体	舒适需要群体	投资需要群体	非常需要群体
舒适感	42.9	54.6	42.9	36.4
踏实感	41.6	27.2	38.1	41.7
成就感	7.1	9.9	9.5	12.1
信心感	3.2	8.3	9.5	9.8

交叉分析显示，不同类别住房需求群体在心理层面上的需求恰恰印证了其对住房的购买目的。将住房需求群体的几个主要心理需求进行比较就会发现，相对来说，居住需要群体心理层面最突出的需求是稳定、踏实的感觉，而舒适需要群体则更向往温馨舒适的生活氛围。

2. 理想功能需求设计

（1）地理位置

区位选择不仅由区位本身的地理价值决定，还与人们的购房用途、区位偏好及经济实力相关。数据显示，购房者对于地理位置及区位选择并没有形成集中偏好。其中，北京市区非中心地段成为购房者的首选地段；而以市区中心地段以及城郊结合部作为购房理想地段的受访者比例均在二成左右；选择远郊的购房者相对较少，其中远郊中选率仅为 1.7%（见图 8）。

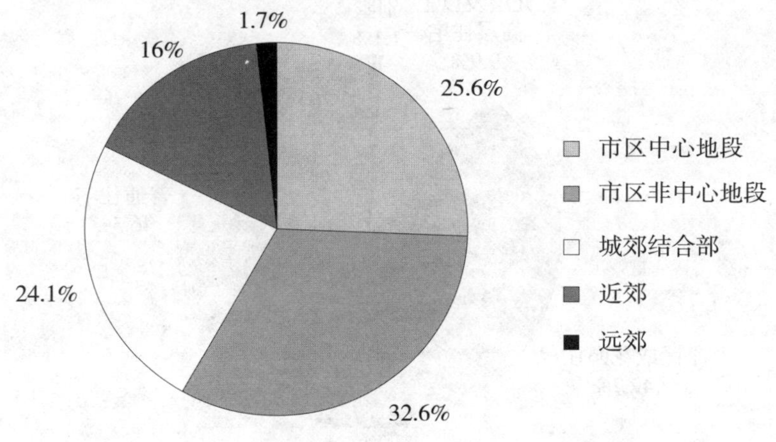

图 8　购房者对住房地理位置的选择

比较不同类别住房需求群体的区位选择发现，投资需要群体相对更愿意选择城郊结合部和近郊的商品房，而舒适需要群体及居住需要群体则更偏爱市中心地段和市区非中心地段的商品房。由此看来，虽然市区是人群居住较为密集的地方，但这两个群体的购房者仍希望自己的居住场所不要偏离于市区。而非常需要群体中，选择市区非中心地段及城郊结合部的人分别占36.1%和38.9%（见表4）。

表4　不同类别住房需求群体对住房地理位置的选择　（单位：%）

	居住需要群体	舒适需要群体	投资需要群体	非常需要群体
市区中心地段	25.1	30.7	19.2	11.1
市区非中心地段	34.3	30.7	28.8	36.1
城郊结合部	21.1	23.4	30.8	38.9
近郊	16.7	14.2	21.2	13.9
远郊	2.8	1	0	0

（2）房屋类型

普通住宅及小区或花园住房已成为购房者理想房屋类型的主流，选择别墅的购房者微乎其微，仅占总体的1.1%，这应该与北京市各类型房屋的价格档次差距和极高的房价有关（见图9）。

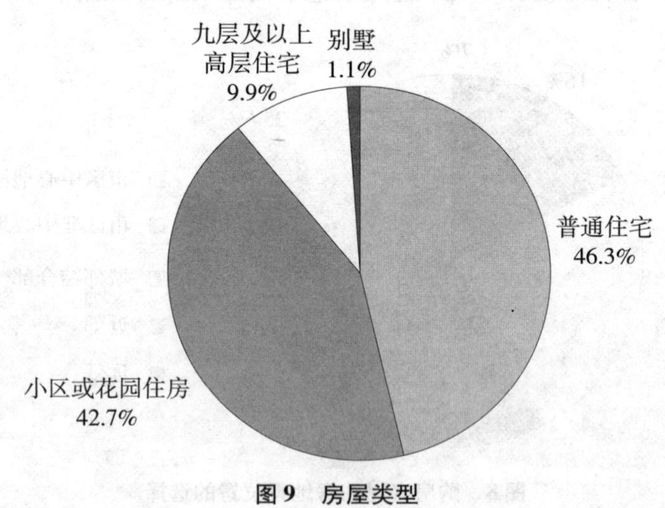

图9　房屋类型

（3）房屋面积

总体看来，受访者对于房屋总体使用面积的选择基本处于50～150平方米，选择总体使用面积分别为71～90平方米、90～100平方米及101～120平方米的受访者比例均在二成左右。而51～70平方米的住宅选购者占总体的15.1%，121～150平方米的住宅选购者只占受访者的一成。

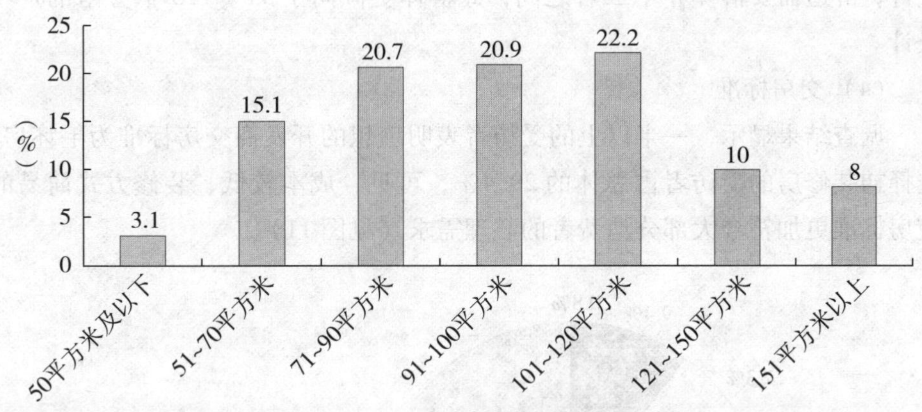

图10　房屋面积

根据1997年北京市调查数据表明，北京市民对于50～90平方米的房屋总体使用面积的需求程度较高，选择比例约为70%，消费者对于房屋的需求还处于温饱阶段，将此次调查结果与之相比较发现，现在的通州区消费者对于房屋总体使用面积的需求略有提高，选择90平方米以上的人数比例明显增长，这说明现在的北京市消费者对于房屋的需求逐渐偏向于舒适化。

表5　　**不同类别房屋需求群体的居住面积**　　（单位:%）

	居住需要群体	舒适需要群体	投资需要群体	非常需要群体
50平方米及以上	4	2.1	1.9	2.8
50～70平方米	19.9	8.3	9.6	25
71～90平方米	27.5	15.1	13.5	13.9
91～100平方米	16.7	28.1	13.5	22.2
101～120平方米	20.3	24.5	28.8	13.9
121～150平方米	7.6	13	11.5	8.3
151平方米及以上	4	8.9	21.1	13.9

交叉分析显示，不同类别的住房需求群体在房屋总体使用面积的选择上差异显著，相对而言，居住需要群体对于使用面积为51～90平方米面积较小的经济使用户型更为青睐，投资需要群体则对101平方米以上的户型更情有独钟，舒适需要群体介于二者之间，此群体更倾向于91～120平方米的户型设计。

（4）交房标准

调查结果显示，一半以上的受访者表明理想的开发商交房标准为毛坯房，选择初装修房的受访者占总体的29.4%，可见，成本较低、装修方式简易的交房标准更加符合大部分消费者的心理需求（见图11）。

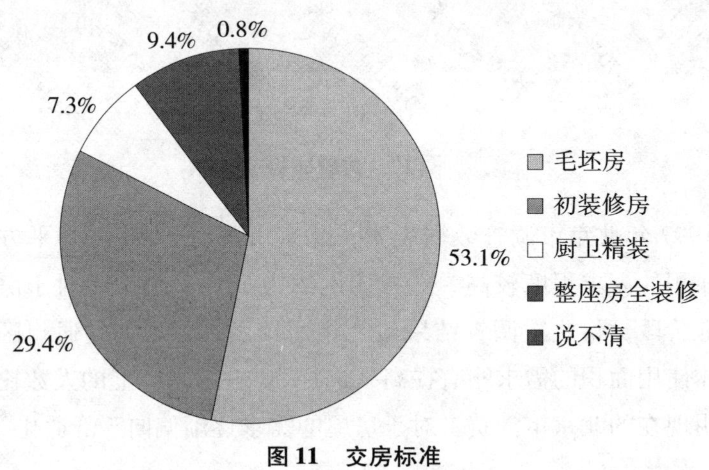

图11　交房标准

不同类别住房需求群体在交房标准上表示出基本一致的态度，都以毛坯房为首选交房标准，其次为初装修房。经过推测我们得出，居住需要群体收入档次相对较低，经济承受能力相对有限，而投资需要群体买房最看重的是房屋的地理位置及增值能力，对于房屋的交房标准并不会提出很高的要求，舒适及非常需要群体则希望按照自己的意愿装修房屋，创造一个舒适、温馨、富有情趣的个性化生活空间，因而毛坯房及初装修房以其价格低廉、装修方式选择空间大等特点，从不同角度满足了不同类别住房需求群体的要求，成为各类别住房需求群体的共同理想交房标准。以下是受访者对交房标准的看法。

——“装修应根据个人爱好、个性化来进行，房开商装修的成本价格与自己装修的成本价格完全是两回事，宁可自己辛苦点儿也要根据自己的要求”。

——"装修完全是一种个性化的要求，别人来经手的话，装完后总是觉得这里不好那里不好，能根据自己的爱好来装修是最好的"。

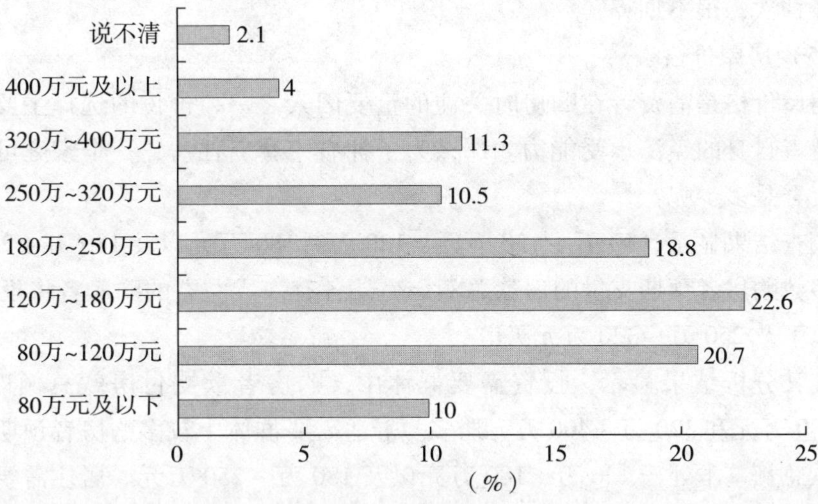

图 12　房屋价格

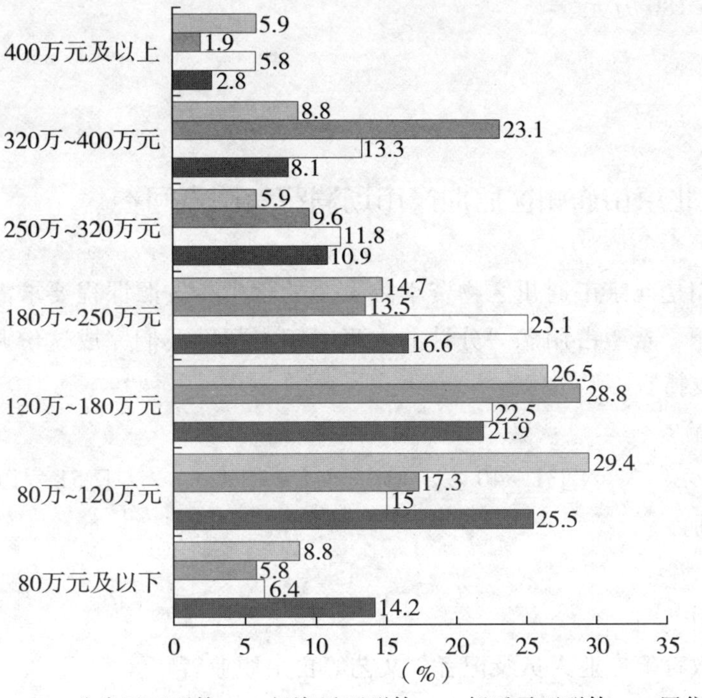

图 13　不同类别房屋需求群体欲支付房款额

——“装修好的毕竟会不满意，有时候还是想按照自己的想法，别人装的例如材料之类的就不一定是你想要的。如果装修的非常好，那么价位又会高一个档次，很不划算”。

（5）房屋价格

房屋价格是消费者在购房时关注的重要因素之一，价位的选择主要取决于消费者自身的经济承受能力。那么为了拥有一套新住房，一个家庭可以投入的资金是多少呢?

调查结果显示，80 万～120 万元、120 万～180 万元以及 180 万～250 万元是多数购房者预期支付的房款总额，另外各有一成左右的购房者将投入 80 万元以下及 250 万～320 万元买房。

交叉分析结果显示，投资需要群体中，购房者欲支付房款总额以 120 万～180 万元和 320 万～400 万元居多。舒适需要群体中较多购房者预期支付的房款总额基本处于 120 万～180 万元以及 180 万～250 万元。居住需要群体预期支付的房款总额相对来说偏低，其理想的投资总额多数介于 80 万～120 万元及 120 万～180 万元。

附录

北京市通州区房地产市场消费者调查问卷

您好，我们是北京市通州区物资学院大一的学生，按照课程要求需要完成一份调查课题，希望占用您一分钟的宝贵时间，帮助我们完成这份调查课题，感谢您的支持!

1. 您的年龄?

□22～30 岁　□31～40 岁　□41～50 岁　□51 岁以上

2. 您的性别?

□男　□女

3. 您的工作?

□科学、教育等专业人员及记者、文艺等自由职业者

□中高层管理人士　□军人

□专业人员及自由职业者　□普通工人、服务类、后勤人员

□离退休、失业、下岗、无业、待业　□个体户

4. 您的户口所在地？

□通州区　□非通州区

5. 您的月收入？

□低档收入（1000 元以下或 1000～3000 元）

□中档收入（3000～8000 元）

□高档收入（8000～12000 元或 12000 元以上）

6. 您目前的居住方式？

□自己租房　□单位租房

□拥有一套房产　□拥有多处房产

7. 您近来有买房的打算吗？

□有（跳转到下一题）　□没有（跳转到第 9 题）

8. 您打算什么时候买房子？

□1 年内　□1～3 年内　□3～5 年内　□5 年以后

9. 假如您要购房，您觉得您购房的目的是什么？

□满足居住要求（第一次购房）　□改善住房条件

□投资　□给父母/子女购房

10. 您认为您买房之后能获得什么？

□舒适感　□踏实感　□成就感　□信心感

11. 如果您买房，您能够接受的最高单价是多少？（元/平方米）

□6000～10000　□10000～15000　□15000～20000　□20000 以上

12. 如果您购房，您能承受的总价款是多少（包括按揭）？

□80 万～120 万元　□120 万～180 万元　□180 万～250 万元

□250 万～320 万元　□320 万～400 万元　□400 万元以上

□说不清

13. 若购房，您将采取什么付款方式？

□一次性付款　□分期付款　□银行按揭贷款

□住房公积金贷款　□组合贷款

14. 在首付款交完后，您每月能够承受的支付能力是多少？

□1000 元以下　□1000～2000 元　□2000～3000 元

□3000～4000 元　□4000～5000 元　□5000 元以上

15. 如果您购房，您希望您的房屋在哪个地段？

□市区中心地段　　□市区非中心地段

□城郊结合部　　□近郊　　□远郊

16. 您希望购买的房屋类型是什么？

□普通住宅　　□小区或花园住房

□九层及以上高层住宅　　□别墅

17. 您在选购住房时，对面积户型的要求是什么？

□50 平方米以下一室一厅

□51～70 平方米二室一厅一卫

□71～90 平方米二室二厅一卫

□91～100 平方米三室一厅一卫

□101～120 平方米三室二厅一卫

□121～150 平方米三室二厅二卫

□151 平方米以上四室二厅二卫

□说不清

18. 您在购买住房时对交房的要求是什么？

□毛坯房（不装修）　　□初装修房

□厨卫精装　　□整座房全装修

19. 您可以接受的物业管理收费价格是多少？

□50～100 元/月　　□100～200 元/月

□200 元以上/月　　□只要服务好多少都无所谓

20. 您希望住房附近有哪些生活服务设施？［多选题］

□超市/菜场/便利店　　□医院　　□绿地/花园

□中小学校　　□小区巴士　　□其他

21. 您在选择购房地点时，哪些因素更重要？（按重要程度选三项）［多选题］

□离老人近些　　□孩子入托上学方便　　□家人上下班方便

□交通方便　　□风景区附近　　□亲朋好友住的近

□房屋的价格便宜　□周边的商业设施齐全　　□是否有升值潜力

22. 您在选购住房时，关注下列哪些因素？［多选题］

□小区环境优美，绿地多，户型合理，价位合适，建筑质量好

□物业管理好，邻居素质好，交通方便，建筑风格

□小区有专属会所，开发商信誉与实力，小区的规模大，公园生活

感谢您对我们课题的支持，祝您学习工作顺利。

（指导教师：崔志宏）

对通州新城发展之养老问题的调查

调查时间：2013 年 3 月 1 日至 2013 年 4 月 10 日

调查地点：通州新区及周边

调查对象：通州新区范围内的老年人及其家属

调查方法：问卷调查、访问调查

调查人员：张丹亮　刘前　巢斌瑛　李子木

调查分工：张丹亮、刘前负责制作调查问卷
李子木负责发放调查问卷
张丹亮、刘前负责总结报告
巢斌瑛负责制作 PPT

前言

近三十年来，随着社会经济的迅速发展、人民生活水平的不断提高、医疗卫生保健事业的逐步改善，加之计划生育政策的贯彻实施，人口老龄化进程逐步加快。

随着中国老龄化的加剧，养老问题越来越突出，社会对养老方面的要求也越来越高，中国各种新型养老模式随即在探索中逐渐展开，形式多样却问题重重。社区养老服务站模式是众多养老模式中的一个，通州区社区养老呈现出普及率低、范围小、内容少、功能缺乏、机制不完善、软硬件设施不齐全、资金来源少、服务不规范、专业性缺乏、尚未形成标准化和体系化等特点。对于这种新兴养老形式，政府应当加大政策、制度的支持力度，同时社区要发挥自我优势，引入市场机制，从资金、人员、资源上进行完善发展，为养老营造良好的内外环境。

由此可知，中国老龄化形势严峻，养老问题亟待解决，探索一套适合中

国国情的养老服务模式尤为迫切。敬老养老是中华民族的传统美德，加强敬老院建设，提高集中的社会养老福利和服务水平，是改善当前老龄人居住环境、生活条件的重要途径。敬老养老制度建设的完善与否，直接关系到老龄人的养老状况，完善提高社区养老和敬老院供养水平，充分体现着党和政府对社会最弱势群体的关怀，对维护社会稳定、提高社会保障水平、促进社会和谐发展具有十分重要的意义。

一、调查目的

人口老龄化问题日趋严重，有关养老的问题也日益受到人们的关注。因此，我们以通州区人们如何看待养老问题为出发点进行调查，并结合相关资料进行分析，试图了解当代老年人的养老现状，并寻找解决方法。本小组进行了一次通州新区范围内的问卷调查。希望通过对调查问卷的整理和分析，了解到一些有关通州新区养老问题的真实状况。

二、调查结果、分析及建议

本次调查采用发放问卷和实地考察结合的方式展开，主要是对通州区各个年龄段的市民进行了发放问卷的调查，对于一些比较突出的问题在养老院进行了实地考察。本次调查共发放问卷50份，共收回有效问卷50份，有效回收率为100%。调查内容以问卷的形式进行抽样调查。因考虑到市民出行较为繁忙，而且在街道上请路人回答问卷内容要简练和省时，主体共有7道题，题目尽量简短明了。

（一）结果及分析

我们调查的7个问题的结果显示：

（1）所调查的人群中10～20岁年龄段的人居多，占71%，主要是当代大学生。

（2）认为通州区生活状况有所改观的人占87%，证明通州新区的发展变化受到支持和鼓励，对养老状况条件的改善提供了经济与环境基础。

（3）认为“孤寡老人得不到赡养”的人占42%，这是普遍的社会现象，对养老问题的调查有一定的混淆作用；认为“老人身体不好造成医药费过多”的人占38%，随着科技的发展，药物的大量泛滥对老年人的身体健康造成一定威胁，致使老年人的健康隐患大大增加。另外，医院乱收费、强制收费、收费过于高昂更导致一部分老年人无法得到良好的医疗条件和及时治疗，对养老乃至生命造成威胁。

(4) 认为“居家养老”的人占47%，证明家庭的和谐温馨对老年人的生活状况起到一定促进作用。认为“敬老院或其他托老机构”的人占35%，中国目前的敬老院水平虽落后于发达国家，但其制度和规模正在趋于完善，越来越得到民众的认可和信赖，不失为一种良好的养老方式。

(5) 认为“希望自己的老人去养老院”的人占41%，说明大部分人还是希望自己能赡养老人，让老人享受应有的天伦之乐，充分体现了“人以孝为先”的中国传统美德。

(6) 认为“有专门的人员照顾老人，自己放心”的人占53%，说明专人照料是老年人养老的必要且充分的保证，也从侧面反映出中国的养老敬老制度得到了人们的承认和拥护，但也有待于改进。认为“方便和同龄人交流”的人占39%，老年人年老时难免会孤独，有同龄人陪伴自然更加轻松惬意。

(7) 认为“会因为照顾父母方便，而选择离他们较近的地方工作”的人占56%，充分说明了绝大多数市民愿意亲自赡养老人、陪伴老人，也证明通州新区的公共娱乐文化设施正在全面发展之中，通州新区的养老问题正在充分解决和处理当中。由此看来，通州新区老年居民的生活状况和养老状态较为理想。

（二）建议

目前，中国的老龄化问题及失独家庭的养老问题日益受到人们的关注，还有老人遭到子女抛弃无人赡养的事件频频现于媒体的报道中，其中的很多问题值得我们深思。例如2010年5月，北京通州区有一位80岁的老人被饿死在自家中，而且她还有五个子女。我认为这样一件事可以反映出诸多问题。第一，老人生前摔伤腿，其子女担心医药费问题，不带老人去就医。可见老年人的就医及报销问题在一定程度上影响着他们的生活质量。第二，老人的子女本商量好轮流照顾老人，但因为兄弟之间的矛盾，最后竟无人照顾。我认为这其中除了道德问题外，更重要的是法律没能发挥它应有的强制力。第三，村委会明知老人子女间的矛盾，为何不出面处理，将老人的赡养问题妥善解决。可见基层的监管也是不到位的。

由于大部分的老人选择居家养老，且独生子女照顾老人确实存在困难，因此我认为可以加强社区对老人的管理与服务。例如为一些腿脚不便的老人提供上门服务，如按时送饭、送菜、打扫卫生等。还要加大社区医疗的服务能力，可以让老年人的常见病、慢性病在社区得到妥善解决。另外，对于养老院的问题，我认为政府应该加大补贴力度，在保证有足够的床位的同时，改善居住环境，提高服务质量，降低收费水平。

结语

这次作业的完成让我们认识到一个小组应该有团队精神，组员应该要积极配合组长布置的工作，而且要相互信任，相互帮助，善于倾听其他组员的意见和建议，这样才能很好地完成任务。在一个组中，每一个组员都起着很重要的作用，通过分工和讨论，又通过切实调查等，才能最终完成一个完整的报告。同时，这次调查也让我们受益匪浅，通过我们提出问题，分析问题，解决问题，了解到了通州区的养老状况，让我们对养老问题有了更多的思考，我想我们应该向其他在这方面做得好的同学学习，珍惜好时间，多做一些有意义的事，对我们很有帮助，对我们而言，这次作业的完成确实让我们学会了很多。

附录

关于通州新城发展之养老问题调查问卷

您好，我们是北京物资学院的学生，正在进行社会调查。随着中国人口老龄化的趋势日益严峻，老无所依、老无所乐渐渐成为社会的焦点。我们就上述问题进行调查，相信能得到你们的大力支持。为了了解北京市通州新城老年人的生活状况，我们特制定此调查问卷。该问卷以不记名方式填写，希望您能坦率地表明您的真实看法和态度，以使我们获得较为准确的调查结果。（请您将所选的选项写在题号左侧。）

1. 您现在正处的年龄段是？

A. 20～30 岁　　B. 30～40 岁

C. 40～50 岁　　D. 50～60 岁

E. 60 岁以上

2. 您认为北京市通州新区老年人的生活状况是否有所改观？

A. 是　　B. 否

3. 您认为当前养老存在的问题是什么？

A. 子女不尽责任，抛弃老人

B. 孤寡老人得不到赡养

C. 养老金少或发放不及时

D. 老人身体不好造成医药费过多

4. 您喜欢的养老方式是什么？

A. 与子女同住　　B. 保姆照顾

C. 居家养老　　D. 敬老院或其他托老机构

E. 互助养老

5. 您是否希望自己的父母去养老院？

A. 愿意　　B. 不愿意　　C. 不确定

6. 如果您愿意自己的父母去养老院，原因是什么？

A. 敬老院环境好

B. 有专门的人员照顾老人，自己放心

C. 自己没时间照顾老人

D. 方便和同龄人交流

7. 您是否会因为照顾父母方便，而选择离他们较近的地方工作？（如在同一个城市）

A. 会　　B. 不会　　C. 不确定

（指导教师：崔志宏）

第四篇

京郊农民就业状况问题调研

京郊农民从业状况调查

——以平谷区马昌营镇马昌营村为例

调查时间：2013 年 1 月 27 日至 2013 年 2 月 20 日
调查地点：北京市平谷区马昌营镇马昌营村
调查目的：京郊农民从业状况
调查对象：马昌营村村民
调查方法：问卷调查法、访问调查法、观察调查法
调查人员：张琪　卢佳　张韵然　钱惠
调查分工：张琪、卢佳、张韵然负责发放问卷
卢佳、张韵然、钱惠负责资料整理
张琪、钱惠负责调查报告

前言

本次调查的目的在于了解京郊农民从业状况，这次调查是在 2013 年 1 月底在北京市平谷区马昌营镇马昌营村针对本村村民开始进行的，历时将近一个月。期间我们做了问卷调查、访问调查、观察调查。从这些调查中我们发现很多问题，比如教育程度不够，导致许多人只能从事农业活动。以下是我们的详细报告。

一、马昌营镇概况

马昌营镇位于北京市平谷区西南部，与顺义区接壤。全镇下辖 17 个行政村，总面积 28.8 平方千米，耕地总面积 17000 亩，人口 1.6 万。该镇地理位

置优越，西距北京市区60千米，距首都机场40千米，距天津新港130千米。境内顺平路、密三路交会而过，设有大秦铁路客货站、程控电话支局、邮政支局、11万伏变电站等。马昌营镇是一个具有浓郁的一产特色的农业乡镇之一。

“团结、守信、创新”是马昌营镇的精神。连年荣获区“六好”乡镇常委称号是马昌营镇的骄傲和自豪！

经过改革开放三十多年的不懈努力，全镇经济和各项社会事业都得到了迅速发展。

马昌营镇农业特色是苗木种植，占全镇耕地总面积的80%以上。农业发展以绿色有机食品为主，形成了食用菌产业和有机大桃产业。镇内光远岩巍农业科技有限公司，通过国家有机食品转型认证，成为全国首家获此殊荣的面积最大的有机桃生产企业，其注册的“双营”品牌大桃供应2008年北京奥运会。食用菌产业，已成为农业出口创汇、农民增收的重要途径之一。

为了让全镇人民尽快富裕起来，平谷区马昌营镇采取“三补两免一贷”政策鼓励农民种香菇，即建棚补贴、设备补贴和基础设施补贴，免费培训、免费技术指导和帮助借用小额贴息贷款。在这些措施推动下，今年全镇发展香菇大棚60个，装菌棒102万棒，目前正在发菌，预计可获纯收入300万元。

如今，马昌营镇工业已形成四大支柱产业：以昌盛服装厂、毛衣厂为主的纺织加工业；以安美尔集团、世纪劲得保健品公司、奥新达体育设施公司为主的健康产业；以昌盛机械厂、北人集团备件厂为主的机加工业；以一建公司、瑞鑫公司为主的建筑房地产业。

我们认为，这样一个正在蓬勃发展的村镇具有极大潜力以及研究价值，因此，我们选择了马昌营村作为我们本次调查研究的对象。

二、调查问卷的分析

（一）男女比例及年龄段

本次参与调查的一共有50人，其中，男性被调查者有29人，女性被调查者有21人。被调查者年龄为15~80岁不等，主要集中在40~60岁。被访者的年龄段及其所占人数如图1所示。

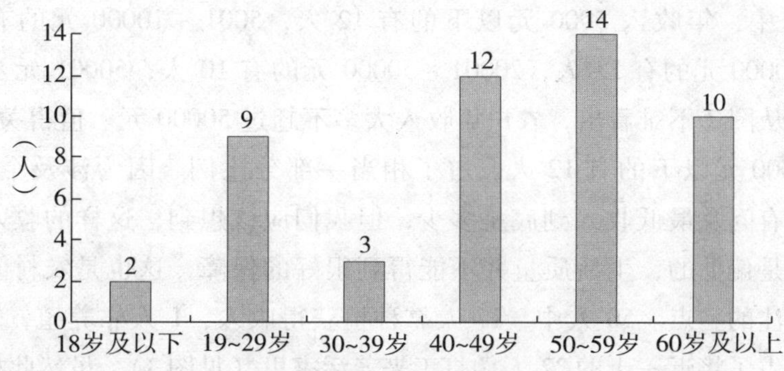

图1　被访者的年龄段及其所占人数

（二）受教育程度

此村的受教育程度比我们之前想象中的要高，在众多农村之中应该属于情况比较好的。被访者大部分是初中学历，其中小学及以下学历有3人，初中学历有27人，高中及技校学历有9人，大专及以上学历有11人。

（三）家庭类型

按调查情况来看，村中住户大多是一般农户。被访的50人中有39人为普通农户，有6人为干部户，3人为农村示范户，余下的2人为合作社农户。

（四）年收入状况及收入来源

由于家庭背景与从事工作的不同，村中农户的年收入差距各不相同，具体收入情况与收入来源如图2所示。

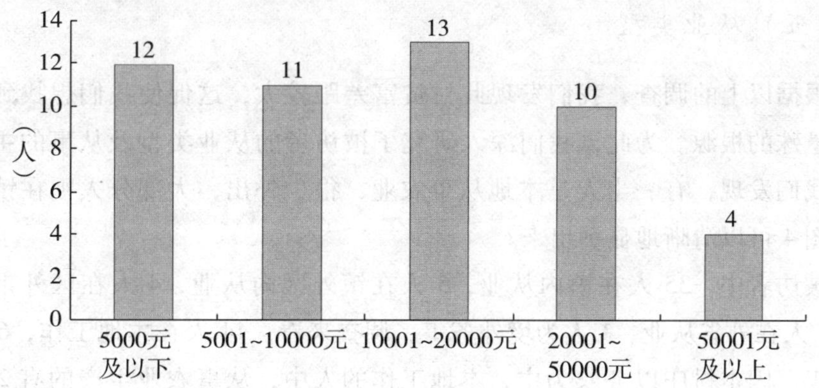

图2　农户年收入情况

50人中，年收入5000元以下的有12人，5001~10000元的有11人，10001~20000元的有13人，20001~50000元的有10人，50001元及以上的有4人。从图2不难看出，农户年收入大多不超过50000元。值得关注的是，年收入5000元以下的有12人，占了相当一部分比例。因为涉及个人隐私，我们并没有问及最低收入到底是多少，但我们应该想到，这样的收入无论是在哪里都是偏低的，生活质量并不能得到很好的保障，这也是农村问题中非常值得关注的一点。50人中，17人靠种植获得收入，1人靠养殖，5人做生意，余下占了将近一半的22人靠打工来养活家里（见图3）。虽然此村中部分人已经过上了小康甚至更好的生活，但我们社会的最高理想是共同富裕，低收入农户应该根据自身情况，调整自身的工作模式，取得更好的收入。

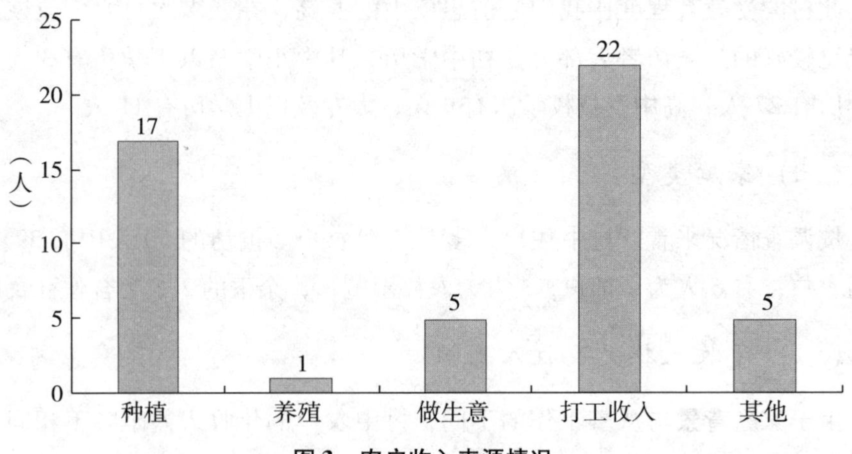

图3　农户收入来源情况

（五）从业类型

根据以上的调查，我们发现此村贫富差距较大，这促使我们想找到导致贫富悬殊的根源。为此，我们深入研究了被访者的从业类型及从事的主要行业。我们发现，有一半人是本地从事农业，很少外出，大部分人则在镇内从业。图4可以清晰地显示出来。

被访者中，35人在镇内从业，5人在镇外区内从业，4人在区外市内从业，5人在外省从业，1人为境外务工。调查来看，44人在本地工作，6人外出打工。因本村庄以务农为主，本地工作的人中，从事农业生产的有24人；非农自营有5人；非农务工有12人。从事的行业人数最多的是农业（28人），

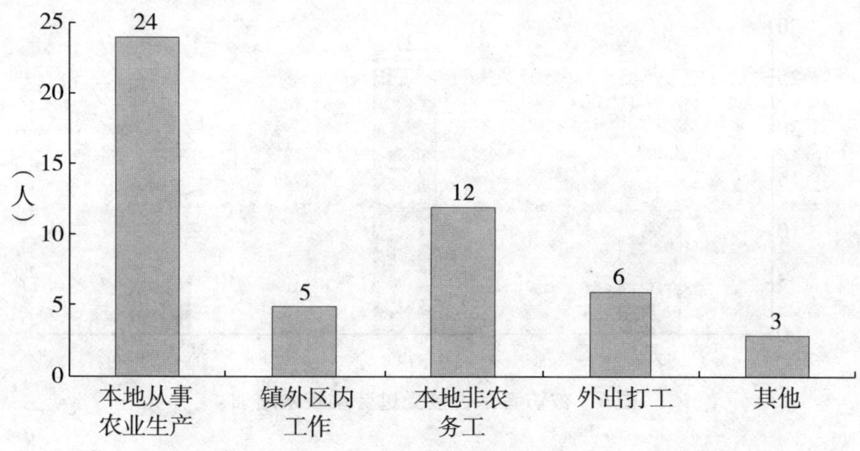

图 4　被访者从业类型

其次是服务业（13 人），再次是工业（4 人），剩余 5 人从事教育业、餐饮业等其他行业（见图 5）。从中看出从事体力劳动的人数比较多。

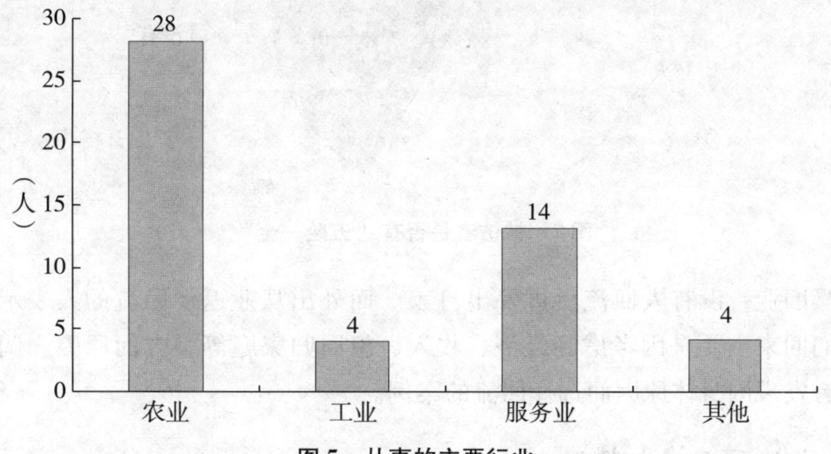

图 5　从事的主要行业

图 6 是调查被访者是否接受过劳动技术培训，其中，12 人培训过，27 人没有培训过，5 个人没有听说过关于培训的事，这在一定程度上是一种损失，需要多方面的关注与帮助。

图 7 为有无“五险一金”，其中，11 人有，35 人没有。

（六）外出从业返现回流情况

经调查，50 人中有 14 人一直在外务工，5 人回流后回乡创业，2 人回流

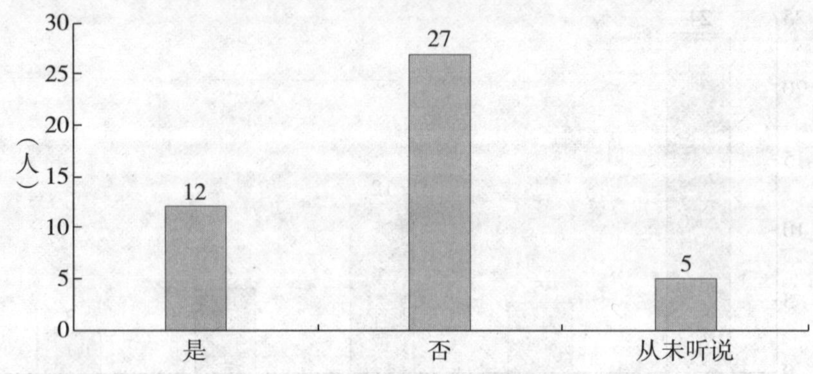

图6　被访者是否接受过劳动技术培训

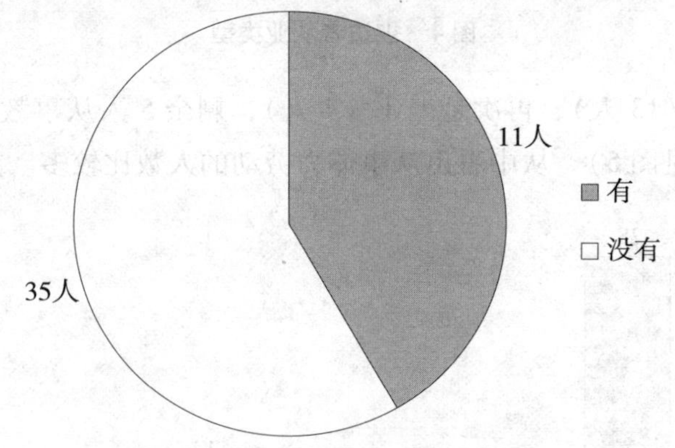

图7　被访者是否有“五险一金”

后重操旧业，没有人回流后再外出打工。而外出从业返乡回流的人表示，促使他们回来主要是因考虑到经济、收入、想回归家庭等多方面原因。调查中并没有发现因身体原因而选择回流的案例。

（七）家庭负担情况

50人中，有近一半的人（24人）家中一般是一个劳动力养活一个家庭；有10人家中则是两个劳动力养活一家人，这种家庭一般要男女都外出干活来养活家中的孩子；有11人家中可以仅靠一个劳动力还养活多个人，所以一般家中的男性都要挑起养家糊口的重任，这也是传统的“男耕女织”的生活。最值得我们注意的是，有1个人表示，家中基本丧失劳动能力，那么此人平时生活来源到底是什么？是仅靠着政府补贴勉强度日吗？这是让人非常忧心的。

（八）其他

调查中发现，多数务农者的资产收入包括食利、房租收入、股份收入等，只有一个人的资产包括了股票收入。这种现象表明该村庄人民的投资观念并不强，也许是与投资理论基础或技术不够有关。

在务农者的非农自营收入调查中，2人经办农家乐，5人经营私营企业，8人是自由职业者，5人是个体经营者，剩下的还有靠种地、工作、打工、领取政府补贴等得到收入。从该现象中发现，该村庄的商业模式多种多样，收入总类在一定程度上反映出该村庄各种设施的齐全程度与发展程度，反映着人们的生活水平。

调查中我们还发现，大部分人是经熟人介绍或者自主就业的途径来就业，有3人是通过职业机构介绍就业，有1人是通过大批招考进入就业岗位，剩余一些家中本就有地，可以继承家业。

我们还调查了村中影响人们从业的因素。经调查，我们发现自身的从业素质与政府的支持因素对村民从业具有决定性的影响，资金约束也是一个影响因素。

当被问及未来从业意向时，大部分人并没有太多想法，但是有些人说出了自己简单而又实在的意向。有人希望靠自己努力工作可以涨工资；有人想做大生意，干出自己的事业；有人想完善自己后自主就业；也有人想一直从事教育事业，为社会奉献自己。

三、访谈案例的分析

（一）基本情况

在马昌营村中，我们看到，村中的道路除了一些田边的小道，整体比较干净和宽阔。俗话说“要致富，先修路”，马昌营村已经做到了这一步。路边的人家住楼与市区中的并无太大差别，有些甚至享受“独门独栋”的别墅级待遇。小片的健身器材上不时有孩子老人玩耍、健身的身影。村中到处洋溢着“新农村”的风貌。

调查中，村委会长热情地招待了我们。会长是一个干练的中年男人，他向我们说起马昌营村时脸上满是满足自豪的笑容。他说自从实行了“三补两免一贷”政策，许多村民生活都好了起来，加上政府的关注，道路交通的完善，马昌营村与20年前已经有了翻天覆地的变化，他表示，马昌营村还会一直发展，走出适合自己的有特色的道路，马昌营的未来是不可估量的。

被访者中有一位独居老婆婆，她的丈夫在几年前不幸去世，她的儿子在海淀工作，女儿嫁到了外省。因为老人不会用网络，平时只靠电话联系，儿女一年只回来一两次，忙的时候甚至没有空回来过年。平日里只能跟乡里乡亲闲聊消磨时间，一个人守着大大的房子也不知道要干些什么。她说要是大病一场，死在家中也没人知道。

我们还采访了路上的一位中年男子，该男子在朝阳工作。当被问及以后会不会回村里生活时，他摇摇头。当被问及原因时，他说妻儿都在朝阳，而且村中环境设施确实不如市里好，再者，他认为村里并不能给孩子提供很好的教育，多种考虑权衡之下，他认为这里并不适合一家人的长期发展。这在一定程度上也是现在许多走出去后不再肯回来的年轻人的心理映射。当我们问到家中的父母怎么办时，他皱了皱眉头，并没有回答我们的问题，转身离开了。

在马昌营村中，我们注意到，村中有一些空闲的土地，土地上堆放着许多杂乱的东西，如砖块、土块等建筑垃圾、一些食物垃圾、破碎的酒瓶也随处可见。不仅如此，杂草丛生的土地旁的小河塘面上也漂着各种塑料袋，水质明显不是很好。我们去的时候正值严寒，问题表现并没有那么严重，可如果一些食物垃圾一直留到夏天，那散发出的味道可以想象会有多刺鼻。周围居民也表示一到夏天，他们就苦不堪言。他们向村委会反映过，村委会每年也会治理，可这现象就是无法杜绝。一些村民的不文明现象更加重了这一问题。垃圾的随处堆放给居民生活造成了极大的影响，威胁了居民的健康与安全；同时，垃圾的堆放也浪费了许多宝贵的土地资源，是另一种意义上的浪费。

经过这次的实践调查，我们深入了解了马昌营村，了解了一个与我们想象中不同的“新农村”。虽然调查并不是那么顺利，但许多村民的朴实与配合让我们非常感动。村委会的同志看我们在外面吹冷风问问题，怕冻坏我们，把我们拉进村委会办公室，还给我们倒了热水。接过热水的一瞬间，所有的委屈与辛苦在一瞬间烟消云散，一张张温暖的笑脸，一句句真诚的话语在我们脑海中回荡，让我们觉得那天的一切都是值得的。这是我们一生中无比宝贵的经历，我们永远不会忘记。

回来之后，我们整理了调查数据，一起分析问题，给出中肯建议，总结报告。一切的一切，只希望能为这个村子尽到自己的一些绵薄之力。有可能的话，我们会继续跟踪调查这个村庄，将此做成一个长期项目，关注下去。

（二）建议

（1）加快新农村建设，毕竟只有经济发展了才是硬道理。

（2）举办多种活动，让老年人有事可做，同时也增进邻里关系；劝导年轻人常回家看看，不要让自己的父母变成留守的孤独老人；同时，村里领导也需定期关心独居老人的生活，给予基本的生活保障。

（3）整顿环境卫生，加大对破坏环境的人的惩处力度，还一片干净的家园给村民。

（4）合理开发利用土地，建成工/商业区或者是开发成农家旅游地，在推动农村发展的同时也解决了就业问题，吸引本村人留下，吸引村外人的光顾。

（5）努力在工人上岗前给予他们适当的培训，以使他们更快更好地适应新工作，鼓励村民自主创业，鼓励企业与大学对口，招收高质量人才。

（6）加快推动改进教育事业，许多年轻人不想回来的一个重要原因就是村中教育质量不够高，给不了小孩需要的知识；同时，低质量的教育无法成就高质量的人才，也会形成恶性循环。

附录

一、调查中遇到的问题

（1）因该村比较偏僻，我们对去村庄的路并不太熟悉，也走过弯路，去到那儿并不容易。

（2）调查过程中，出于防范心理，许多居民一见我们向他们提出调查请求，立刻就拒绝走开，或者关上门；因有些问题涉及个人隐私，许多居民并不愿透露太多，导致调查过程比较艰难。

（3）天气寒冷，调查者比较辛苦；乡村道路上养的狗较多，对外来人是种威胁。

（4）因为去的时候是白天，我们无法调查一些正在工作、在校的年轻人，因此调查数据也存在一定的不科学性。

二、调查收获

(1) 对马昌营村有了进一步的了解，对其发展的优势以及存在的问题有了更多的认识与思考。

(2) 深刻理解了“时间是检验真理的唯一标准”，只有自己亲自去调查研究，才能得到最真实的数据与资料。

(3) 了解了工作与赚钱的艰辛，也体会到了没有一技之长的苦楚。

(4) 与村民交流的过程中感受到了“人”的真性情，对于他们淳朴与真诚我们表示非常感动。

三、马昌营村值得调查的问题

(1) 环境问题的产生与解决办法；

(2) 如何提高马昌营村的教育质量；

(3) 村民对未来农村生活的建议与期待；

(4) 一些人的生活来源更需要政府的支持。

四、调查后的反思

1. 纸上得来终觉浅，绝知此事要躬行

如今的大学生，主动性比较差，相应的实践能力也不够，久而久之，求知欲与求知的能力也慢慢退化，很多人就喜欢蜗居一角，凭着网上或者书上的“先人之言”来了解当今世界，却忽略了世界是瞬息万变的。这次调查，逼着我们走出校园，认真实践，除非如此，否则我们是无法拿到确实有效的数据的。因此，我们反复推敲精心设计了很有选择性和针对性的调查问卷，深入走访马昌营村。对于被调查者的典型性也很注意，特别注重被调查者年龄、职业等的广泛性，以免出现以偏概全的情况。从构思到最后总结，小组人员全体参与，亲自实践，走出校园，可以说是一个很大的突破。

2. 关注社会现实，提升社会责任感

现在的孩子大多是“两耳不闻窗外事”，只守着自己一方小天地滋润过活，而这次调查让我们这些处在城市幸福生活中的孩子们体会到了不一样的生活和人事，发现不是每个地方都那么富庶和安逸，也会有人为了生活放弃和亲人团聚的时间和机会而选择外出打工；也有人的劳动和合法权益没有受到法律保护；也有很多人背井离乡后发现打拼太艰难而回到原点。

这次调查让我们发现和体会到了社会的一些现实问题和很少被人关注的

问题，也让我们有一种社会“主人翁”的责任感。毕竟只有关注现状了解现状，才可能去改变现状。

3. 共同见证京郊农村城市化变迁

调查研究不是做一次就能得出完美结论的，它需要漫长的观察和多次的反馈，这是一项长期工作，任重而道远。

我们希望通过调查这类问题来引起全社会更多人的关注，并希望更多人来帮助农村、建设新农村，共同见证京郊农村城市化的完美变迁。

（指导教师：李淑文）

京郊农民从业状况调查

——以密云县龙潭沟村为例

调查时间： 2013 年 1 月 17 日至 2013 年 3 月 1 日

调查地点： 北京市密云县太师屯镇龙潭沟村

调查目的： 走出校园，关注社会现实，提升社会责任感，了解农民基本就业状况

调查对象： 龙潭沟村村民

调查方法： 访谈法，问卷调查法

调查人员： 陈丹阳　宋凯新　冉红艳　吴春燕

调查分工： 调查准备阶段——小组全部成员讨论并确定调查方法，准备调查问卷

数据采集阶段——陈丹阳负责以聊天的形式采访村民，宋凯新、冉红艳负责发放问卷，帮助村民填写问卷并解决村民问题，吴春燕负责录像录音等记录工作

调查整合阶段——通过小组全部成员讨论后，陈丹阳负责数据统计与分析，冉红艳、吴春燕负责撰写访谈案例分析，宋凯新负责论文编写与整理

前言

通过本次社会调查，我们走出校园，到基层去。关注社会现实，提升社会责任感。运用所学知识理论及经济学相关原理，了解京郊农民基本就业状况，了解我国改革开放的历史、现状和发展趋势。正确分析和认识我国改革开放的发展历程和社会现实存在的各种问题。

此次调查以北京市密云县龙潭沟村为例，就龙潭沟的全部村民发放了问卷，对其从业状况进行了调查。龙潭沟村的富裕程度在密云所有乡村中处于中等水平，所调查的数据比较有代表性。本次调查以问卷调查为主，准备问卷50份，有效问卷50份。另外，考虑到部分老年村民的认知水平，我们采取访谈式调查。

一、龙潭沟村概况

龙潭沟村位于太师屯镇南部，由下湾子、曹庄子、艾洼和围场4个自然村组成。我们主要调查的是其中的下湾子村。

龙潭沟村现有265户，560口人，村民热情、诚恳、淳朴。绝大多数都是农户，以在家务农为主。

龙潭沟民俗村位于北京密云县城的东北角，龙潭沟村现已被评为市级民俗村，是北京密云县境内有着悠久历史文化、民俗气氛浓厚的民俗村庄，本村周边有卧佛山风景区、白龙潭风景区，适合各个季节的民俗旅游。交通方便，但是与县城距离较远，可在村口乘坐公交，需半小时到达县城。

另外，本村有采摘园50余处，在采摘季节，你可以采摘苹果、核桃、枣、梨、葡萄、桃子、杏子、柿子等，感受真正的农家生活。

2011年7月24日，龙潭沟村遭受特大暴雨袭击，从晚上7时40分开始的近4个小时内，降水量达到173毫米。强降雨造成这个村房屋倒塌24间，道路损毁6千米，河道淤堵4.7千米，桥梁损坏13座，直接经济损失达1.1亿元。为了让当地群众彻底摆脱水患威胁，密云县启动了龙潭沟村灾后重建工程。这项工程包括新民居建设工程、排险加固工程、河道治理工程及道路建设工程。

2012年4月，启动灾后重建工程，总投资9562万元。目前，98栋民居已全部建成并满足基本入住条件。我们所调查的下湾子村也将在不久的将来，统一建造二层小楼。

政府表示，龙潭沟村灾后重建的任务还很艰巨，要加快道路建设、河道治理等工作。要大力发展沟域经济，建设生态良好、产业兴旺、农民安居乐业的新农村。要立足龙潭沟的自然资源优势，以新民居为基础，大力发展民俗旅游业。

二、调查问卷的分析

问卷共50份，为了使调查更加科学，我们将所调查的男女比例维持在1：1左右，被访者的男女比例和年龄分布如图1和图2所示。

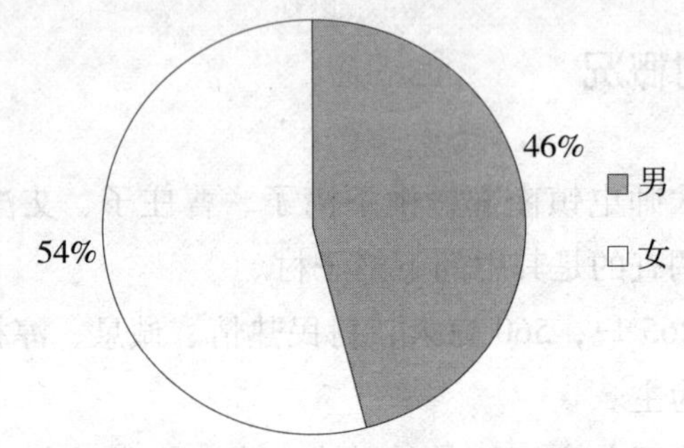

图1　调查中的性别分布

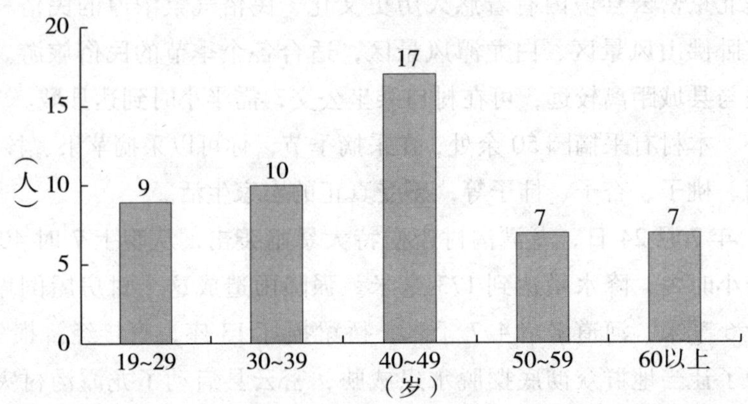

图2　调查中的年龄分布

此村大部分是农户，少数是干部户，还有几户是合作社农户。家庭收入主要来自于打工收入，其次是做生意，再次是种植果树，没有养殖的情况。

另外，由于龙潭村位于白龙潭景区附近，所以有少数人在景区工作。因此他们从事的主要行业为服务业和农业。

此村的从业类型主要是本地从事农业生产，其次是本地非农自营，我们在调查过程中看到村中主要分布了一些小型的超市，杂货店、饭庄、旅店、水果店等。另外村中的大部分老人家中丧失了劳动能力，主要都是靠国家发放的补助来维持生活。而村中年轻人普遍选择外出打工的方式从业。

图3是此村2012年总纯收入状况：在调查的50人中，5000元以下的有6人，5001~10000元的为21人，10001~20000元的为13人，20001~50000元的为7人，50001元及以上的为3人。

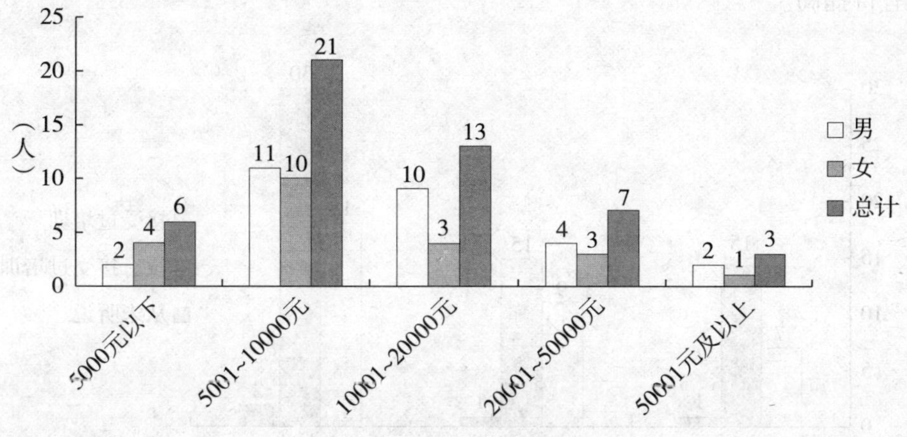

图3　2012年总纯收入情况

从图3中我们可以看出男性收入普遍高于女性收入，由此可说明，在一定程度上，由于各方面的原因，男女在收入方面存在着显著差异。

另外，村中大部分人在村中务农，极少部分人外出打工。

总体来看，此村的年收入主要在5001~10000元，人民生活水平普遍较低。

图4是从业地区分布图，从图6可以看出龙潭沟村村民的主要从业地区为乡内从业，其次是区外市内和乡外区内，而到外省从业人员很少，境外务工人员基本没有。

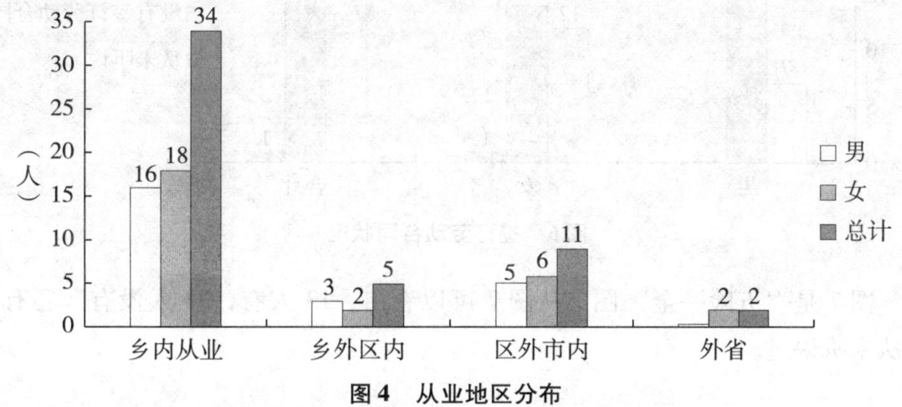

图4　从业地区分布

图5是从业之前是否接受过劳动技能培训图。从图5可以看出，本村人口在从业之前大多数没有接受过任何的培训，在我们调查的50人之中只有18个人接受了培训，还存在着2个从未听说过的状况。从这里我们可以看出在本村从业方面的接受过培训的人少之又少，政府在本村从业方面的培训职能还有待提高。

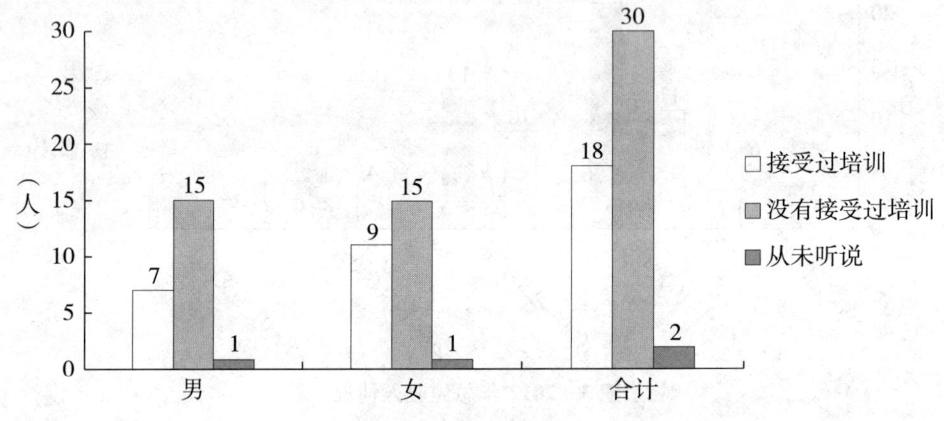

图5　从业前劳动技能培训情况

图6是劳动合同图，从图6可以看出，有合同的为19人，没有合同的为30人，还有1人从未听说过。而有劳动合同的人中，大部分是外出打工人群。

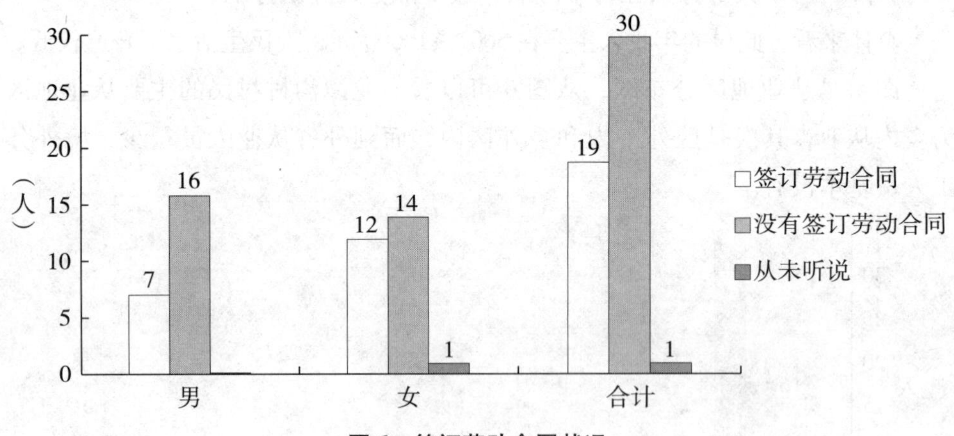

图6　签订劳动合同状况

图7是“五险一金”图，从图7可以看出，13人有，33人没有，还有4人从未听说过。

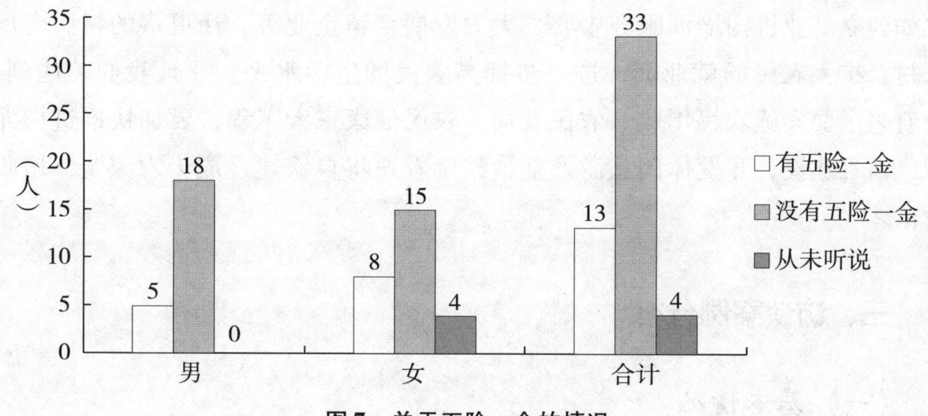

图 7　关于五险一金的情况

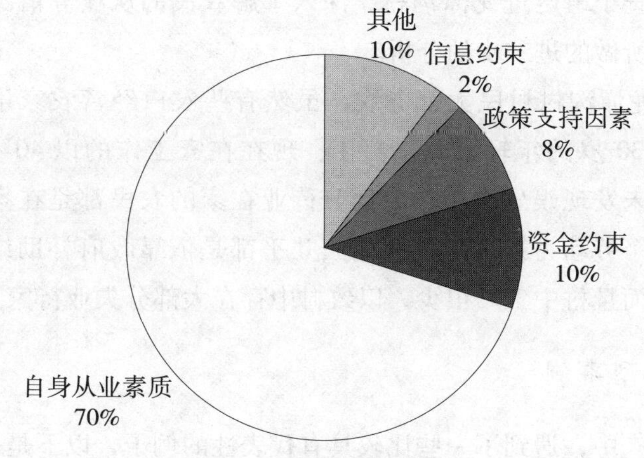

图 8　从业影响因素情况

图 8 是影响村民从业的因素，主要受自身素质的影响比较大，大部分村民学历不高，并且政府支持因素起的作用并不大。

我们在调查中发现本村农民有个别的食利、房租、股份等资产性收入，但由于龙潭沟村大部分村民都是在乡内种植果树，在乡内从事非农打工或非农自营。所以主要收入来源还是非农打工收入和农业生产收入；从事的基本上都是服务性行业和农业；就业途径主要是自主就业，其次是熟人介绍。

另外，对于外出从业返乡回流情况，很多人都从未出乡就业，而在外打工的大部分人一直在外务工，有一小部分人外出打工回流后又选择继续外出务工，或者重操旧业。

综合上述数据，我们认为，为了增加农民就业率，政府应该加大投入，比如建立就业机构培训服务中心，大力发展乡镇企业等。让更多的村民走出农村，扩大农民的就业面，进一步提高农民的生活水平。并且我们关注到，政府表示要实施农民增收、农民安居、农民健康三大工程，要加快推进白龙潭风情谷建设，开发休闲旅游产业，鼓励农户将自家建设成为农家院，增收致富。

三、访谈案例分析

（一）基本情况

我们的调查小组走进龙潭沟村，深入了解农民的从业等情况。下面是我们对访谈情况所做的进一步的分析。

据了解，龙潭沟村村民大都务农，虽然有些农户经营农家乐，但数量有限，很多20～30岁的年轻人外出打工，现在在家工作的以40～60岁居多，我们在村中并未发现娱乐设施，大部分待业在家的农民都是在家打牌，靠着家中仅有的几个劳动力来谋生。而老人几乎都是依靠政府补助维持生活，生活比较艰难，而且村中工厂很少，以致村中存在大部分失业待家人口。

（二）典型事例

在我们调查中，遇到了一些比较具有代表性的例子，以下是一些例子。

在走访过程中，我们遇到很多人都在家闲着。其中有两家，一家在打纸牌，一家在打麻将，而且非常痴迷，就连调查问卷都是交给在一旁的儿子填写的。

我们也走访了一家老人，老两口都70多岁，单独住在一个小院里，奶奶身体不是很好，卧病在床，爷爷告诉我们他们依靠政府补贴生活，见到我们非常热情，给我们拿了很多水果吃，拉着我们聊天，让我们以后多来家里玩。我们想老人大概都有些孤独吧，非常希望能有孙儿在身旁聊家常。

还有一家开超市的，是一位女老板，非常认真地给我们填写。给我们印象比较深刻的是在调查时，有一位顾客来还钱，还款金额是五角。虽然在很多人看来五角很少，买不了多少东西，但就是这五角体现了农民的诚实守信，没有因为金额少而忘记，这也从另一方面反映了村中居民生活并不是十分富裕。

另外，在这个村子里，我们遇到了一对夫妇，他们年纪较大，差不多五十岁了，文化水平比较低，初中没毕业。现在他们都在家务农。他们家种植了一些枣树，全家的生活就靠每年卖枣子所获得的微薄收入来支撑，几乎没有其他的收入来源。

当我们问到他们过去的工作时，他们说，以前他们都进城务工，从事的是建筑业，在工地里做苦力活，虽然很辛苦，但收入情况比现在好得多。但是由于2008年的那场经济危机，工地裁了一部分工人，因为他们年纪比较大，就首先被解雇了。之后他们也曾多次试图找其他的工作，但由于自身素质等各方面的条件限制，最终都失败了。

不得已之下只能回到老家重新种植了些果树，希望能以此来暂渡难关。我们询问到他们种植果树是否得到过乡镇政府的补贴支持，他们说由于他们只是想种一些来维持生活罢了，规模很小，就没有向政府申请补助之类的东西。

我们还问到他们种植枣树是否接受过相关的技术培训。他们回答道，种植枣树都是靠自己已有的知识经验，其他村民也会告诉他们一些相关的知识，他们认为这不需要什么培训。

实际上这也是很多村民的想法。他们认为自己的祖祖辈辈都是当农民的，难道连怎样种果树也要不当农民的人来教吗？这在他们看来是很可笑的。

这反映了现在的技术培训的方法有些难以让农民接受。这从根本上说是由于农民的经济水平低，许多人没有足够的文化教育，使他们在认知上处于比较片面的层次。所以说，普及文化教育是关键。

关于合同，他们说当他们在城里工作时的确签过合同，至于合同有什么意义和帮助，他们就不了解了，只听说过签了比较好。他们说只要工资照常发就行了。这个问题反映了农民对自己利益的保护意识不够强。他们只关注是否能得到工资，而当他们的合法利益受到侵犯时，不懂得如何以合法的途径来保护自己的利益；这也反映了我们国家在农村的法律普及工作不够彻底。

关于“五险一金”，他们也曾听说过，但不知道具体指的是什么。而且他们认为这是城里人才会享受到的东西，村里人是没有的，最多会有养老金和低保之类。

他们还说他们已经老了，身体的病痛也逐渐多了，再出去打工也是不可能的了，只有靠种蔬菜水果来维持生活了，近来在想向政府申请养老金和低保，希望能有些帮助。

在这里我们衷心祝愿两位老人能安享晚年！

从这些案例中我们了解到，在农村，许多人愿意出去打工，但他们的知识文化水平较低，打工又大多是干辛苦的工资又低的工作；年龄大了，都觉得折腾不起了，实在去不了的就只能在家种点东西。但农村种植业的技术培训也普及得不理想，想要自主创业也困难重重。于是，很多人便放弃了，村中的人都只是想维持现状，并没有更多的追求。

这一次的调查活动，让我们充分感受到了农民的淳朴。虽然这个村子四面环山，气温比较低，甚至是一个月前下的雪还都没有融化，但高高低低尖顶白墙的小房子，却给人温馨之感，与城中的高楼大厦、川流不息的车辆相比别有一番韵味。虽然村民生活并不富裕，但美好的生活都是他们自己创造的，我们相信也希望村民能增加自己的技能，找到致富之道，我们也同样期待，政府能够给予他们更多的帮助，使龙潭沟村的村民早日过上富足生活。

（三）在调查中我们遇到的问题

1. 龙潭沟村村民知识文化水平低，在进行问卷调查中我们遇到了一些困难。农民获得技术、信息支持的途径少。

2. 龙潭沟村村民的收入单一，就业比较困难。

3. 龙潭沟村村民外出就业受限制因素较多。

4. 龙潭沟村20岁左右的有能力的年轻人基本上外出打工，我们靠电话联系完成了调查问卷。

5. 在我们问到收入等敏感话题时，村民对于调查会不理解，有些抵触我们的调查，有些不配合。

6. 在村里转时遇到的差不多都是中老年人，对于问卷中的问题有很多不懂。由于年轻人大都外出打工，调查中访问到的更多的是50岁以上的。

四、建议

通过本次调查，我们有如下建议：

1. 加大在农村的教育支持力度和技术培训力度，使农民不为自身的素质而烦恼；

2. 为农民拓宽就业渠道；

3. 鼓励和支持农民自主创业，就我们所知，政府目前正鼓励村民开办农家乐以增加收益；

4. 完善农村的社会保障制度，促进城乡公平；

5. 村委会应多关注村中孤寡老人，给予基本的生活保障，应该尽量提高无劳动能力的老人的生活水平，给予他们更多的关心帮助；

6. 在村子中转了大半圈，并没有看到有关的运动设施，所以我们想应该建一些运动设备，供老人孩子适当做一些锻炼。

结语

通过本次调查，我们有如下收获：

1. 这次活动让我们走近农民，对其生活状况和从业状况有所了解；

2. 与农民接触，感受到其淳朴善良，我们进入每一户，他们都会热情地招待我们；

3. 到达实践活动目的地用了 5 个小时，回来用了 4 个小时，还有一名组员因为晕车，吐了一地，这一路的艰辛远比我们想象得困难，但我们觉得这次活动很值得，也很有意义；

4. 与农民交谈，懂得了一些与人交往的技巧，比如应该有礼貌，多说“您”。

附录

“京郊农民从业状况”调查问卷

调研地点：________区________镇________村

您好！

我们想通过这份问卷，了解您的从业状况。我们承诺：本次调查信息仅用于科学研究。您的回答无对错之分，我们将对信息保密。我们需要您的真实答案，谢谢您的真诚合作！

一、被访者基本信息（只选一个答案）

A1. 性别

1. 男　　　2. 女

A2. 您的年龄

1. 18 岁及以下　2. 19 ~ 29 岁　3. 30 ~ 39 岁

4. 40 ~ 49 岁　5. 50 ~ 59 岁　6. 60 岁以上

A3. 受教育程度

1. 小学以下　2. 初中

3. 高中、技校、中专　4. 大专及以上

A4. 户主家庭类型

1. 干部户　2. 一般农户

3. 示范户　4. 合作社农户

A5. 您家去年总纯收入状况

1. 5000 元及以下　2. 5001 ~ 10000 元　3. 10001 ~ 20000 元

4. 20001 元 ~ 50000 元　5. 50001 元及以上

A6. 家庭收入最主要来自

1. 种植　2. 养殖　3. 做生意　4. 打工收入

5. 其他________________（请填写）

A7. 家庭负担情况

1. 一个劳动力养活一人　2. 两个劳动力养活一人

3. 一个劳动力养活多人　4. 家里基本丧失劳动能力

5. 其他________________（请填写）

二、农民从业基本情况

B1. 您的从业类型

1. 本地从事农业生产　2. 本地非农自营

3. 本地非农务工　4. 外出从业

5. 其他________________（请填写）

B2. 您的从业地区

1. 乡（镇）内从业　2. 乡（镇）外区内

3. 区外市内　4. 外省

5. 境外务工

B3. 您从事的主要行业

1. 农业　　2. 工业　　3. 服务业
4. 其他________________（请填写）

B4. 您收入的主要来源
1. 农业生产收入　　2. 非农打工收入
3. 资产收益　　4. 非农自营收入
5. 其他________________（请填写）

B5. 您的资产收入包括
1. 食利　　2. 股票收入　　3. 房租收入　　4. 股份收入
5. 其他________________（请填写）

B6. 您的非农自营收入包括
1. 农家乐收入　　2. 私营企业经营收入
3. 自由职业收入　　4. 个体经营收入
5. 其他________________（请填写）

B7. 您从业之前是否接受过劳动技能培训
1. 是　　2. 否　　3. 从未听说

B8. 您接受过的劳动技术培训类型、时间
1. 农业技术培训　　2. 工业技术培训
3. 服务业技术培训
4. 接受培训的时间________________（请填写）
5. 提供培训的机构____________________（请填写）

B9. 通过什么途径就业
1. 熟人介绍　　2. 职介机构介绍
3. 大批招考　　4. 自主就业
5. 其他________________（请填写）

B10. 外出从业返乡回流情况
1. 一直在外务工　　2. 回流后回乡创业
3. 回流后再外出务工　　4. 回流后重操旧业
5. 其他________________（请填写）

B11. 外出从业返乡回流原因
1. 经济形势　　2. 收入原因　　3. 回归家庭
4. 身体原因　　5. 其他________________（请填写）

B12. 劳动合同情况

1. 有　　　　2. 无　　　　3. 从未听说

B13. 是否有“五险一金”

1. 有　　　　2. 无　　　　3. 从未听说

B14. 从业影响因素

1. 自身从业素质　2. 政策支持因素　3. 资金约束

4. 信息约束　　　5. 其他＿＿＿＿＿＿＿＿（请填写）

B15. 未来从业意向，请填写＿＿＿＿＿＿＿＿＿＿＿＿＿＿＿＿＿＿＿＿＿＿

（指导教师：李淑文）

京郊农民从业状况调查

——以通州区双埠头村为例

调查时间：2013 年 1 月 16 日至 2013 年 1 月 21 日
调查地点：北京市通州区双埠头村
调查目的：了解京郊农民从业状况
调查对象：双埠头村居民
调查方法：问卷调查、实地采访
调查人员：李思遥　刘振巍　古圣芊楠　李郁添
调查分工：小组全体进行问卷调查、实地采访、整理并归纳数据，组长分析、总结及撰写报告

前言

我们此次调查的目的是了解京郊农民从业状况，从而以具体的地点来分析京郊农民从业状况和中国整体发展对京郊农民从业上的影响。在 2013 年 1 月 16 日至 2013 年 1 月 21 日期间，我们对北京市通州区双埠头村的常住居民以问卷调查的形式，收集了有关从业培训、教育程度、纯收入状况等信息。我们报告的主要内容是以我们所收集的信息为依据做分析及总结。

一、双埠头村概况

（一）地理信息

双埠头村隶属于北京市通州区宋庄镇地区。地理位置主要包括：东至徐

疃路及六环干道；南至温榆河西路及丛林庄西路；西至通顺路；北至双埠头村与沟渠庄村交界处。总面积约500公顷（约7500亩，与沟渠庄村土地分划不明显）。其中乡镇面积约占1/6；企业、工厂、农场约占1/2；耕地约占1/3。乡村居住用地分布在该村中北部；企业多分布在该村西北侧；耕地多分布在该村东侧和西南侧；农业工厂企业分布于南侧和西侧。

（二）区位

1. 优势

（1）商业优势。地块临于通州区宋庄镇宋庄画家村及宋庄左右艺术区。北京市通州区宋庄镇文化创意产业和文化创意新村建设，一直是在北京市文化创意产业领导小组的领导、指导、关注、支持下发展的。宋庄镇正在加速建设宋庄原创艺术与卡通产业集聚区。这有利于双埠头村利用宋庄特有文化艺术资源和诸多相关优势，大力发展文化创意产业，建设文化创意新村。

（2）交通优势。公路发达，地块西侧紧邻通顺路，连通朝阳北路及京榆旧线；东侧邻近六环路；双沟路贯穿乡村，连通徐尹路，通3路公交车设有站点，该村连通城镇便捷迅速。

（3）基础设施优势。基础设施完善，有卫生服务站，幼儿园，小学，中学，市场，超市。

（4）农业优势。耕地集中，临近河流，灌溉丰富，有大队组织的农业企业。

2. 劣势

（1）耕地分布阻隔该村通向城镇中心的捷径；

（2）无集中性的第二产业；

（3）没有进行城镇化建设。

二、问卷分析

（一）被访者信息

1. 年龄

问卷共60份，被访者的年龄和人数如表1所示。

表1　　被访者的年龄和人数

18岁及以下	19~29岁	30~39岁	40~49岁	50~59岁	60岁以上	合计
0人	7人	12人	16人	19人	6人	60人

可见青壮年以外来务工人员居多，因是非京郊农户，所以受访的外来人员不做统计，故被访者以中老年人居多。该村非老龄化严重，青壮年多在上学阶段或进县城市里从业务工。可见在村内打工做生意的青壮年，多为外来务工人员。由可采访对象得出，该村青年受教育水平不低（18岁以下的大都在上学）。

2. 受教育程度

受教育程度和人数如表2所示。

表2　　受访者的受教育程度

小学以下	初中	高中、技校	大专及以上	合计
9人	25人	12人	14人	60人

被访者中，受教育程度在小学以下的都是年龄很大的。该村受教育程度与年龄呈反比趋势，人越年轻，受教育程度越高。该村总体的受教育水平不低，50~59岁年龄段的高中生比例不少。20世纪50年代中期军队曾在此驻扎，可能与之有影响。据了解，青少年多处于上学阶段，少有辍学务工现象。该村居民重视教育，可能是受历史因素影响有很好的意识形态。目前，该村教育基础建设相对全面。

3. 2012年总纯收入状况

该村大部分是一般农户。家庭收入主要来自于打工收入和做生意，其次是农业。另外，出租房子也是主要收入来源之一。该村2012年总纯收入状况为在调查的60人中，5000元以下的没有，5001~10000元的为2人，10001~20000元的为17人，20001~50000元的为38人，50001元及以上的为3人。总体来看，此村的生活水平普遍达到了小康水平，人民生活水平普遍较高。

（二）农民从业基本情况

1. 从业地区

双埠头村村民的主要从业地区为乡内从业，其次是乡外区内从业，再次是区外市内从业。而到外省从业人员和境外务工根本没有（见表3）。据了解，双埠头村内有多家大型乡镇企业，也有村大队兴办的企业，故乡内从业人员颇多。由此可见，该村经济建设方面非常好，也颇有成效。

表3　　　　从业地区分布状况

乡内从业	乡外区内	区外市内	外省	境外务工	合计
32人	21人	7人	0人	0人	60人

2. 从业之前有无接受过培训

表4　　　　接受培训状况

是	否	从未听说	合计
35人	12人	0人	47人

该村人口在从业之前大多数接受过培训，如表4所示。除已退休、个体或赋闲人员外，大多数从业人员都接受过培训，且未接受培训人员大都是中老年人。青年就业上岗基本都接受过培训。村办企业对本村人员培训欠佳。政府对该村从业方面的培训职能还有待提高。

3. 五险一金

表5　　　　有无五险一金状况

是	否	从未听说	合计
29人	18人	0人	47人

据进一步了解，受访者多数在正规企业上班，五险是一定有的；而一金因企业规模大小和该人员从事岗位而定，有些是没有的。

其他方面，我们调查中发现，该村农民没有食利、股票、股份等资产性收入；主要收入来源为非农打工收入和房租资产收益；就业途径主要是熟人介绍，其次是自主就业，比如毕业后进国企。外出从业方向回流情况根本不存在。从业因素主要受自身素质的影响比较大，政府支持因素起的作用几乎没有（除听说大队曾经兴办的养鸡场外）。为了增加农民就业率，政府应该加大投入，推进城乡统筹就业，构建城乡一体就业管理服务体系，按照统筹城乡经济社会发展的要求，将政府促进就业的管理体系、公共就业服务体系、就业培训体系由城市向农村延伸覆盖，全面落实城乡一体的劳动就业公共服务政策。比如建立就业机构培训服务中心，大力发展乡镇企业等，扩大农民的就业面。

三、案例分析

我们的调查小组具体查访了一户村民，深入了解了该户家庭人员的从业等情况。

基本人员：夫妻二人，两个女儿（已婚，不在村内居住，但经常回来）。

从业状况：夫妻二人均无工作，不定期做些小生意；一个女儿为自由职业者，另一个女儿为大型国企职工。

收入状况：夫妻二人有补助，不多，务农有少量所得，其主要经济来源为房租收入；两个女儿中在国企工作的有稳定的收入，另一个自由职业者的收入不固定。

农民每户都有一定的耕地，可务农，但那大都已不是主要收入来源。

拿受调访的老夫妻来看，他们没有工作，年龄大，偶尔会做一些小生意（卖羊肉串），有大队给的微量补贴。他们的主要收入来源就是房租。

由此发现一个很重要的现状：该村现有大量外来人员，这种状况在十年前还没有或不明显。这一现状对该村的从业状况带来了重大影响。在外来人员进入之前，房租这一项收入来源几乎没有。该村村民以积极的态度争取就业。但现如今，房租收入使得村民生活得到很大改善，生活水平与质量得到很大提高，生存压力减小，村民的就业态度也有所转变。大部分都闲散在家，偶尔做些小生意。当然，这里的村民是专指那些年龄比较大的，文化素质较低的及无一技之长的。

大量外来人员来该村的目的有来此建厂的，来此经营小生意的，来京务工的等。他们是此地区经济发展的重要表现。

外来人员的注入对该村年轻人的就业状况影响不大。拿受访的老夫妻的女儿举例。她们受到高水平教育，外出在市内或区里自主就业。在国企（同仁堂）上班的女儿大学毕业后就自主找到了工作，月薪可观，保险完善，各种奖励丰厚。而自由职业的，收入并不固定，但月均下来也是相当可观的，而且工作压力不大，也是兴趣所向。

这是该村年轻人典型的从业方式。有进企业的，也有自己单干的。他们多不在村内居住，但住的也不远，经常回家吃饭！

一些没有技术、没有文化的中年人曾经做一些体力活，现如今部分赋闲在家，以房租救济等为生；部分就业积极者会四处打零工或在村内的一些企业内打工（多为体力活）。

由案例及深入调查可见，外来人员及外来资金，对该村的经济结构带来重大的积极影响。而同时，也对本村人员的就业心态带来了不小的负面影响。

此外，该村的文化活动非常少，在文化方面的投入也非常少。这并不符合社会主义精神文明建设的大政方针。村内几乎不举办文化类的活动。这不利于提高村民在双埠头村利用宋庄特有文化艺术资源和诸多相关优势，大力发展文化创意产业，建设文化创意新村的积极性。

四、调查总结

总结问卷调查，该村具有以下问题：

（1）农村劳动力数量仍然庞大，剩余劳动力总量仍在日益增加；

（2）农村劳动力整体素质仍较低下，制约了向非农产业的转移；

（3）“有人无事做，有事无人做”的结构性矛盾十分突出，不合理的产业结构在总量上制约着农业劳动力的转移水平；

（4）城镇化进程缓慢，制约了农村劳动力资源优化配置空间；

（5）年轻劳动力流出；

（6）外来资金与劳动力影响就业心态。

根据调查，我们小组有如下的建议：

（1）村大队应多关注村内文化精神文明建设，丰富村民的精神生活；

（2）村中应建设健身娱乐设施，适当增添人们的业余生活；

（3）通过组织宣传教育，提高闲散人员的从业积极性；

（4）通过多种渠道（政府人员上门、网络等）为村民提供就业信息；

（5）大力发展第二产业，使第二产业成为农村劳动力转移的主要产业流向；

（6）强化教育，提高农村劳动力素质，加强对农村劳动力的技能培训；

（7）完善就业服务，解决劳动力的供需衔接；

（8）建立城乡统一的就业服务体系；改革农村集体资产管理体制。

另外，就双埠头村来说，我们认为外来人员的生活现状也是值得调查的问题。

通过这次的问卷调查，我们深入了解了双埠头村的从业状况，同时也了解到一些京郊农民的从业状况及农户家庭的一些情况。我们学会了如何与他人更好地交流与沟通。重要的是，我们学到在大学汲取知识的同时，要学以致用。将理论与实践相结合，接触社会上实际的东西，而不是停留在纯粹的理论上。总的说来，在我们的调查中遇到过困难、尴尬的事情，但我们都一一克服了。在此次调查中我也认识到了团结就是力量，团队的力量之强大，是不可战胜的。我们也学到了许多东西，如团队间交际沟通的能力，团队协作的能力等。总之，这次的问卷调查，丰富了我们的思想，对我们是意义非凡的一次体验。最后，我希望能够有更多的优秀的公务人员积极投身于我们的基层建设中去，身为学经济的学生，我们会更加努力地学好经济知识，希望自己的所学能够为人民服务。

（指导教师：李淑文）

关于“京郊农民从业状况”通州区永顺镇邓家窑村的报告

调查时间：2011 年 7 月 1 日至 2013 年 9 月 1 日
调查地点：北京市通州区永顺镇邓家窑村
调查目的：京郊农民从业状况
调查对象：邓家窑村村民
调查方法：问卷调查法、访问法、观察法
调查人员：梁艺怀　杨娇　半阳
调查分工：小组全体成员共同发放问卷，整理资料和撰写调查报告

前言

邓家窑村地处北京市通州区永顺镇，属于城乡结合部，村民既有别于普通的农民，又不同于城市居民。邓家窑地区已被城市化所覆盖，土地的征占成为当地农民改变谋生手段的主要原因。本次课题，我们课题组成员践行了思想政治理论，思想政治理论贯穿了我们三年实践活动始末。在实践过程中，我们以马克思主义科学理论为思想指导，以此来发现当代大学生的真正历史使命，领悟人生真谛，创造人生价值。本次实践活动，我们始终坚持走群众路线，坚持群众思想，以全心全意为人民服务的思想为京郊农民从业贡献出自己的一份力量。本课题的研究既具有很强的探索性，也具有很强的针对性与创新性。我们课题组成员希望自己的努力可以对京郊农民，主要是邓家窑村的农民的从业现状有所助益。

一、调查背景

随着社会的发展，城市化进程不断加快，农民的农用耕地通过征收或征

用变成城镇建设用地的面积不断增加，速度不断加快。据统计，目前全国失地农民总数估计在4000万~5000万人，每年还要新增300多万人。邓家窑村村民是典型的失地农民。农用耕地转化为非农用地是社会发展必然要经过的过程，失地农民的出现是必然现象，不可避免。因此只有妥善安置失地农民才能加快城市化进程。

随着城市化的发展涌现出的失地农民备受社会关注。失地农民失去土地后虽然具有农民身份，却失去了原来享有的土地使用权、承包权、经营决策权。土地作为农民赖以生存的生产资料，是农民最基本的生活保障，农民失去土地，不仅意味着农民失去生活来源，而且意味着农民失去了主要的收入来源，生活保障降低，农民只有另谋出路才能提高自己的生活水平。失地农民的从业状况如何，这是一个社会热点问题，本小组将围绕京郊失地农民从业状况展开调研。

二、调查对象

本次实践调查的对象是京郊农民，以邓家窑村为主，该村在北京城市化进程中大部分农民用地被非农占用。

邓家窑村隶属于北京市通州区永顺镇，该村东至邓家窑村住宅楼及北京物资学院；西至规划路；南至朝阳北路；北至小汤沟。该村所处的地理位置决定了其在城市化进程中大量农用土地被非农占用。该村总占地面积39.96公顷（约599.4亩），在城市化进程中大部分农用土地分别被用于修路、商业建筑、住宅、公建用地等。故我们以邓家窑村为京郊农民从业状况调查的对象。

三、课题目标

本课题的研究对象是邓家窑村村民；研究重点是邓家窑村农民从业的有效措施；研究目的是从不同视角阐述邓家窑村农民从业的现状，分析引起邓家窑村农民不能充分就业的原因，因地制宜，有针对性地提出使邓家窑村农民充分就业的措施，从而实现邓家窑村的可持续发展。

四、研究意义

近年来，随着我国城市化进程的加快，农用土地被大量征用，失地农民处于城市与农村之间，出现种植无地，就业无岗，低保无份的社会现象，这将严重影响我国经济发展，阻碍实现全面小康目标的实现，由此可见对失地农民从业状况的研究具有重要的现实意义。

五、课题亮点

（一）课题持续三年跟踪走访调查

从2011年7月至2013年9月，我们实践课题小组跟踪走访邓家窑村已有三年，这三年间，我们见证了邓家窑村三年来的发展历程，最初印象中那个京郊贫困村现已有了很多变化。课题全面推进、层层深入，这样的见证历程让我们更深刻地了解到了京郊农民从业状况，为邓家窑村的发展提供更加有利的对策。三年的持续调查确保了课题的质量与效果。

（二）主题鲜明，关注点是当今社会的热点问题

课题选取了当今社会关注的热点问题，我们将农业问题和就业问题相结合，客观地去发现社会存在的问题，并从中思考解决之道。

（三）深入基层，坚持群众观点和群众路线

课题组成员三年来深入到邓家窑村的群众中，近距离地与村民接触，让我们得到了很大的锻炼，也通过发现问题、分析问题来解决问题。这也让我们深知人民群众是社会历史发展的主体，人民群众是物质财富的缔造者，也是精神财富的创造者，深入群众，树立全心全意为人民群众服务的精神。

（四）理论联系实践，实践是检验真理的唯一标准

“纸上得来终觉浅，绝知此事要躬行”。我们学习到了很多书本上学不到的知识，并且在实践过程中把所学的专业知识与实践相结合，在实践中升华理论，更加深刻地理解了书本上的知识，为今后发展奠定基础。

（五）在社会实践中创造人生价值，明确当代大学生的社会责任

身为大学生的我们，身负建设中国特色社会主义、实现中华民族伟大复兴的历史使命。当面临农民的就业问题时，我们要在现实的基础上迎接挑战，深入地思考，尽自己所能地去接触社会问题，并提出解决之道。从实践中得到历练和考验，以此来创造人生价值。

（六）各方面能力得到提升

在实践中，大家集思广益，分工合作，使得自身各方面能力得以提升。例如，如何与政府、村委会人员沟通，如何进行个人专访，如何与村民近距离交流，如何使项目顺利进行，如何去发现、分析、解决社会问题，如何进行数据采集、数据分析，甚至是如何撰写实践报告等。这三年的时间里，课题组成员之间团结互助，取长补短，也收获了深厚的友谊。

六、研究方法

此次调研我们通过讨论分析、查阅国家图书馆资料、问卷、走访基层、个人专访、趋势图等将文献法、调查问卷法、典型案例分析法、比较分析法、数据分析法等研究方法综合运用到我们此次课题研究中。

七、调查问卷分析

此次课题组调查选择了京郊农民作为调查对象。三年间每年发放调查问卷150份，收回有效问卷120份，我小组成员尽量保证不出现废卷、问题卷等，保证研究数据的真实性、可靠性、科学性。

下面是课题问卷分析：

在2011年至2013年间，我课题组在邓家窑村连续三年针对京郊农民从业状况进行了较为详细的跟踪走访调查。在选取调查对象时，我课题组主要针对19～59岁的有能力工作的青壮年进行调查，由于女性大部分在55岁退休，因此我课题组在50～59岁年龄段选择的人数少于其他三个年龄段，以确保数据的科学性。在19～29岁年龄段，我组连续三年基本都选择在男女各20

位左右，30～39 岁我课题组选择了 15～20 位，40～49 岁年龄段相比之下，男性较多于女性，分别在 10～20 位和 10 位左右的范围。

调查样本显示，邓家窑村 86% 的农民学历都在初中及以上，剩下的 14% 的人也认识大量汉字，文盲现象在邓家窑村基本没有。高中、技校、中专所占比例最大，三年平均比例为 36.11%，其次是初中学历和大专及以上学历。但是大专及以上受过高等教育的人数在三年内并且呈上升趋势，大专及以上受过高等教育的人数所占比例在未来可能将超越高中、技校、中专比例。在 2013 年的调查中，大专及以上学历明显多于前两年。

如图 1 所示，在年总纯收入状况中，其年总收入客观，达到了小康水平。根据抽样结果显示，男性年总纯收入高于女性。男性年总收入集中在 1 万～5 万，5 万元以上约占 6.67%，5 千元以下三年年均占 2.69%，女性较男性年收入水平则低了不少，大致集中在 5 千～2 万元。2 万～5 万元及 5 万元以上约占 10%，5 千元以下在 2011 年占 7.78%。邓家窑村无论男女，年总纯收入均在上升，三年的时间变化明显。

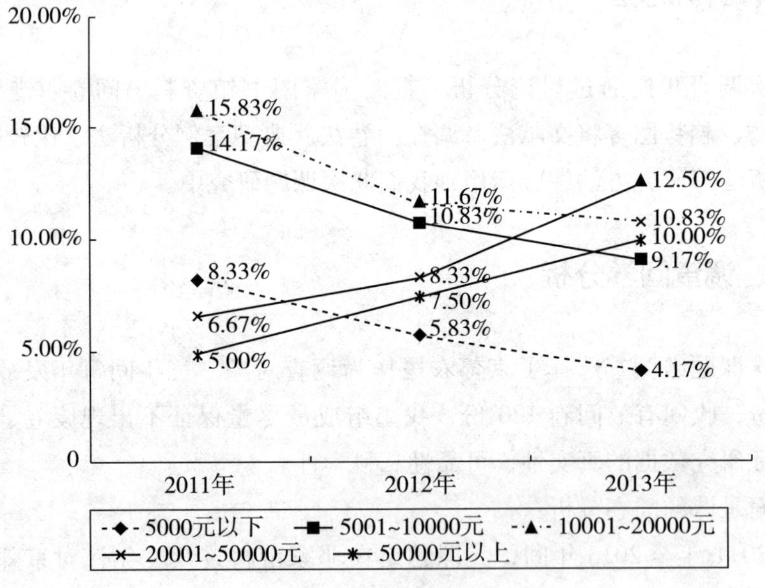

图 1　2011—2013 年年总纯收入状况

如图 2 所示，邓家窑村为典型的北京城镇化农村，该村家庭收入主要来自打工收入，有 58% 的家庭都是依靠打工收入生活，其次是做生意，另外会有少数老年家庭和低保家庭依靠社会保障金生活。养殖和种植只占极少数。通过调查发现，打工人数在逐年下降，而做生意的家庭上升趋势明显，这说明农民的自主创业精神在逐年提高，未来会有更多的家庭通过自营方式增加家庭收入，农民的生活将会更好。

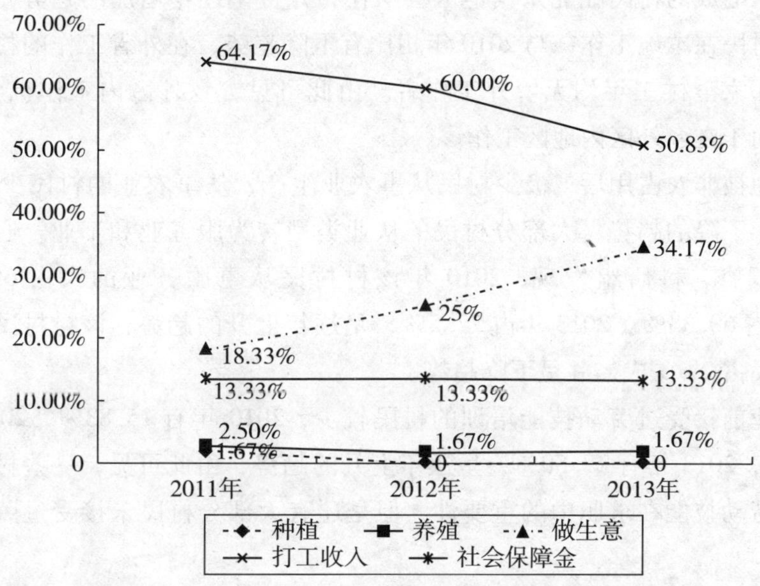

图2 2011—2013年家庭收入主要来源分布状况

邓家窑村的家庭负担情况主要都是多个劳动力养活多人，或是一个劳动力养活多人。一个劳动力养活一人和多个劳动力养活一人的比例相当。虽然多个劳动力养活多人的情况是邓家窑村的主要家庭负担方式，但是其与一个劳动力养活多人和多个劳动力养活一人的负担情况并没有相差很多。随着经济水平的上升，一养多的情况在下降，一养一和多养一的人数在上升。另外，邓家窑村老年家庭基本丧失劳动能力的人群年均约占6.39%。

在邓家窑村，农民从业类型较为单一，主要是外出从业，其中包括外出打工和外出非农自营等。其次，农民还有本地非农自营的方式和本地非农务工的方式从业。本地非农自营人数在逐年上升，本地非农务工的人数在逐年下降，外出从业人数基本不变。由于外出从业人员由于各方面原因，较为稳定在50%左右，一直处于最高位。

该村大部分人收入主要来自非农打工，三年年均比例为60.83%，但由于各方面原因，其呈现明显的下降趋势。其次是非农自营收入，继而是资产收益。从事农业生产的人约占3.06%。通过调查可知，农民自营意识越来越强，且通过资产收益增加收入的人数也在逐年上升。

有六七成的村民在北京其他区县工作，并且呈逐年增加的趋势，有大概三成的村民在本地工作，与2010年相比有下降趋势，在外省工作的村民仅有几位。邓家窑村三年均无境外工作者。由此可见，乡外区内工作机会更多，村民倾向于在乡外区内地区工作。

土地被非农占用后，极少村民从事农业生产，从事农业的村民少于5%，并呈逐年下降的趋势，大部分村民的从业类型转为服务业和工业。通过连续三年的调查，科研组发现，2010年该村村民从事服务业的人占65.83%，2012年占68.33%，2013年占72.5%，呈逐年上升的趋势，该村村民从事工业的村民占2~3成，并呈下降趋势。

就业前接受过劳动技能培训的村民较少，2010年有15.83%，2011年有23.33%，2013年有27.50%，呈逐年上升的趋势，由此可见，一些村民已经意识到劳动技能在求职中的重要性，但是还有大部分村民未接受过劳动技能培训。

农民主要就业途径有熟人介绍、职介机构、大批招考、自主就业、政府安置和网络等方式。大部分村民认为熟人介绍这种途径可信度较高，大约有20%的村民选择这种途径；相反，职介机构的可信度较低，大部分村民不愿相信职介机构，认为职介机构机制不健全容易上当受骗。职介机构的能力也受到了一定怀疑，其提供的岗位可能不能满足客户需要，因此该种途径就业率较低。通过大批招考就业的人越来越多，并呈逐年增长趋势。随着村民教育程度和劳动技能的不断提高，村民表示，通过大批招考可以选择一些技术含量较高的工作，工作待遇也比一般的工作好，有条件的村民都倾向于选择这种方式，这种方式是未来发展的趋势。通过政府安置就业的村民占极少数。

由表1可知，被调查者中签署劳动合同的人只有两到三成，只有个别人从未听说过劳动合同，其余的都未曾签署劳动合同。由此可见，村民法律知识匮乏，自我保护意识有待提高。

表 1　　2011—2013 年农民就业是否签有劳动合同情况统计

	有	无	从未听说
2011 年	25.83%	71.67%	2.50%
2012 年	29.17%	70.83%	0
2013 年	31.67%	68.33%	0

如图 3 所示，没有五险一金的村民占 85% 以上，有五险一金的村民极少，有五险一金的村民不断增加，2010—2013 年分别为 8.33%、9.17%、14.17%。导致这种现象的原因主要是一部分村民的职业类型主要是非农自营，自己就是小老板，没有五险一金。

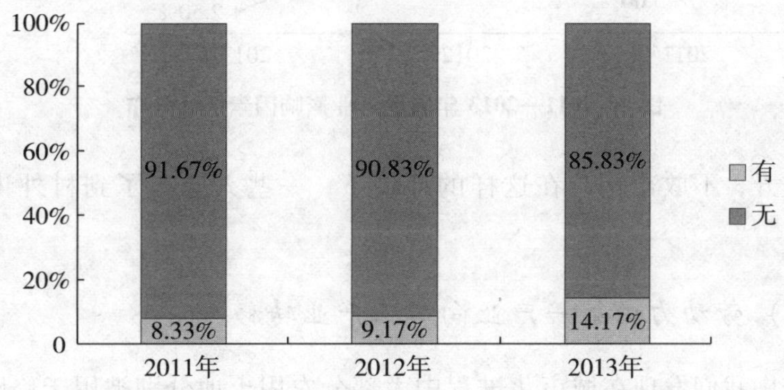

图 3　2011—2013 年农民就业是否签有五险一金情况统计

邓家窑村村民大部分都认为自身从业素质是影响从业的主要因素，其次，他们认为，政府的政策支持力度仍需加强，对于资金和信息这类客观因素该村村民认为对他们的从业的确有影响，但影响并不是特别大。另外，少数村民认为有其他因素影响了他们的从业。

八、邓家窑村农民从业状况现状分析

（一）村内农民大部分选择村外就业

据村民反映，邓家窑村拥有通州区最大的垃圾焚烧厂，一到晚上焚烧垃圾时，释放的气味很浓烈，从 2011 年的浓烟滚滚到现在的隐性排放气体，这样的环境对村民的身体健康无疑是一种危害。村民频频反映，一到晚上，窗

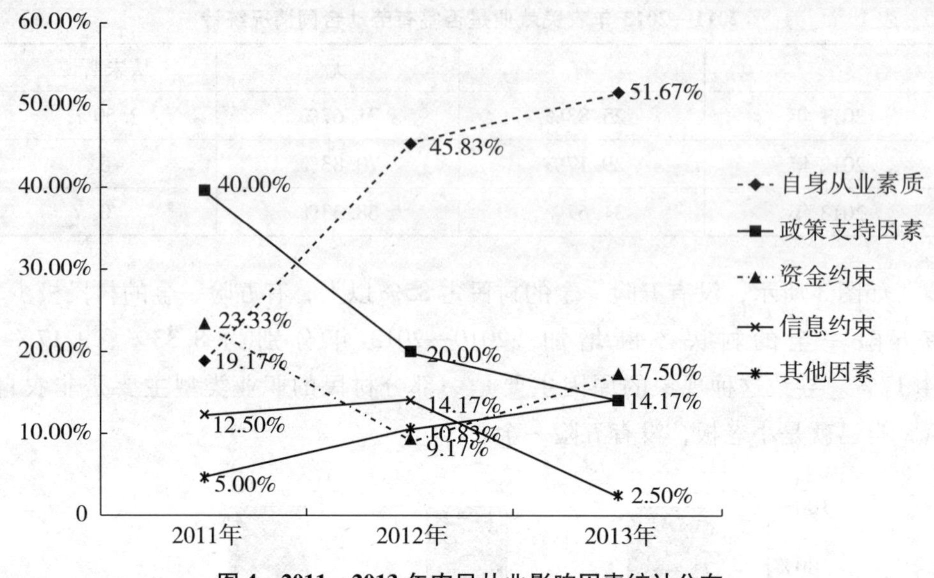

图4　2011—2013年农民从业影响因素统计分布

户都不敢开，不敢出门，在这样的环境下，一些人选择了到村外谋求就业岗位。

（二）劳动力由第一产业向二三产业转移

调查中我们发现在城市化进程中大部分农用土地分别被用于修路、商业建筑、住宅、公建用地等，以致在近几年，种植业已经不复存在，这样的演变刚好在2011—2012年进行，被我们所发现。农业的从业人员也融入到了工业和服务业行列。一位姓刘的被访者这样告诉我们：2013年51岁的他以种玉米和一些蔬菜为生，前几年土地被征用，现在在北京物资学院做一名花草维护工，一个月工资够糊口，像他这样年纪的农民很多，要么就是做保洁，要么就去拉“黑车”。

（三）村内工作岗位少、整体工资水平低

村内农民现今从事的主要工作有个体经营，如金属冶炼、汽车维修、杂货铺、餐饮，政府部门、物资学院等机构的后勤工作人员，开“黑车”等。一位开“黑车”被访者这样描述他的情况：有一天没一天的日子，收入很难说，生意好的那天可以赚个100多元，不好的那天，一个客人也没有，而且

由于现在开“黑车”的人也越来越多，有的甚至从外县市区过来，这样的生意实在难做。前几年主要的客户来自于北京物资学院的教师和学生，现在物资学院出台了政策，公职教师不得在校门口搭乘“黑车”更使这些司机少了不少客户来源，工资只能养家糊口，一年下来根本无盈余。这些劳动密集型产业在整个经济产业中工资水平普遍较低。

（四）农民缺乏劳动技能阻碍京郊农民再就业

现在京郊农民再就业的一个重要问题就是京郊农民很难适应产业升级以后新技术和新工艺的工作要求，出现了“有岗无人，有人无岗”的奇怪现象。农民缺乏劳动技能，就业不高，这是影响农民再就业的首要因素。

经过我们持续三年的调查发现，接受过劳动技能培训的农民只有极少部分。失地后就业困难，一些农民逐渐意识到劳动技能的重要性，参加技能培训学习，不断提高自身劳动技能。然而现在社会上大部分技能培训学校都在课堂上进行培训，培训内容较为笼统，农民学到的很多都是理论知识，实用性很低。此外，大部分技能培训学校没有根据京郊失地农民的实际情况有层次，有区别地开展培训，缺乏对京郊农民实践操作能力的锻炼，导致专业程度不够，针对性和实效性都很差，无法满足社会的需求，使接受培训的京郊失地农民与企业的用工需求对接不上，企业招不到合适的工人，京郊失地人员就业变得很困难。

（五）政府提供的就业平台有待完善

京郊农民失地后，政府对失地农民在就业方面给予了一定优惠政策等支持，但是政府提供的就业平台不够全面。首先政府提供的就业机会很少。京郊失地农民受教育程度普遍偏低，缺乏劳动技能，市场竞争力不强，使其就业难度大，然而政府提供的就业机会无法满足京郊失地农民的需求。其次政府提供的就业机会针对的对象单一。政府提供的就业岗位对劳动者的劳动技能要求不高，这部分岗位主要针对一些缺乏劳动技能的农民，政府未关注一些受教育程度高，具有劳动技能的失地农民，未提供与其相适应的就业机会。京郊失地农民是一个特殊的群体，政府应给予其更多的关注。

（六）农民教育程度偏低是影响就业的重要因素

京郊农民拥有农用土地时种植农作物是他们主要的收入来源，每天过着日出而作，日落而息的生活，受教育程度普遍偏低，文化程度不高。经过我们持续三年的关注发现邓家窑村86%的农民学历都在初中及以上，剩下的14%的人也认识大量汉字，文盲现象在邓家窑村并未出现。高中、技校、中专人数最多，三年平均人数为43位，其次是初中学历和大专及以上学历，三年平均人数均为31位。但是大专及以上高学历的人数在三年内波动幅度很大。虽然大专及以上学历明显多于前两年，但是接受高等教育的村民少，以至于一些京郊农民无法进入一些高新科技行业就业。因此农民受教育程度普遍偏低，普遍缺乏应对市场竞争的能力，导致再就业难度不断加大。

九、关于京郊农民从业状况的思考和建议

（一）完善社会保障制度，让农民从业无后顾之忧

邓家窑村以中老年人口为主，老龄化较为严重，这些老人普遍学历较低，且征地之前长期从事农业生产，失地后，由于年龄和缺乏劳动技能等原因只能闲置在家，又无退休养老金等，只得靠股权收益每月600元生活是无法维持的，生活得不到保障，这样给家庭带来了巨大的压力，所以完善社会保障制度刻不容缓。政府应通过多方面作用为劳动力再生产提供物质保障；通过对劳动者收入的保障和医疗保险，使劳动者的劳动能力获得恢复和再生产；通过对失业和生活困难者提供生活保障，保护这部分劳动者，为其再就业创造条件；通过对劳动者家属后代的保障，为新一代劳动力提供物质保证等等。

（二）政府应注重农民工作、生活环境质量问题，垃圾焚烧厂的气体排放做到无毒、无害、无污染

垃圾焚烧厂垃圾焚烧的诸多弊端已成为邓家窑农民的心头大患，晚上睡觉，经常被呛醒这一现状实在让人无法忍受，有时根本不敢开窗，甚至满屋子弥漫着臭味，焚烧过程中产生的“二噁英”问题更是对身体产生巨大毒害。这样的现状就要求政府在规划时应严格把关，坚持可持续发展战略。例如限制每天气体排放量、空气质量监控和实行民意调查反馈意见等，使这一问题得以真切地落实。

（三）村集体经济组织的发展是失地农民就业的重要途径

国家征用土地时，应在规划区内留出一定数量土地返回给村集体，由村集体经济组织开发、经营，安置失地农民就业；在村民自愿的前提下，允许村集体利用征地补偿费作为发展基金，大力发展劳动密集型的行业和产业。同时，政府应制定扶持政策和创造条件，帮助这些集体企业快速成长。根据邓家窑调查状况，可行的措施在于利用每年的3000亩集体收入建立社会保障基金，利用保障基金为农民筹集资金，促进更多有劳动能力的村民就业。

（四）拓宽就业渠道，实现农民充分就业

加快乡镇区域经济发展，创造更多的就业岗位，实现京郊失地农民充分就业。可以通过以下几个方式拓宽就业渠道：第一，鼓励自主创业，从事个体经营等，自谋职业；第二，加快工业集中发展区建设，中小企业等工业企业加大对农民劳动力吸纳能力；第三，建立各级各部门结对帮扶失地农民就业制度，落实年度目标任务；第四，建立市场，吸纳劳动力强的商贸、市场、物流等服务业；第五，积极开发保洁、保绿等岗位，促进劳动技能较低和无就业家庭的就业。

（五）加强就业技能培训，提高劳动技能

失地农民应努力提升自我的思想素质、文化素质、职业技能和创业能力，增强竞争力。一方面，京郊农民应重视高等教育，知识能改变命运，使其在激烈的竞争中立于不败之地；另一方面，失地农民要参加职业技能培训，掌握至少一种或多种非农劳动技能，解决再就业问题。

农民在选择技能培训学校时，应该选择符合自己实际情况的职业技术培训学校。这样的职业技能学校为农民设计了有层次、有区别的职业技能培训，为其提供一个实践的机会，大力开展素质培训、技能培训和岗位培训，规范培训管理，注重培训质量，加强职业技能鉴定工作，最大限度地提高农民的竞争力。

（六）转变就业观念，提高劳动积极性

转变京郊失地农民传统的思想意识观念，加强和改善农村教育非常重要。

大多数京郊失地农民观念普遍陈旧，就业意识普遍较差，这严重影响其就业水平。农民应该转变其传统的思想意识，将其散漫的小农意识转变为适应社会化大生产的纪律性、组织性强的现代企业管理意识。

转变就业观念，要做到以下几点：第一，加强农民思想道德、法制观念教育；第二，摒弃和改造乡土文化，引导农民树立现代化思想观念；第三，统筹发展农村基础教育、职业教育、继续教育。

结语

农民问题是“三农”问题的核心，其表现为农民收入低，增收难等，促进京郊农民就业是解决京郊农民问题的关键所在。通过三年的跟踪走访调查、持续研究，我们找到了解决之道。通过课题组的努力，希望能促进邓家窑村农民就业，提高农民的生活水平，为全面建设小康社会贡献我们的绵薄之力。

附录

京郊农民从业状况调查——以邓家窑村为例的调查问卷

您好！

我们想通过这份问卷，了解您的从业状况。我们承诺：本次调查信息仅用于科学研究。您的回答无对错之分，我们将对信息保密。我们需要您的真实答案，谢谢您的真诚合作！

1. 性别

A. 男　　B. 女

2. 您的年龄

A. 18 岁及以下　　B. 19～49 岁　　C. 50～60 岁　　D. 60 岁以上

3. 受教育程度

A. 小学以下　　B. 初中

C. 高中、技校、中专　　D. 大专及以上

4. 您家去年收入（单位：元）状况

A. 5000 元及以下　　B. 5001～20000 元

C. 20001 ~ 50000 元　　D. 50001 元及以上

5. 家庭收入最主要来自

A. 种植　　B. 养殖

C. 个体经营　　D. 工资性收入

E. 其他

6. 家庭负担情况

A. 一个劳动力养活一人　　B. 多个劳动力养活一人

C. 一个劳动力养活多人　　D. 家里基本丧失劳动能力

E. 多个劳动力养活多人

7. 您的从业类型

A. 本地从事农业生产　　B. 本地非农自营

C. 本地非农务工　　D. 外出从业

8. 您的从业地区

A. 乡（镇）内从业　　B. 乡（镇）外区内

C. 区外市内　　D. 外省

E. 境外务工

9. 您的非农自营收入包括

A. 农家乐收入　　B. 私营企业经营收入

C. 自由职业收入　　D. 个体经营收入

10. 您从业之前是否接受过劳动技能培训

A. 是　　B. 否

11. 您接受过的劳动技术培训类型、时间

A. 农业技术培训　　B. 工业技术培训

C. 服务业技术培训

D. 接受培训的时间＿＿＿＿＿＿＿＿＿＿＿＿（请填写）

12. 您通过什么途径就业

A. 熟人介绍　　B. 职介机构介绍

C. 大批招考　　D. 自主就业

E. 网络　　F. 政府安置

13. 劳动合同情况

A. 有　　B. 无　　C. 从未听说

14. 是否有“五险一金”

A. 有　　　　　　B. 无

15. 从业影响因素

A. 自身从业素质　　　　　　B. 政策支持因素

C. 资金约束　　　　　　　　D. 信息约束

E. 其他＿＿＿＿＿＿＿＿＿＿（请填写）

16. 未来从业意向＿＿＿＿＿＿＿＿＿＿＿＿＿＿＿＿＿＿＿＿＿＿＿＿

（指导教师：李淑文）

第五篇

其他问题的调研

通州区超市消防安全情况调查报告

调查时间：2013 年 3 月 25 日

调查地点：世纪华联、京客隆、欧尚、大悦城

调查目的：了解超市消防安全情况、顾客以及超市工作人员消防安全意识

调查对象：消防设施、顾客、员工

调查方法：问卷调查法、实地观察法

调查人员：马宇彤　张雨桐　徐楚凌　杨雨菡　刘易雪龙　闫煜哲

调查分工：张雨桐、徐楚凌、马宇彤负责实地考察

杨雨菡负责 PPT 制作

刘易雪龙、闫煜哲负责调查问卷制作

张雨桐、马宇彤负责调查报告撰写

一、引言

2004 年 8 月 1 日，位于南美洲的巴拉圭首都亚松森市中心的一家大型超市发生火灾，造成 504 人死亡。2012 年 2 月 20 日下午 6 时 10 分，湖南省邵阳市区宝庆路湘贵建材市场突发大火，此次大火造成上千万元的损失。2012 年 12 月 18 日 14 时许，湖南省新化县立新桥街国泰家电超市发生大火，大火烧了近 4 个小时才被扑灭，该超市全部烧毁，损失超千万元。通过以上例子我们不难发现，近年来随着经济不断发展，人们的消费水平日益提高，各大超市的数量亦随之增多，但与此同时所出现的安全隐患不得不为人们敲响警钟。目前，我国超市正向着大型化、多功能化、综合化发展，占用建筑物几个楼层、建筑面积数千甚至上万平方米，高空间、大跨度的大型超市数量也在不断增加，一旦发生火灾，火势迅速蔓延，人员疏散困难，产生大量的有

毒气体和烟气，极易造成重大财产损失和群死群伤恶性后果。因此，加强超市的消防安全工作显得十分重要。

二、调查情况

小组在本次调查中发现世纪华联只有一个“禁止吸烟”的警示标语，4个消火栓，4处应急照明灯，2个灭火器，2个安全出口，并无逃生通道与逃生路线图。

京客隆情况更糟，仅1个逃生通道，并被堆满杂物，1个灭火器，3个安全出口，7处逃生路线指示标，并无应急照明灯、消火栓等消防设备。

欧尚4处警示标语，一个逃生通道，4个灭火器，2个安全出口，超市并没有设置消火栓，应急照明灯，逃生路线图。

大悦城共3个警示标，4处消火栓，1个逃生通道，有不同程度的货物堆积，8处逃生路线指示标，3个灭火器，3个安全出口（见图1）。

由此可得，超市中应急照明灯的设置较少，如果发生火灾，遇到断电的突发情况顾客容易在逃生中发生踩踏事故，造成人员伤亡。超市中的指示路线较少，一旦发生火灾顾客将无法逃生。消火栓较少的情况突显了超市防火意识淡薄。

此次问卷调查显示87%的员工曾留意超市中报警器的位置，而13%的员工并未注意过报警器的位置（见图2）。58%的顾客曾留意超市中报警器的位置，而42%的顾客并未留意超市中报警器的位置（见图3）。由此说明，员工

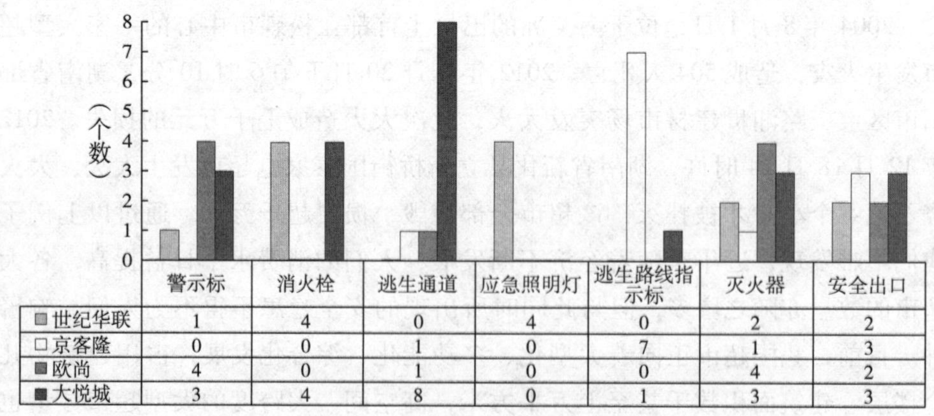

	警示标	消火栓	逃生通道	应急照明灯	逃生路线指示标	灭火器	安全出口
世纪华联	1	4	0	4	0	2	2
京客隆	0	0	1	0	7	1	3
欧尚	4	0	1	0	0	4	2
大悦城	3	4	8	0	1	3	3

图1 消防设备调查情况

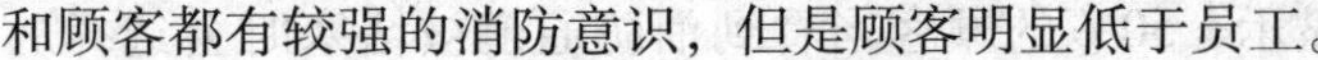

和顾客都有较强的消防意识，但是顾客明显低于员工。

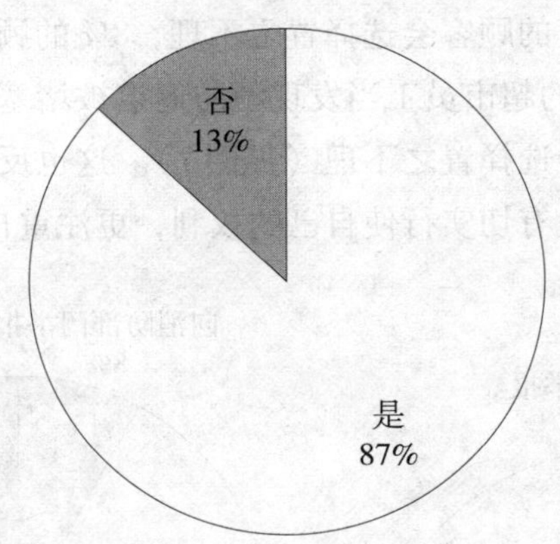

图 2　员工是否留意超市中报警器的位置

问卷结果显示，当看到灭火装置受到损失后 88% 的员工会选择通知超市管理人员，12% 的员工会选择置之不理，没有人选择向消防部门举报（见图 4）。在随机访问中发现，当员工所负责的地点灭火装置受损后不上报，会受到有关管理部门的处罚。对于顾客而言，50% 的顾客会选择通知超市管理人员，50% 的顾客会选择置之不理，没有顾客选择向消防部门举报（见图 5）。虽然顾客有较强的防火意识但是只是看表面，没有去了解具体防火细节，为火灾的发生后的伤亡埋下了隐患。

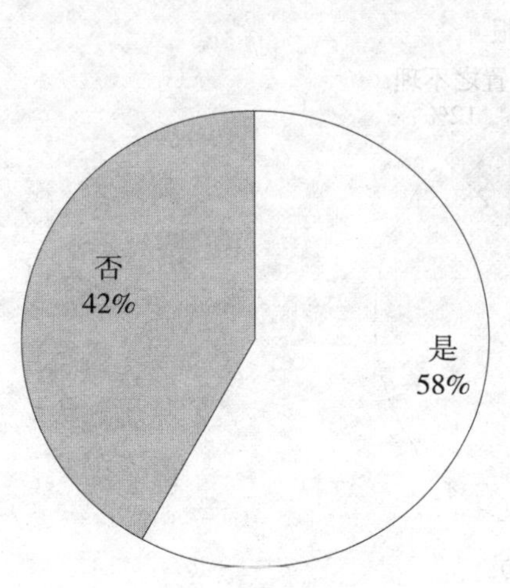

图 3　顾客是否留意超市中报警器的位置

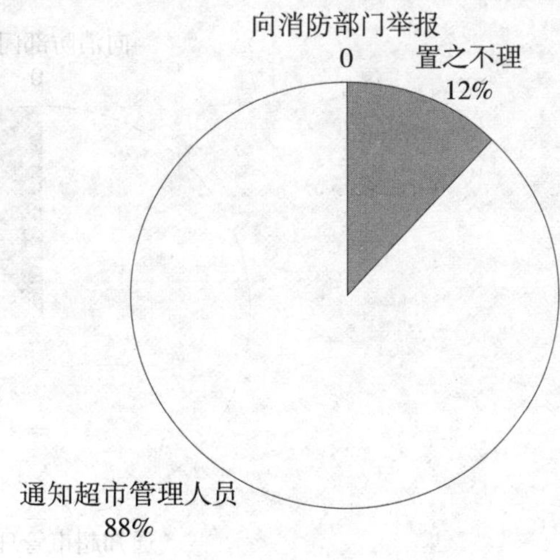

图 4　员工看到灭火装置受损后的反应

根据调查问卷结果显示，50%的顾客当看到消防通道被堵塞时会选择通知超市管理人员，42%的顾客会选择置之不理，8%的顾客会选择向消防部门举报（见图6）。88%的超市员工当发现消防通道被堵塞时会选择通知超市管理人员，12%的员工会选择置之不理（见图7）。这也反映出顾客对于防火方面只是注重表象，而没有切实行使自己的权利，更注重自身安全。

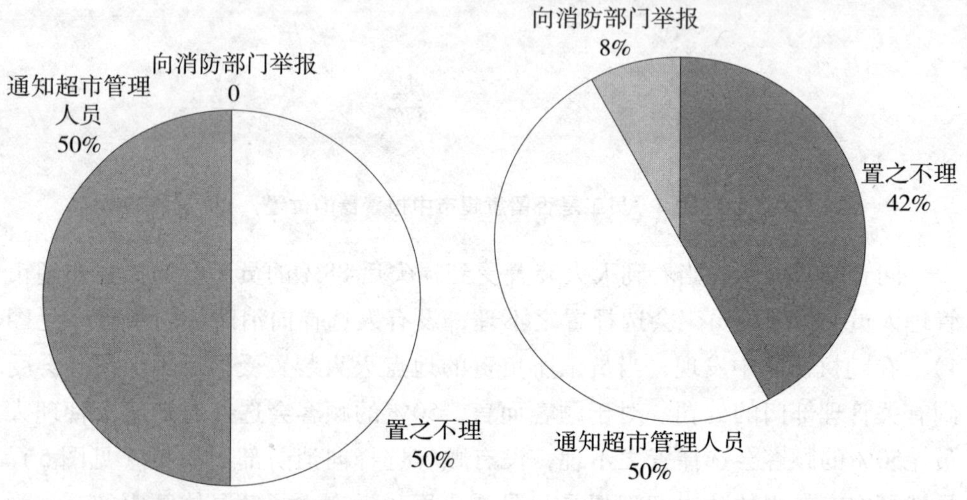

图5　顾客看到灭火装置受损后的反应　　**图6　顾客看到消防通道被堵塞的反应**

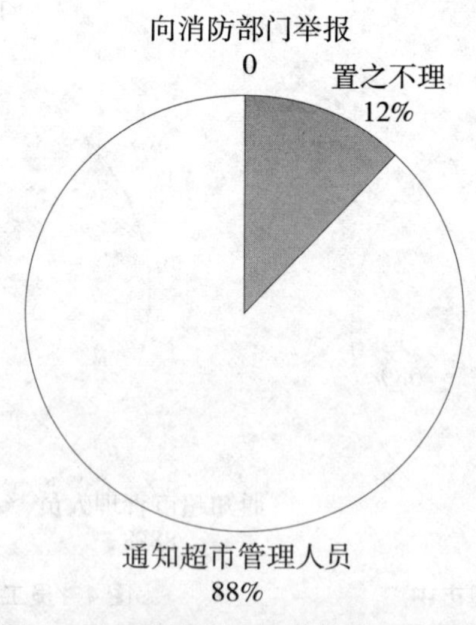

图7　员工看到消防通道被堵塞的反应

根据调查问卷结果显示，83%的顾客认为在商场吸烟应给予处罚，17%的顾客认为不应给予处罚（见图8）。而全部员工认为应给予处罚（见图9）。

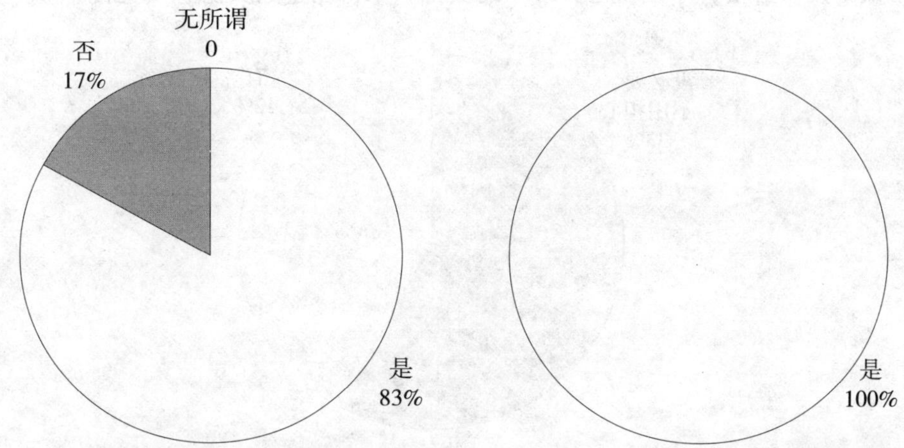

图8　顾客在商场吸烟是否应给予处罚　　图9　员工在商场吸烟是否应给予处罚

根据调查问卷结果显示，73%的顾客会正确使用灭火器，27%的顾客认为当看到说明时应该会使用，没有顾客不会正确使用灭火器（见图10）。87%的员工会正确使用灭火器，13%的员工认为当看到说明时应该会使用，没有员工不会正确使用灭火器（见图11）。

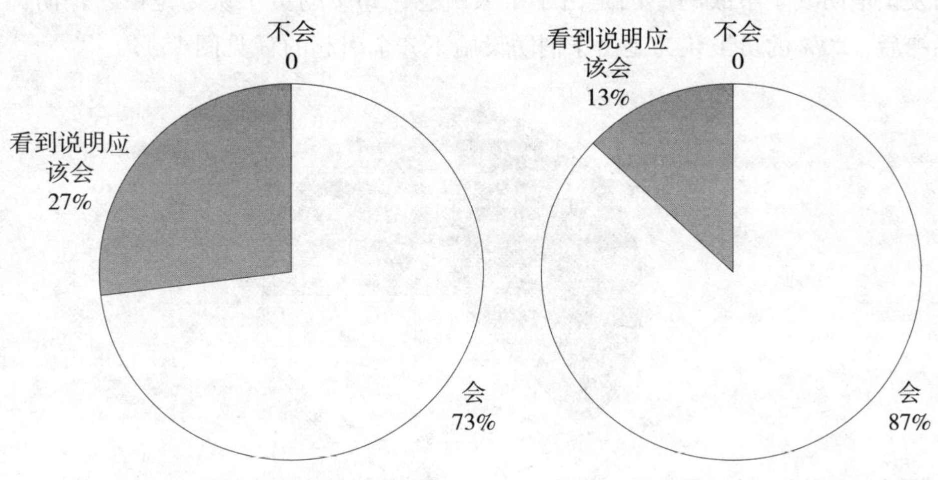

图10　顾客是否会正确使用灭火器　　图11　员工是否会正确使用灭火器

调查问卷结果显示，42%的顾客在购物时会警惕有可能发生的火灾隐患，

33%的顾客认为没必要，不用担心，25%的顾客从未警惕过有可能发生的火灾隐患（见图12）。25%的员工在超市工作时警惕有可能发生的火灾隐患，38%的员工认为没有必要，不用担心，37%的员工从未警惕过火灾隐患（见图13）。

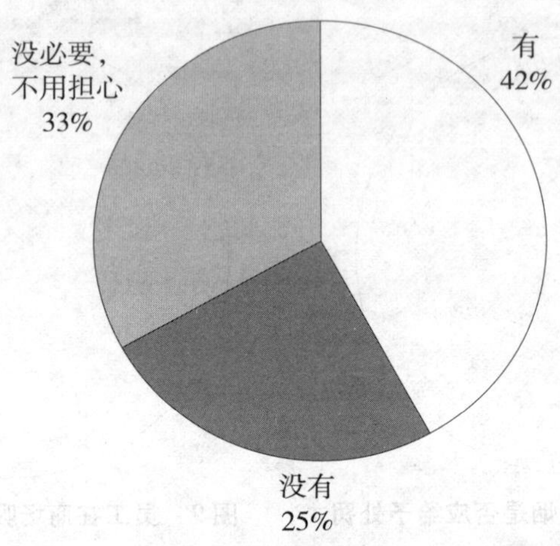

图12　顾客在超市购物时是否警惕过有可能发生的火灾隐患

据调查问卷结果显示，62%的顾客认为发生火灾的原因是由于个人疏忽导致的，15%的顾客认为是消防体系滞后所导致的，15%的顾客认为是由于消防设施不齐全，8%的顾客认为是由于反应滞后（见图14）。60%的员工认为发生消防安全事故的原因是由于个人疏忽，20%的员工认为是由于消防体系滞后，20%的员工认为是由于消防设施不齐全引起的（见图15）。

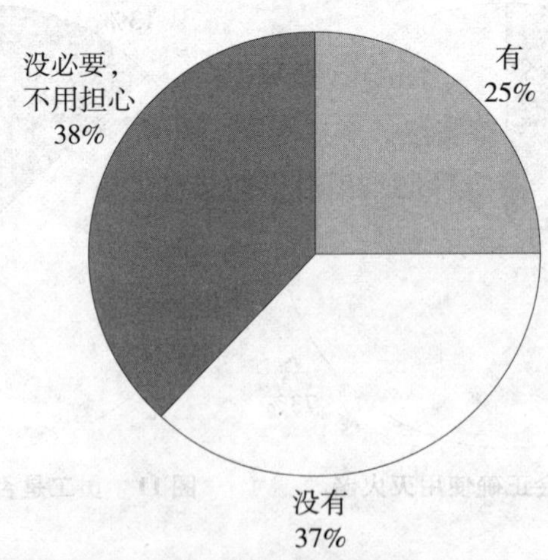

图13　员工在超市工作时是否警惕过有可能发生的火灾隐患

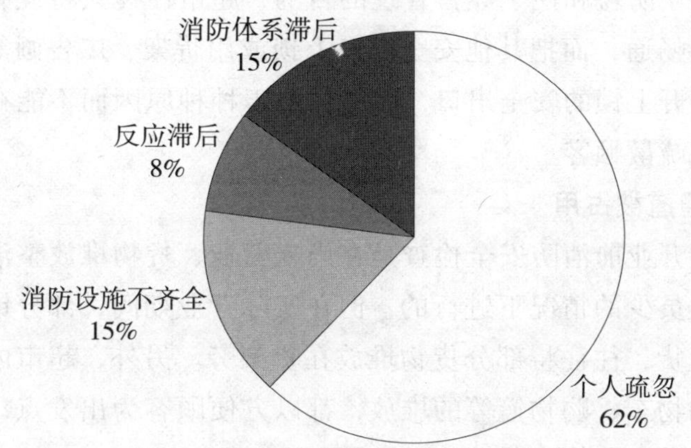

图 14　顾客认为安全事故发生的原因

据问卷结果显示，86% 的员工参加过商场组织的消防预演/培训，14% 的超市员工并未参加过商场组织的培训。在随机的采访中发现商场平均每月组织 2 次培训/预演（见图 16）。

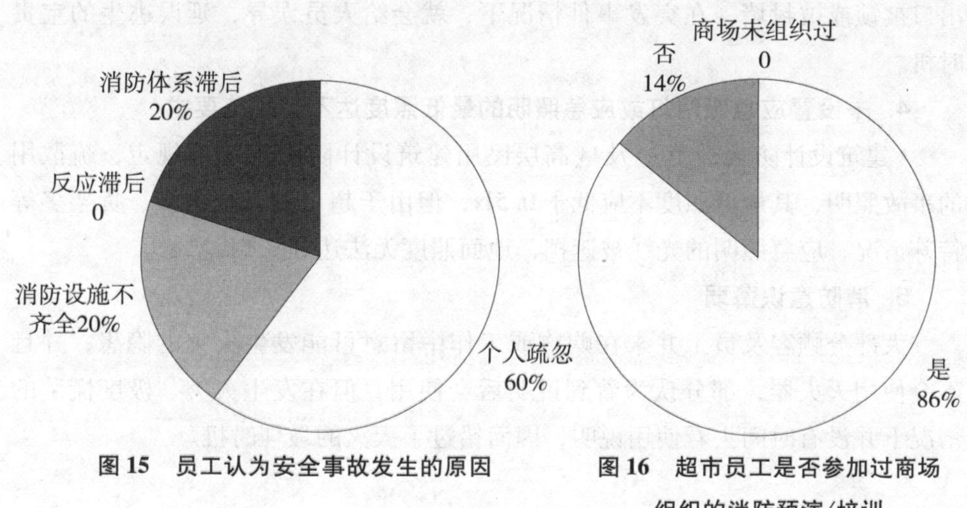

图 15　员工认为安全事故发生的原因　　**图 16　超市员工是否参加过商场组织的消防预演/培训**

三、问题分析

1. 安全出口数量虽能满足要求，但在营业期间保持畅通的不多

超市所在建筑物在经过建筑设计消防审核、验收、开业前消防安全检查等程序后，安全出口的数量、疏散通道的宽度等基本能满足规范要求。但在营业期间，出于防盗和便于经营管理的目的，超市往往只将设有收银台的主要出入口保持畅通，而把其他安全出口上锁或用货架、广告画等遮挡，即使有专人负责打开上锁的安全出口，但往往由于种种原因而不能在事故发生时迅速、及时地疏散顾客。

2. 疏散通道被占用

超市进行开业前消防安全检查是在尚未营业、货物堆放整洁或尚未堆放货物、现场人员少的情况下进行的，但在实际营业期间，部分销售量大的货架为了及时上货，往往将部分货物堆放在货架旁。另外，超市内开展的花车促销，以及购物车、购物篮等的堆放，都以方便顾客为出发点，却不同程度地占用了疏散通道，使疏散通道的宽度减小。

3. 疏散指示标志不明显

超市出于促销及营造购物氛围的需要，往往在店内装饰很多装饰物，在天花板或吊顶下悬挂宣传画、广告等，基本将疏散指示标志遮挡，使得疏散指示标志形同虚设，无法发挥其应有的作用。有的疏散指示标志指向的安全出口被锁或被封堵，在突发事件情况下，就会给人员误导，延误逃生的宝贵时机。

4. 未设置应急照明灯或应急照明的最低照度达不到规范要求

《建筑设计防火规范》及《高层民用建筑设计防火规范》规定，疏散用的事故照明，其最低照度不应低于0. 5lx，但由于超市的悬挂物多、货架多等特殊情况，应急照明的光线被遮挡，地面照度无法达到0. 5lx。

5. 消防意识薄弱

大部分顾客及员工并未在购物或工作中留意可能发生火灾的隐患，并且不会使用灭火器，部分认为看到说明后会使用，但在发生火灾、极度慌乱的情况下并没有时间去看使用说明，因而错过了灭火的最佳时机。

四、预防对策

1. 超市在营业期间疏散通道、安全出口始终保持畅通是杜绝人员伤亡和财产损失的最基本要求，无论何时何地都不能麻痹大意，必须保证安全出口的畅通；花车促销和购物车、购物篮的摆放，应确定专门区域，不得占用疏散通道。

2. 超市的小型中转仓库、服务加工及家用电器、钟表、眼镜修理部等应同营业厅分开独立设置，严格控制明火。

3. 应按规范设置符合国家规定的消防安全疏散指示标志和应急照明设施，并定时检查其亮度及受损情况，确保在火灾发生时能正常运行。

4. 空调机房进入防火分区的水平支管上，均应按规定设置火灾时能自动关闭的防火阀门。空调风管上所使用的保温材料、吸音材料应选用不燃或难燃材料。

5. 消防水泵、喷淋水泵每月试开泵一次，检查其是否完整好用。室内消火栓、喷淋泄水测试每季度一次。

6. 加强对从业人员的消防教育和培训，定期开展应急疏散演练，提高自防自救能力。每年以创办消防知识宣传栏、开展知识竞赛等多种形式，提高全体员工的消防安全意识。定期组织员工学习消防法规和各项规章制度，做到依法治火。各部门应针对岗位特点进行消防安全教育培训，对消防设施维护保养和使用人员应进行实地演示和培训的消防安全知识，每位员工会使用灭火器。

7. 针对顾客，超市应定期开展宣传讲座以增强顾客消防安全意识，发放消防小册子以达到普及消防知识的作用。

结语

通过这次对消防隐患的调查，暴露了超市中存在的消防安全问题，也为商场有关部门今后的消防安全管理工作进一步指明了方向，希望有关部门从各个具体方面深入、持久地开展消防安全工作，保障顾客及员工的生命安全，保障商场的合法利益，避免悲剧的重复上演。

（指导教师：李邢西）

从垃圾处理厂分布与运行探究环境正义

调查时间：2012 年 11 月至 2013 年 11 月
调查地点：高安屯垃圾处理厂及其附近
调查目的：探究环境正义，为垃圾处理厂未来发展提出建议
调查对象：高安屯垃圾处理厂附近居民
调查方法：实地走访勘测、问卷调查、电话采访、查阅书籍资料
调查人员：赵陈怡　陈瑜　王玉珏　白晓萌　张旸　赵杨
调查分工：赵陈怡、陈瑜、王玉珏负责问卷设计
全组成员负责问卷发放及回收
王玉珏、白晓萌、张旸负责空气质量实地勘测
赵陈怡、赵杨负责调查数据分析

前言

近年来，北京在环境治理中做出了卓有成效的努力，但对于整体环境的改善，北京市环境的内部结构问题日益突出。郊区居民承受着发展所带来的污染后果而较少地分享到发展成果，这有悖于社会公正、环境正义的社会发展理论原则。

作为青年力量，我们希望从环境正义的视角出发，借助我们的所学，充分利用有利资源，以高安屯无害化处理中心（即北京市朝阳循环经济产业园，下同）为切入点，对这一问题展开探究。

本项目组首先大量翻阅了国内外专家学者在这一问题上的不同看法，接着实地走访，最后查找经典环境污染和环境维权案例进行比对分析。在对问题的原因有了充分认识的基础上，我们再提出改善意见，从而使郊区民众环

境权益得到有效保障，为推动北京市郊区环境问题的尽快解决做出当代大学生应有的贡献。

一、前期准备

（一）调查地区的选择

北京市现有四座垃圾处理厂在运行，它们分布于朝阳、海淀、大兴、昌平。出于本项目组实际能力以及案例典型性的考虑，我们选择位于朝阳的高安屯垃圾处理厂进行调研。

垃圾厂位于金盏乡南部，现占地面积 244 万平方米。作为北京市首批循环经济试点单位，是北京市目前唯一初具规模的生活垃圾综合利用循环经济产业园区。园区内建有高安屯卫生填埋场、北京高安屯垃圾焚烧发电厂、高安屯餐厨废弃物资源化处理中心等。

1. 高安屯卫生填埋场

北京东部地区的大型生活垃圾卫生填埋场，是北京市第一家实现膜下作业的填埋场。

2. 北京高安屯垃圾焚烧发电厂

北京市第一座现代化大型生活垃圾焚烧项目，是亚洲单线处理规模最大的焚烧线。年处理生活垃圾 53. 3 万吨，余热发电量可达 2. 2 亿度。

3. 高安屯餐厨废弃物资源化处理中心

目前国内规模最大的餐厨废弃物资源化处理厂，占地 1040 亩，年处理 13. 2 万吨餐厨废弃物，负责处理朝阳区大部分生活垃圾。

（二）调查问卷的设计

针对民众对垃圾处理厂分布情况、运行方式的了解、补偿机制的看法等问题进行分类，共设计 13 道选择题，为了了解民众对于现有的规定以及补偿措施等是否满意，我们特别设计了现实情况和民众预期的对比选择题。共发放调查问卷 200 份，回收 200 份。

二、调查问卷结果数据分析

为使调查结果更科学，我们在天赐良缘、万象新天、八里桥、北京物资学院四个预设点各发放50份问卷，其中男性25份，女性25份，共计200份。

（一）被访者对环保的关注情况分布

数据表明，对于环境保护，受自身工作生活状况的影响，不同的人关注的程度有所差异，但绝大多数人都表示关注，其中老年人和青年人普遍十分关心（见图1）。

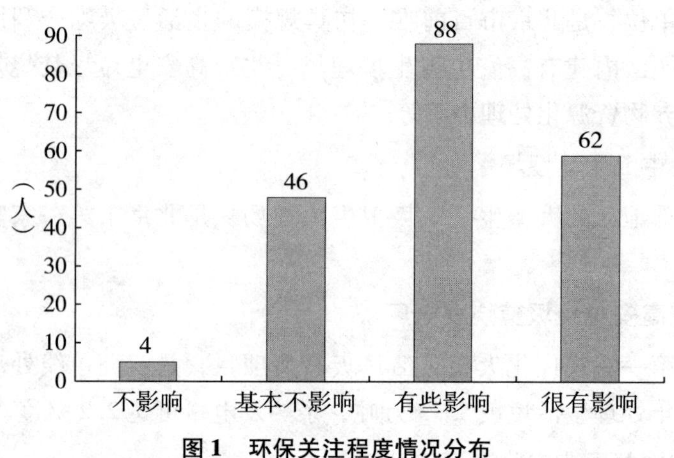

图1　环保关注程度情况分布

（二）被访者对通州区附近是否存在垃圾处理厂认知情况

数据表明，有大约42%的被访者竟不知道通州区存在长达十多年的如此大规模的垃圾处理厂（见图2）。让我们担忧的是，他们对于因为垃圾处理厂的存在而产生的危害同样毫不知情，他们的环境正义权正是在这种不知情的情况下被侵害。郭琰（2008）提出“环境正义”是指人类不分国籍、种族、文化、性别、经济状况或社会地位，都同等地享有安全、健康以及可持续性环境的权利，而且任何人都无权破坏或妨碍这种环境权利，基于这个理论而展开的实践研究显得尤为必要。

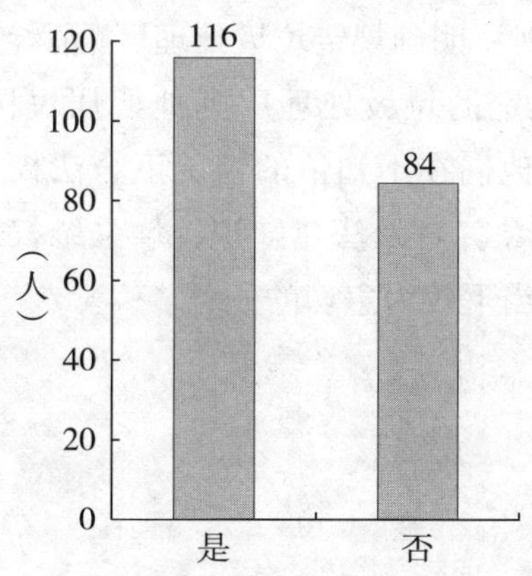

图2　通州区附近是否存在垃圾处理厂

（三）被访者对于垃圾处理厂存在对自身日常生活工作影响情况

在知道垃圾处理厂存在的116名被访者中，绝大多数人认为垃圾处理厂的存在对自己日常生活和工作产生了一定影响。认为没有产生影响的8位被访者中有6位来自距离垃圾处理厂直线距离超1.5千米的八里桥。认为很有影响的37位被访者均为距离垃圾处理厂不足1千米的附近居民（见图3）。

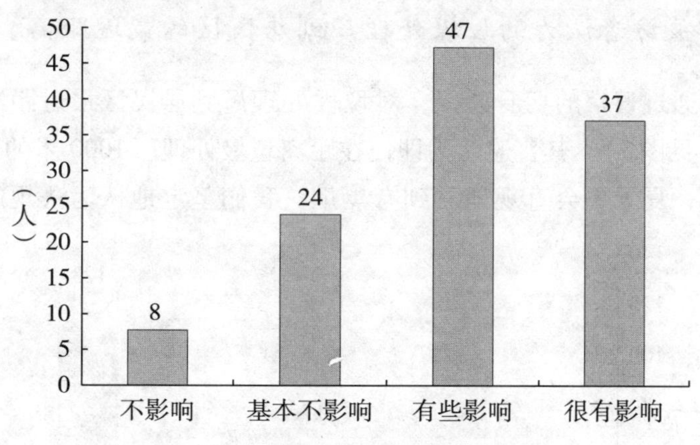

图3　垃圾处理厂分布现状对日常的影响

（四）被访者对北京市规定垃圾处理厂与居民和工作区的最近距离认知情况

北京市市政市容委在2011年12月发布了《建筑垃圾资源化处置设施建

设导则》试行本，《导则》明确规定垃圾处理厂距民宅至少500米。然而我们发现，民众对于明确规定的垃圾处理厂到他们居民区的最近距离并不了解(见图4)。这既可能使他们在不知情的情况下合法权益受损，也可能使他们出现盲目“维权”的现象。普及法律知识，增强维权意识，引导他们以合法有效的途径维权，成为当下较为急切的任务。

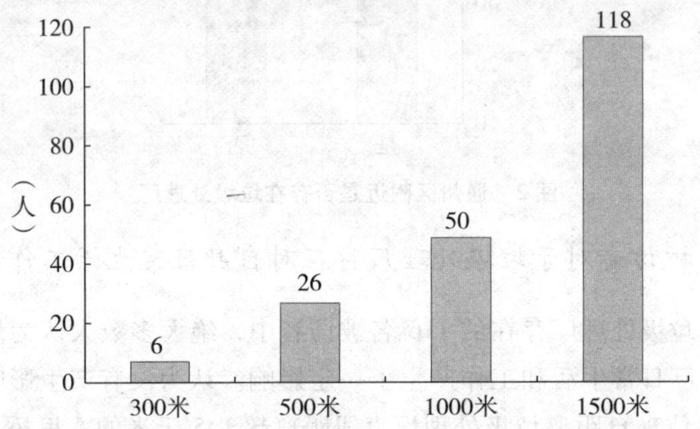

图4　北京市规定垃圾处理厂与居民和工作区的最近距离

（五）被访者认为的垃圾处理厂到居民区的最近距离

被访者通过日常的切身感受，对垃圾处理厂到居民区最近距离做出了不同的判断（见图5）。其普遍认为即使在距离垃圾处理厂1000米的地方仍能经常闻到臭味，夏天更会直观地看到有黑烟。我们坚定地认为法规的制定需参

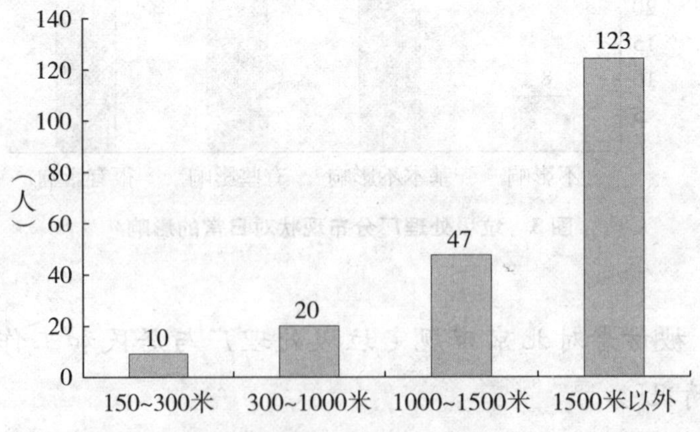

图5　被访者认为的最近距离

考这些民众的感受，仅从所谓科学的角度制定的规范，并不真正科学！在相关法规对垃圾处理厂建址规定含糊，细节存在明显缺漏的情况下，相关人士更应关注民众感受，采取积极有效的行动。

（六）被访者因垃圾处理厂存在生活、工作受到的影响

数据表明，垃圾处理厂的存在使附近居民们的生活质量有很明显的降低（见图6）。在调查中，我们了解到，一位王姓女士，每次回到距离高安屯垃圾处理厂不足1000米的母亲家中短住，喉咙都会出现不同程度的不适。健康问题对于他们而言是时刻受到困扰的！

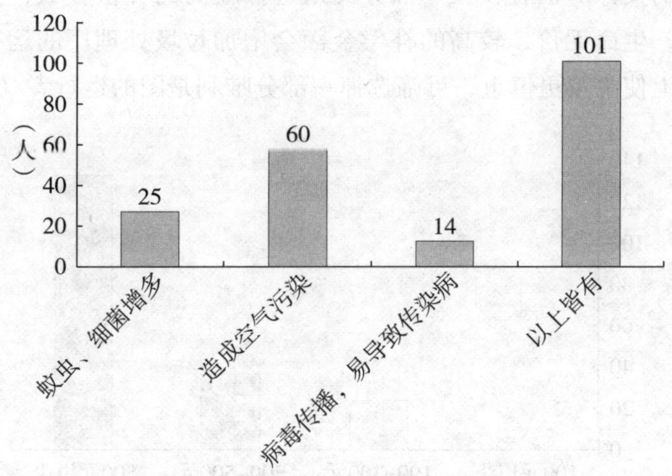

图6　垃圾处理厂对附近居民生活工作的影响

（七）被访者接受相关补偿的情况

数据表明，在如此不良影响下，无一民众获得过相应的补偿。他们承受着发展所带来的污染后果而较少地参与到发展成果的分享，这有悖于社会公正、环境正义的社会发展理论原则（见图7）。这种受益者无须担责，受害者无处求偿的机制急需打破。

（八）被访者认为应获得的补偿情况

数据表明，有部分被访者从政府角度出发选择相对较低的补偿金额，其中一位王姓男士表示，补偿金的意义不在于多少，而在于政府相关部门以此

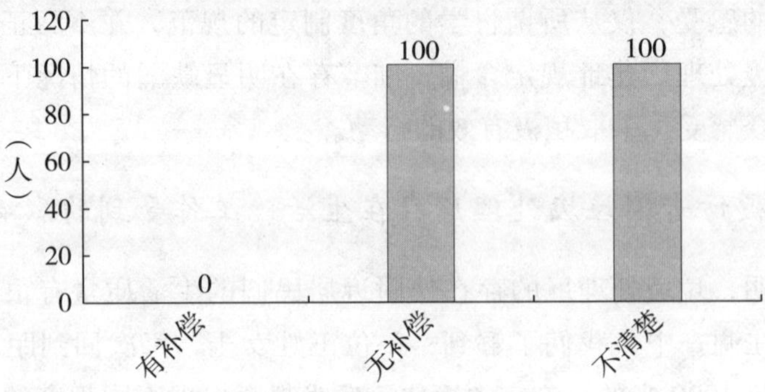

图7　对附近居民的补偿

表达对他们的关怀。也有较大一部分民众选择较高的补偿金额，其中一位王姓大爷表示，生命无价，较高的补偿金额会增加垃圾处理厂的运行成本，这在某种程度上使决策更慎重，可筛选掉一部分唯利是图的运行者（见图8）。

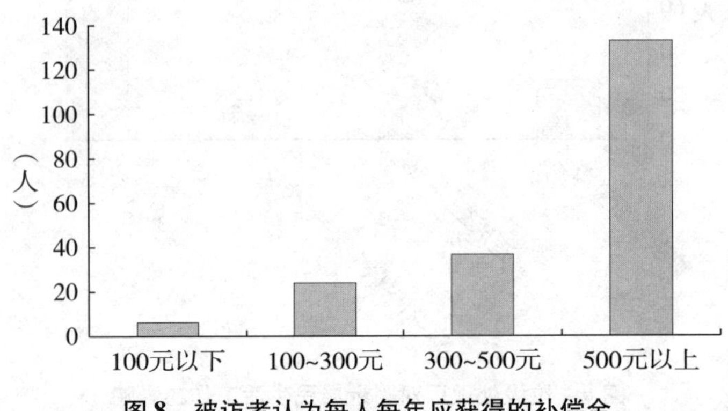

图8　被访者认为每人每年应获得的补偿金

（九）被访者对该预建区内全体居民参与决策权观点分布

数据表明，被访者普遍认为应允许预建区内的全体居民参与垃圾处理厂建设的决策（见图9）。换言之，他们并不缺乏参与的热情，而是缺少参与的渠道，缺少被聆听。他们在被忽视的角落里，需要有良知的人们尽己所能去帮助他们，维护环境正义，只有这样，我们的社会才能稳健地发展。

三、实地走访与实地勘测

通过前期的问卷调查及实地观察，我们已对高安屯垃圾处理厂建址与运

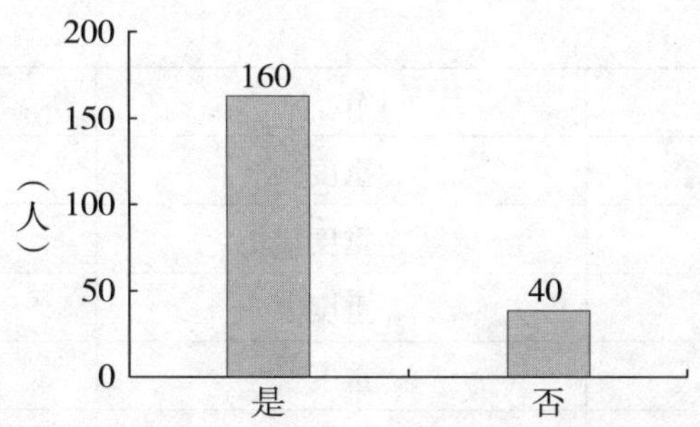

图9　被访者对是否该全民参与决策的观点分布

行的主要问题有所了解，同时这也引发了我们进一步的思考。我们决定从更多的角度来全面探讨垃圾处理厂分布与运行存在的问题。为此，我们实地走访了高安屯垃圾处理厂，并对其周围空气质量进行勘测。

（一）高安屯垃圾处理厂

从马各庄东站下车，走过约一千米长的灰蒙马路，即到达目的地。园区内整洁而设施现代化。但在它隔壁就是永顺镇新建村，区界内1千米距离内有邓家窑村、北马庄村等，并有万象新天、天赐良缘等大量居民小区，长住居民达数十万人。垃圾焚烧厂外最近的两个村里，空气和地面状况都令人皱眉。接受我们实地调查的附近居民多面容灰暗。

（二）实地空气质量勘测

我们从2013年7月8日到7月15日、9月7日到9月14日，每天下午两点连续进行质量勘测。以表1和表2为例：

表1　　空气质量勘测1

距离（米）	PM2.5	菌团浓度
0	重度	低
500	重度	低
1000	重度	中
1500	重度	中
2000	中度	低
2500	中度	低

续 表

距离（米）	PM2. 5	菌团浓度
3000	重度	中
3500	重度	低
4000	重度	低
4500	重度	中
5000	中度	低
5500	重度	中

注：以园区为起点。

表 2　　空气质量勘测 2

距离（米）	重度污染（天）	中度污染（天）	菌团浓度				
			高	较高	中	较低	低
0	14	0	0	0	1	1	12
500	14	0	0	0	1	1	12
1000	14	0	0	0	11	2	1
1500	13	1	0	0	11	3	0
2000	6	8	0	0	0	2	12
2500	5	9	0	0	0	1	13
3000	13	1	0	0	12	2	0
3500	13	1	0	0	0	3	11
4000	12	2	0	0	1	2	11
4500	13	1	0	0	11	3	0
5000	7	7	0	0	13	1	0
5500	14	0					

注：以园区为起点。

数据表明，即使在距离园区 1500 米的范围内，空气质量仍为重度污染。菌团浓度虽在距离园区 500 米的范围内较低，但是在距其 1000 ~ 1500 米为中等水平。换而言之，垃圾处理厂（使用喷洒液体等手段）将近距离内的菌团浓度控制为低度，但却忽视了周围居民区的菌团浓度。通过两个阶段的数据统计，一定程度上可证明我们所发现的问题绝非偶然！环境正义问题必须引起有关部门的高度重视！

四、目前存在的问题

尽管社会经济与科技在不断地发展，垃圾处理厂的建设也努力向着更好的方向发展，但是在调查中我们发现了很多问题，总结如下。

（一）针对垃圾处理厂建设的制度存在缺漏

虽然目前相关部门已出台有关垃圾处理厂建设的规定文件，例如我国《生活垃圾填埋污染控制标准》规定，生活垃圾填埋场不得建在居民密集居住区、洪泛区、淤泥区；北京市市政市容委发布了《建筑垃圾资源化处置设施建设导则》试行本等，但是针对垃圾处理厂具体建设，如选址、运行方式，规定并不明确或者条例之间相互不一致。此外，对于规定内容本身的科学合理性也存疑。以高安屯垃圾处理厂为例，在距之1千米的地方仍能闻到垃圾处理带来的恶臭，且部分气体为有害气体。在这种情况下，原有的规定是否仍可行，有待商榷！

（二）针对垃圾处理厂建设与运行的监督机制存在巨大缺漏

当前存在的另一大问题就是监管难题。达尔文自然求知社垃圾学院陈立雯（2012）在接受《投资者报》记者采访时表示，“目前国内的垃圾焚烧厂，包括北京在内，管理和监督相当糟糕”。

针对相关有害物质的测量也存在一定难度。徐海云（2012）曾表示：“以二噁英检测为例，二噁英无法实时监测，且中国目前还做不到随机抽检，检测数据缺乏科学性和说服力。”

加之，二噁英排放中国环保部目前采用的标准和欧盟也有所不同。垃圾处理厂往往与政府有“密切合作”，这也导致环保部门很难有所作为。

（三）针对垃圾处理厂附近居民的补偿机制缺乏

在现有的规定文件中，并不存在明确统一的针对垃圾处理厂附近居民补偿机制。现状是，大多数居民多以漫长的谈判协商方式来获得补偿。然而，谈判双方力量对比悬殊，在这种情况下获得的谈判结果是否公平，存在很大质疑。正如阳相翼（2008）在《城郊居民环境权益的法律保障》中指出的“城市工业污染的转移严重侵犯了农民的环境权益。不得不使人联想到工业化过程中，发达国家对发展中国家与地区的污染转嫁和‘环境殖民’。”这与和谐社会理念相违背，也与可持续发展方式不符。长此以往，也更容易引发居民对这一现状的不满，使矛盾突出，不利于社会的良性有序发展。

（四）针对垃圾处理厂的投诉机制缺乏

目前，大多数民众皆通过联名上书等非法定程序来反映垃圾处理厂建设存在的问题，因此很艰难地维护自身的权益。缺少民众的监督，即使在已存在相关规定的前提下，部分垃圾处理厂建设存在违规现象但仍正常运行。其结果导致，垃圾处理厂附近的环境问题日益严重，例如产生恶臭、影响地下水水质、有害气体扩散等。

五、解决垃圾处理厂分布和运行问题的建议

在广泛涉猎相关文字资料和走访相关人士之后，我们总结得出以下建议。

（一）加快健全垃圾处理厂分布与运行的相关制度

科学明确地规定垃圾处理厂的建址到居民区的最近距离，规范垃圾处理厂的运行方式，健全或改革民众参与垃圾处理厂建设有关问题决策的机制，以保障民众的环境参与权。

（二）完善针对垃圾处理厂附近居民的补偿机制

明确合理地规定可获补偿的对象及内容，如具体金额或为附近居民提供一年一次的全身体检等。建立权利补偿机制与环境公益诉讼制度，以法律的完善保障民众的环境权，捍卫环境正义，确保民众环境权的实现和救济。

（三）健全针对垃圾处理厂的监督、投诉机制

加强有关部门及民众对垃圾处理厂的监督力度，健全投诉机制，健全环境信息公开制度、环境纠纷协商调解和仲裁制度、环境公益诉讼制度、环境

损害赔偿社会化制度。当问题发生时，让民众可依据法定程序维护自身权益，坚决打击有法不依、执法不严、违法难究的现象。

（四）加大科研投入

在垃圾产出过多的现状下，寄希望于加大科研投入，推动科技的发展，以更先进的技术手段提高物品的利用率，同时以更高效的方式处理垃圾，从而解决当下的垃圾处理厂不合理的分布和运行方式较为不环保的问题。

综上所述，我们一再强调各种机制的完善，是希望实现著名的法学家劳伦斯·费里德曼在《美国法简史》提到的“陌生人社会”。他指出一个理性、成熟的社会应该是“陌生人社会”。这样的社会里，最主要的特征就是法律作为规范社会成员关系的制度比较健全，从而使社会成员间的信任程度比较高，这种情况下，道德的行为规范作用自然可以相应的减弱。我们希望改变居民在维护自身环境权益时被动、弱势的地位。

六、总结

本项目组经过长达十几个月的时间，以高安屯垃圾处理厂为例对垃圾处理厂分布与运行现状展开较为深入的调查研究，从调查问卷的数据分析、实地走访、空气质量实地勘测以及调研行程的亲身经历中，总结归纳了高安屯垃圾处理厂分布与运行存在的主要问题，包括针对垃圾处理厂建设与运行的制度、针对垃圾处理厂的监管、其附近居民的补偿机制以及投诉机制等方面。经过整合分析信息、查阅环境正义相关方面的书籍并对比垃圾处理厂分布与运行情况后发现当下垃圾处理厂建设与发展的不足之处，并针对性地提出对策及建议。

人们对环境问题的关注只增不减，而未来在很长的一段时间内都必将面对垃圾处理对环境质量带来的种种挑战。只有使环境政策在制定和实施的过程中，高度重视垃圾处理厂附近居民的主体地位，重视居民参与环境政策的制定和监督政策的实施，重视环境权益的公平享受和环境义务的合理承担问题，环境正义才能保障，社会才能继续良性有序地发展！我们坚信今天所担忧的环境正义缺失，所质疑的机制缺漏，所发现的问题，必将得到妥善解决。这也是我们实践的终极意义所在。

附录

关于垃圾处理厂分布与运行问题的调查问卷

随着社会经济的发展，环境问题日益突出，垃圾处理厂的分布与运行问题已不可回避。我们希望通过此次调查加深大家的认识，引起有关部门的关注，使我们的生活更和谐。对于您的参与我们深表感谢，同时保证对您的回答内容进行保密！谢谢！

1. 您的年龄________

2. 您的性别________

3. 您平时关注环保问题吗？（ ）

A. 从不关心　B. 较少关心　C. 比较关心　D. 十分关心

4. 您认为通州区附近是否有正在运营的垃圾处理厂？

A. 是　B. 否

5. 您认为垃圾处理厂的现状分布是否会影响到自己的日常生活和工作？（第二题答“否”则不答此题）

A. 不影响　B. 基本不影响　C. 有些影响　D. 很影响

6. 您知道北京市规定垃圾处理厂与居民和工作区的最近距离是多少吗？（ ）

A. 300 米　B. 500 米　C. 1000 米　D.1500 米

7. 您认为垃圾处理厂与自己的居住和工作区距离多远为宜？（ ）

A. 150 ~ 300 米　B. 300 ~ 1000 米

C. 1000 ~ 1500 米　D. 1500 米以外

8. 您知道垃圾处理厂目前处理垃圾的主要方式是什么？（ ）

A. 垃圾填埋　B. 垃圾焚化

C. 垃圾倒入海中　D. 垃圾压缩处理

9. 您认为合理的垃圾处理方式是？（ ）

A. 优化焚烧方法，寻找合理的填埋地

B. 加大宣传，加强公众环保意识，细化垃圾回收分类，提高回收率

C. 提高科学技术科研投入，研发高效环保的垃圾处理技术

D. 向西方发达国家输送垃圾

10. 您认为垃圾处理厂周围的居民生活和工作会受到怎样的影响？（　　）

A. 蚊虫、细菌增多，生活环境变差

B. 造成空气污染，空气质量差，呼吸系统疾病增多

C. 病毒传播，易导致传染病

D. 以上皆有

11. 您知道政府对垃圾处理厂的附近居民有补偿吗？（　　）

A. 有补偿　　B. 无补偿　　C. 不清楚

12. 您认为政府对附近居民的个人补偿每年应为多少？（　　）

A. 100 元以下　　B. 100 ~ 300 元

C. 300 ~ 500 元　　D. 500 元以上

13. 您认为垃圾处理厂是否应对公众开放，允许其参观？（　　）

A. 是　　B. 否

14. 您认为是否应该允许预建区的全体居民参与垃圾处理厂建设的决策？（　　）

A. 是　　B. 否

15. 您针对垃圾处理厂分布与运行的现状的建议是：

____

（指导教师：李淑文）

关于通州天赐良缘小区居民休闲娱乐情况的调查

调查时间：2013 年 4 月 13、14 日

调查地点：通州天赐良缘小区

调查目的：通过调查了解天赐良缘小区居民的日常休闲娱乐活动，分析总结调查结果，找到存在的问题，最后根据问题提出符合实际情况的建议。

调查对象：通州天赐良缘小区居民（包括老年、中年、青年三个年龄段）

调查方法：

（1）问卷调查法

本次调研采用分段抽样调查方式，将调查对象分为青年、中年、老年，分别调查。采取的是自愿填写的形式。本次调查共发放 90 份，每个年龄段 30 份问卷，实际收回 90 份，有效问卷 90 份，回收率 100%。

（2）文献研究法

我们通过查阅网络以及书籍，了解通州为数不多的几个景点，分析它们的发展进程，并选择距离天赐良缘小区比较近的休闲场所去调查居民对这些景点的了解。

调查人员：冉剑锋　郭慧　王钰　马瑞璞　程卉　贾佚璠　刘翰墨　刘畅　王伊萌　边静怡　王晓璐　周亚楠　刘朝晖

调查分工：冉剑锋、郭慧、王钰、马瑞璞、程卉、贾佚璠、刘翰墨负责发放调查问卷

刘畅、边静怡、王晓璐、周亚楠、刘朝晖负责查找资料以及分析数据

郭慧、王晓璐负责制作及展示 PPT

王伊萌负责总结资料及撰写调查报告

前言

众所周知，人是社会的主体，社会是人发展到一定阶段的产物。社会中的一切生产、生活活动都与人息息相关，都是以人为主体展开的，人对社会的发展起决定性作用。那么，如何提高人对社会的贡献率成为促进社会发展的第一要义。在信息高速发展的今天，城市居民生活压力加大，工作学习效率降低，如何缓解压力，同时促进通州区休闲娱乐产业的发展成为我们这次调查的主要目的。

首先，通州区位于北京市东南部，京杭大运河北端，面积907平方公里，常住人口61万。2005年，国务院正式批复《北京市城市总体规划》，正式将通州定为三个重点发展的新城之一，是面向区域的可持续发展的综合服务新城，也是北京参与环渤海区域合作发展的重要基地。随着经济文化等各领域的迅速发展，通州区居民的娱乐休闲方式也变得多样化、丰富化。为了了解通州区居民的娱乐休闲状况，我们以通州天赐良缘小区为样本，采取典型抽样方式，开展了问卷调查。同时，我们用Excel等统计工具进行了统计分析，得出了粗略的结论。我们希望借此次调查为有关部门提供一些更贴近民意的建议，以期有助于通州区的文化发展和人文素养的提高。

一、存在问题与原因分析

（一）除去每天睡觉的时间，每天花费时间最多的事情（第2题）

通过该问题，我们可以发现，天赐良缘小区居民分配给休闲娱乐活动的时间相对较少，当然这部分人主要在青年和中年人中，青年人60%每天除了睡觉会去从事休闲娱乐活动，而中年人仅有23%，究其原因主要是学习或者是工作繁忙，从而导致没有时间，当然在这方面老年人有充足的时间进行这些休闲娱乐活动，占了大约77%，但是不排除有少数的老年人由于身体原因，或其他原因无法开展一些休闲娱乐活动（见图1）。

（二）哪些活动更受欢迎（第3题）

通过统计，我们发现通州区居民的休闲娱乐方式十分的丰富，如旅游、

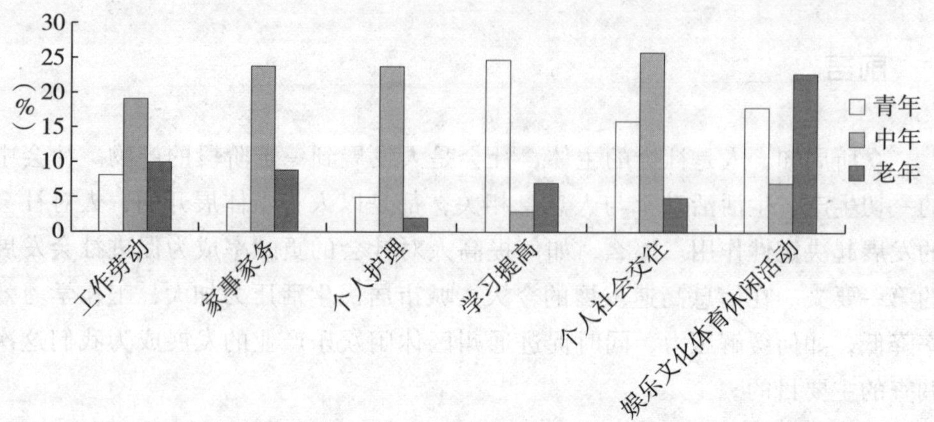

图1　除睡觉，每天花费时间最高的事情

体育健身、看书、逛公园、去专门的休闲娱乐场所、听音乐看电影、上网等。当然由于调查比较仓促，所以数据可能不很准确，但是，可以肯定的是人们的休闲娱乐方式会随着社会的不断进步而不断的多元化。从图2中我们可以发现，绝大多数人的休闲娱乐活动十分健康，非常有利于身心。中年人在逛超市上占到43%，逛公园和自然景观等占到47%，健身运动的比例达到70%，而47%的老年人则更倾向于在家看书看报，当然也不乏喜欢运动健身的人，对于青年人，由于兴趣喜好不同拥有属于自己的娱乐方式，于是在各个种类的活动里都有涉猎。相比以前，对于娱乐休闲的要求也更高了，但是毕竟经济条件有限，所以部分青年人的娱乐方式可以说是花着父母的钱享受，诚然我们需要娱乐，但适当才可以达到效果。总的来说，通过此表我们可以发现虽然休闲娱乐方式更加丰富多样，但对于不同年龄段的人群仍然有略微

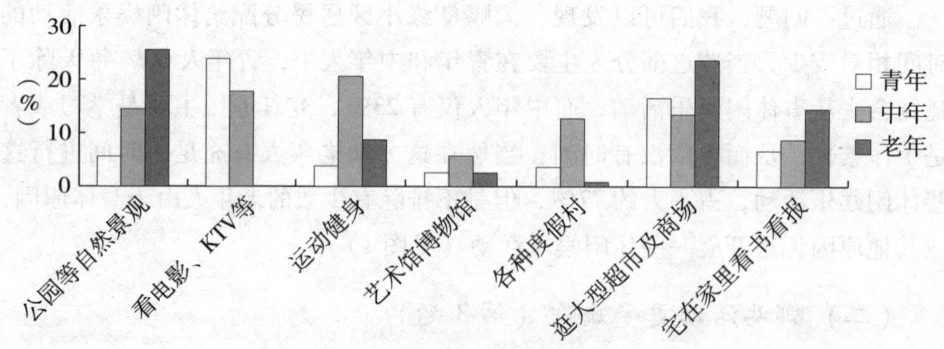

图2　哪些活动更受欢迎

的区别，我们的建议也是应从各个年龄段入手，才能更全面、更有效。

（三）阻碍娱乐活动的因素（第4题）

通过此次调查，我们发现阻碍老年人进行娱乐活动的原因47%是无人组织，57%是因为交通不便，而青年人47%是因为经济条件有限，33%是因为交通不便，20%是因为没有适合自己的场所，同时我们发现青年人进行了很多项选择，说明他们非常想进行一系列娱乐活动，但因为学业禁锢，以及经济条件有限、交通不便、无时间等，导致他们敢想却做不到。

对于中年人，无充足时间高达87%，诚然，中年人如今在社会中扮演着中流砥柱的角色，他们日夜操劳，辛勤工作，下有嗷嗷待哺的孩子，上有年过半百的父母，可谓是最辛劳亦是压力最大的人群。面对交通不便，工作繁忙抽不出时间，加之处于北京市郊区，工作压力较大，很难有机会真正捧上一杯咖啡去休息。如何让社会的中流砥柱达到良好的状态为社会服务，是通州市城府真正值得思考的地方。也许我们真的该改改时间；多添几辆公交车，多举办几场展览，真正提高生活的质量。这并不是为个人服务，试想一个满脸微笑的员工和眉头紧皱的员工，哪个完成的工作会更加出色。

总的来说，很大一部分的人认为影响他们进行更多的休闲娱乐活动的因素是没有时间，这一点我们无能为力，但是，他们自己可以通过合理安排自己的时间从而挤出时间，“时间就像海绵，挤挤就会有了”。还有不少人认为是没有适合自己的活动，但我们认为这部分人只是没有用心去寻找适合自己的休闲娱乐方式而已，我们相信只要找到了适合他们自己的方式，这一切都不是问题。

（四）如果在通州新建一些休闲场所，是最受人关注的方面（第6题）

新建娱乐设施及场所无疑是每个通州市居民所期待的，但是对于新建后的问题，不同年龄段的人的关注点也有所不同，老年人27%关注交通是否便利，是否便于他们出行，更多的是看重安全，27%关注是否能引起兴趣，27%关注票价，只有19%关注能否达到放松效果。相比较市中心的娱乐设施，天赐良缘小区附近的设施很显然相对较少。这阻碍了大部分小区老年人茶余饭后的休闲活动。随着社会高速发展，老年人的观念也有了很大的变化，他们更愿意花时间在户外活动上而不是仅仅蜗居在冰冷的楼房中看看报纸。但由于同时也考虑到自身的身体因素是否方便出行，所以老年人的休闲活动普遍比较单一，只限于饭后溜溜弯儿，没有机会能走出社区，去看看外面的世界。所以我们认为如果社区能够多组织一些带领老年人走出社区的活动，一定备受欢迎，也有利于减少老年人的孤独感，尽量避免产生被社会抛弃的复杂心理。

而中年人对于精神享受的要求则更高，他们更关注的是休闲放松的效果以及是否能满足自己的兴趣需求，这两部分已经达到70%。青年人由于经济基础稍低，更关注票价是否合理，对于不同的关注点也引发了我们对于不同年龄段的思考，只有满足了不同人的不同需求，才能更有效地实现让休闲娱乐走进人们生活，丰富人们视野，缓解学习工作压力，总体提高居民素质。

（五）为了提高居民休闲娱乐的质量，通州市政府当前应该做什么？（第10题）

通过这道题不难看出对于提意见给政府中年人更加积极，他们的意见遍及各个方面，包括增加休闲时间、提高社会福利、提供休闲设施、整治环境等各方面。而60%的青年人的要求则更简单明确，只要有足够的休闲设施，就可以满足他们的需求了。43%的老年人依旧关注交通和设施。纵观来看，居民更希望有更多的设施来满足他们茶余饭后的休闲。大部分人的要求还没有到更改工作制度的高度。只要有了好的条件，居民甚至愿意更改自己的作息时间以及增加在娱乐方面的投入，以求能缓解生活中的压力，提高生活质量。

二、建议与对策

（一）居民逐渐更新文化消费的观念，改变消费结构，加大生活中娱乐休闲的时间

天赐良缘小区居民是进行休闲娱乐的主体，也是我们研究分析的主干部分，可以说更多的建议是给居民的，只有全民一起活动起来，我们的建议和

设想才能进一步实现。

长期以来，政府是文化事业的“包办者”，既是文化事业的投入者，又是风险的承担者，自然形成一种文化事业的发展是政府和社会的责任，居民则成为文化事业的“旁观者”的观念，无论是社会经济发展的决策者还是普通的消费者，都没有树立文化消费这一观念。由于对文化消费的认识不深入、重视不够，文化消费一直作为一种“软需求”而没有受到应有的重视。所以在居民的日常生活中，更应该接受并形成新的消费观念，适当改变消费结构，将生活中休闲娱乐的比重加大，在闲暇时间多进行户外运动而不是在家中上网，看书看报，走出去，才会发现不一样的世界，在自然、艺术的熏陶中，心灵能得到更多的放松和净化。

（二）政府积极建设休闲娱乐设施，为居民提供更好的社会休闲条件及环境

政府对于居民的休闲娱乐活动无疑有着至关重要的作用，对于天赐良缘小区，更多的休闲娱乐设施是居民的迫切需要，在天赐良缘小区附近，合理布局，规划建设高品位、多功能、有特色的“休闲娱乐城”项目，培育建设集休憩、娱乐、购物、餐饮、观光于一体的休闲街区、休闲地带是政府应该尽力去做的。其次，政府可以联系附近的高校，组织志愿者走进社区，带领陪同社区老年人进行休闲娱乐活动，使志愿者走入社会积累经验、为社会贡献自己的力量，使老年人对生活充满期待与希望，减少孤独感，使社会氛围更加和谐。

（三）媒体通过网络、图标等多种途径，宣传、倡导文化消费观念，传达民意给社会高层

媒体在这个高速发展的社会中无疑承担着至关重要的责任，首先他们的责任与任务就是面向社会，面向消费者，充分了解、研究，并尊重社会居民的需求，同时把这些需求通过各种方式传递给社会大众、企业与政府。让社会真正做到群众需要什么就生产、服务什么，不断满足最广大群众的文化消费需求，为文化市场注入活力，带动居民文化消费不断增长。媒体是社会交流的媒介，而对于促进通州区天赐良缘小区居民的休闲娱乐，他们要做的就是联系居民与社会高层，把民意随时带到公堂。其次就

是向居民宣传，倡导新的消费观念，让居民积极参与休闲娱乐活动。例如，在大多数居民都选择乘坐地铁去上下班的时候，媒体可以在地铁中的图标上做些文章，“停一分钟，拥抱自然”等图片文字都可以起到很好的宣传作用。

结语

通过此次调查活动，我们真正走进了天赐良缘小区的社会环境，走进社区，和居民交流，了解他们最真实的想法，并分析总结，得出较为准确的结论。

在经济文化高速发展的今天，如果我们再不跟紧时代，及时调整政策及方针，我们必将落后于北京其他城区，这是亟待解决的发展问题，而我们的主题“休闲娱乐”的发展无疑是文化发展的一个重要分支，试想居民怎样接触文化，带动文化发展，休闲娱乐是最好的媒介，通过居民在休闲娱乐中的消费，以及在消费中对中国文化乃至外国文化的了解，可以高速推动文化产业水平的提升，达到文化与经济共同发展的最终目的。

我们希望并坚信，天赐良缘小区居民的休闲娱乐活动会更加丰富多彩，健康有益。通州区未来的休闲娱乐产业、文化产业都会达到更高的水平，居民幸福指数提高，人文素质大幅度提升，社会环境安逸和谐。

附录

《通州区居民休闲娱乐状况》调查问卷

1. 您对现居住地的文化氛围感觉怎么样？（　）

A. 满意　　B. 一般　　C. 不满意　　D. 差死了

2. 除去每天睡觉的时间，您每天花费时间最多的事情是什么？（　）

A. 工作劳动　　B. 家事家务　　C. 个人护理　　D. 学习提高

E. 个人社会交往　　F. 娱乐文化体育休闲活动

3. 选择去休闲放松的话，您更喜欢下列哪些娱乐场所？（　）

A. 公园等自然景观　　B. 看电影、KTV 等

C. 运动健身　　D. 艺术馆博物馆

E. 各种度假村　　F. 逛大型超市及商场

G. 宅在家里看书看报

4. 是什么阻碍了您的娱乐活动？（　　）

A. 无充足时间　　B. 交通不便

C. 没有适合自己的场所和活动　　D. 无人组织，无专业人员指导

E. 经济条件有限

5. 对于您个人的休闲活动，您的评价是什么？（　　）

A. 充分利用了时间，丰富了内涵

B. 强身健体，养成良好的习惯饮食起居

C. 与朋友伙伴增进了友谊

D. 无所事事，浪费时间

6. 如果有机会在通州新建一些娱乐休闲场所，您最先关注的是什么？（　　）

A. 票价是否合理

B. 交通是否便利

C. 是否满足自己的兴趣

D. 能否真正达到休闲放松的效果

7. 您认为近年来自己的休闲娱乐方式发生了哪些变化？（　　）

A. 休闲意识提高，知道怎么休闲了

B. 休闲时间增多，方式丰富了

C. 休闲方式更文明，更充实了

D. 休闲消费比重增加了

E. 休闲活动促使自己身心健康

F. 没啥太大变化

8. 您所在的社区或村（镇）是否有公共的户外健身器材以及户外场所？（　　）

A. 有　　B. 没有　　C. 在建中

9. 您认为提高休闲娱乐活动的质量对社会进步的意义大不大？（　　）

A. 大　　B. 不大　　C. 不知道

10. 为了提高居民休闲娱乐的质量，你认为通州市政府当前应当做的是什么？（　　）

A. 提供更好的休闲设施

B. 政治环境交通方便出行

C. 提高居民收入使人们有能力进行休闲消费

D. 调整工作与休闲制度，增加休闲时间

E. 关注弱势群体，提高社会福利

感谢您的参与与配合，祝您工作顺利，合家欢乐！

（指导教师：冯凡彦）

有关通州潞河实验中学的教育状况

调查内容： 对通州潞河实验中学教育情况进行调研，我们小组认为应该从家庭和学校两方面一起入手，这样可以更加清楚地了解通州潞河实验中学教育状况。

调查时间： 2013 年 4 月 3 日

调查地点： 北京市潞河实验中学

调查目的： 了解通州潞河实验中学教育状况

调查对象： 北京市潞河实验中学学生和家长

调查方法： 调查问卷

调查人员： 王世琦　王育传　周忠科　尔西丁　刘谱　孙冉

调查分工： 小组每个成员都必须参与实地考察

孙冉、尔西丁负责整理相关资料并汇总、统计数据

周忠科、刘谱负责撰写成稿

王育传、王世琦负责完善论文并制作 PPT

前言

家庭教育是整个国民教育及未成年人思想道德建设的重要组成部分，是学校教育、社会教育的基础，与学校教育相比，家庭教育侧重于良好的品质、行为习惯、健康心理的培养，它对孩子的一生都有着重要的影响。自古有“父母是孩子的第一任教师”一说。家庭教育既是摇篮教育，也是终身教育。家庭教育因其特殊的地位和影响，在社会中起着举足轻重的作用，然而当今很多家庭不注重对孩子进行教育，有些家长对家庭教育的认识不足，甚至违背孩子成长的客观规律，只养不教。家庭教育的缺失，严重影响孩子的身心健康，促使学校教育和社会教育更加捉襟见肘，事倍功半。为加强未成年人

的思想道德建设、提高家长对家庭教育认识水平，举行家庭教育调查及对家庭教育的研究迫在眉睫。对此，我们对家庭教育情况进行了调查。

一、基本情况及调查结果分析

此次调查的目的是了解当今家庭教育的现状，树立家庭教育观念，寻求比较适当的家庭教育方式，能够引起更多家长的关注，促进学生的身心健康发展。

此次调查通过对211名学生家长进行问卷调查，搜集家庭教育案例，对答卷和案例进行综合分析得出结论。

调查结果分析分为以下三部分：

1. 家长对学生的期望

希望自己的孩子能够“学识渊博，内涵丰富”“考上名牌大学，将来生活好”的家长占70%。有的家长谈到“首先要学习好，其次是懂得做人”；再如“希望孩子能够出人投地，努力去追求自己的目标，实现自己的梦想，成为一个具有品德高尚的人”；另一位家长说“不论子女的成绩如何，只要孩子有坚强的意志，勇敢面对社会，有良好的素质就好”；还有一位家长这样说“随他去”。由此，我们可以看出无论是家庭生活俭朴，还是家庭富裕，无论是文化层次低的，还是文化层次高的，无不希望自己的孩子有个很好的前途，他们都期望一样的结果，但是大多数家庭把教育责任推给学校，随孩子自己做决定，解决自己的一切事情，忽略家庭教育的重要性。殊不知家庭教育是任何教育都难以取代的。这势必造成孩子各方面发展的不平衡。

2. 家长的教育方式

现今我国学生和家长之间谈论最多的话题莫过于“成绩好不好”“听不听话”之类的。家长的教育方式不同会对学生产生怎样不同的影响呢？学生最能够接受怎样的教育方式呢？

表1　　学生成绩不理想及行为不当时家长采取的态度和措施

给予鼓励	帮助其克服	不闻不问
82.7%	6.7%	10.6%

表 2　孩子做错事时家长的教育态度和措施

坦然地帮其改正	严厉批评	打骂	顺其自然
69.1%	17.3%	4.9%	8.7%

从表 1 和表 2 可以看出，在学生成绩不理想时父母给予鼓励，但是再优秀的也有做错事的时候，但要学生记住教训永不再犯，一定离不开优化的教育方式。因此，要提高学生的成绩，规范学生的行为举止，采取鼓励开导，心平气和地帮其改正教育方式很重要。

3. 家长应对学生进行哪方面的教育

学校教育重点是书本知识的传授，科学知识的探究。如果家长再对这方面进行教育就显得有些重复了。事实上学生除了学习成材之外，更重要的是学习做人。况且在素质教育的今天学生更应该全面发展，除了教育孩子努力学习之外，还应对孩子进行道德教育、法制教育以及性教育等。

朴素的道德教育我国自古有之，而性教育却是家庭教育的空白。孩子尝偷禁果一部分原因是性教育在家庭的空白所致。

表 3　家长对性教育的态度

经常讲	偶尔	不闻不问
3.1%	39.2%	57.7%

表 4　家长和子女关于性教育的沟通

经常	偶尔	没谈过	很期望
35.3%	44.1%	17.7%	2.9%

由表 3 和表 4 可知，大多数家长不重视对孩子进行性教育。许多家长无暇顾及孩子的感受，很少与孩子沟通，不理解孩子的内心世界。小学生正处在身心发展的阶段，身体的发育让他们无所适从，对异性的朦胧感更让他们感到害怕。家长和孩子几乎时时刻刻都需要交流，家长应该经常向子女传播性教育的知识，让孩子理解性教育，不要让他们因为满足自己的好奇心而越轨。因此，家长应在青少年性教育和性知识宣传方面多下功夫，帮助孩子培养健康人格，增强自我保护能力，让青春期的少男少女生活得更健康。

二、调查后的反思

尽管国人文化素质在普遍提高，但是家庭教育方面还是存在许多问题。

（一）教育方法不当

1. 粗暴型

调查中，有的学生的回答让我们了解了为数不少的家长在家庭教育中动辄棍棒相加。稍有不如意便严厉惩罚，打骂时有发生，造成孩子心理上的扭曲。有的家长并不顾及孩子的自尊，不懂得孩子的成长规律，更不知道怎样去帮助和指导孩子。

2. 放任型

有的家长由于工作忙，无暇照顾孩子，或者只顾自己享受玩乐，对孩子听之任之“随他去”，忘记了家长的义务和社会责任。作为家长对孩子不仅是生之就了事，还得养之，教之，子不教父母之过。

3. 溺爱型

过分的娇惯使得孩子唯我独尊，成了名副其实的“土皇帝”。有的家长对孩子过分溺爱，要什么给什么，就算是天上的星星、月亮都要摘下来。家长宁可自己吃苦受累，也不让孩子做一丁点分外事，使得这一代孩子缺乏艰苦奋斗的精神。在吃苦耐劳，意志品质方面反而不如外国发达国家的孩子，使得我国艰苦奋斗，勤劳简朴的优良传统显失流传。

（二）只关注学习成绩

有的家长只是关注孩子的学习成绩。如考试得多少分，班里第几名。至于其他，家长很少过问。这势必造成对孩子的误导——自己的任务除了学习还是学习，生活平淡枯燥会使学生产生厌学心理。其实，孩子成长中不光是学习的事，还应该有别的事。他们的生活应该是多彩的、丰富的、充实的。

不少家长无视孩子自身条件，无视孩子成长过程中的生理和心理特点，对孩子有过高的期望，给孩子施加压力，重视成绩，走进了唯分论的误区，忽视智力开发，更不屑于培养非智力因素。

家庭教育是家长对子女尽到的责任，家长要正确处理与子女的关系，养考并重，不要放任自流；严受结合，孩子的品德和智力的形成与父母的态度和情感有很大关系，要将爱建立在严格要求的基础上，要做到理解与尊重结合，要允许孩子发表不同意见，尊重他们的见解，要培养孩子自主与自立意识，父母既不能限制过多，也不要事事包办，要创造条件培养孩子丰富的想象和独创精神。

三、家庭教育研究的对策和建议

在一项“为自己能够健康成长，拥有一个温馨的家庭环境，你的期望是什么?”的学生问卷中反映“父母多认识一些教育子女的方法，多与子女交流，开导子女的心灵，做一个健康的孩子”“父母尽量相互体谅，尊重孩子的想法”“爱——多一点”“希望家长能适当的关心我们，不能只重视学习，生活上同样也需要关心。”“期望他们给予我自由，相信我们的做法。让自己拥有一个属于自己的空间，不要不分青红皂白进行批评，不要太注重成绩单和排名。”“希望父母多和我沟通，多理解我”诸如此类意见占50%以上，由于家长疏于与孩子的沟通，导致孩子与家长经常见面却感到陌生，面对孩子的成长欲指导却无从入手，孩子心理存在问题却不能发现——这样自然就形成了代沟。所以建议：

（1）加强教师与学生家长间的沟通交流，定期家访和开家长会议座谈会。要与家长平等地交流，在方法上相互交流，在知识上取长补短，在教育上形成合力。

（2）请专家指导，定期请家庭教育专家为家长作报告，了解国内外家庭教育动向。学习现代教育理念，以便更新观念，增长知识，为家庭教育导航。

（3）加强对学生深入细致的了解，了解是教育的前提，家长应和孩子多沟通，以便更有针对性地分析研究每个学生的个性特点，发展潜能，制定富有特点的帮教措施，促进所有学生生动活泼，富有个性充分发展。

（4）在家庭教育研究中贯彻以人为本的科学发展观。把人的作用，人的发展，作为家庭教育的首要任务；把培养人的主体精神作为家庭教育的宗旨。

“人之初，性本善”，孩子刚出生来到这个世上，家庭是孩子的第一所学校，同时父母也是孩子的第一个启蒙老师。孩子的本性是善良的，家庭教育对孩子的影响是刻骨铭心的。家长的一言一行都会影响孩子，家庭教育是否得当对孩子人生是至关重要的。

通过此次调查，使我们认识到家庭教育是学校教育的基础。学校教育和家庭教育二者之间不能割裂开来，缺少哪一个环节，都会对孩子产生不良的影响。希望通过家庭教育调查研究后每一个人都能够更有针对性地指导家庭教育，使我们的下一代健康成长。

四、基于对学生问卷的调查发现的问题

（1）学生上课仍然依靠着任课老师的板书；

（2）学生渴望但接受不到一些艺术教育；

（3）学生学习的积极性普遍不强；

（4）升学压力仍旧是学生生活压力的最主要来源，但其他因素的比重也或多或少地影响着学生的生活状态，例如人际交往不畅，自身缺乏对学习的热情，对就读学校的办学状况感到失落等。

分析问题：在进行实地考察两所学校的硬件资源和软实力之后，我们发现学校教学的最主要目的仍然是为了升学率、学校的声誉，因此，传统授课的方式仍然占据主流，学生希望能够接受艺术、体育方面的教育，可以看出传统的教育制度和求新求变的年轻学生群体之间存在强烈的冲突。

而在学生学习积极性方面，也能够看出，学校环境的优劣影响着学生的学习积极性。一方面，认为学校办学条件差和认为人际关系紧张以及对学习不感兴趣的学生人数为28，占总人数约52%。由此可以看出，学生学习积极性不高的原因一大部分是来自于学习环境不够理想。同龄人之间生活环境各异，价值观、行为会有一些区别，加之中学生群体自身不够成熟，可以得出学生会因为人际交往障碍影响学习状态的结论。加之，学校因自身及周边环境差，可能会引起学生厌学情况的发生。另一方面，认为学习压力大的学生人数有20人，占37%，可以看出学习压力也影响了学生的学习热情。

五、基于对家长问卷发现的问题

（1）家长和孩子缺少交流；

（2）家长认为家庭教育仅限于教会孩子如何做人；

(3) 生活被工作充斥，既无教育子女的时间，也没有合适的教育方法。

综合上面三个问题，可以看出，家长会因为忙工作而不得不减少与孩子的交流时间，这也是孩子得不到家庭教育的根本原因，同时也体现出家长为何不能够掌握良好的教育方法的重要原因。家长缺乏良好的教育方式，能做到的也只有满足子女的衣食住行，基本道德认知，相对于学校知识、心理状况的解答也就显得越发不现实了。

结语

基于以上学生问卷和家长问卷的综合分析，可以发现以下问题：

(1) 学生在成长期间的困惑于家庭这个最为信任的单位中是得不到良好的解答的；

(2) 家长对于孩子的学习环境和学习状态缺乏认知。

人际关系紧张、不满学校办学条件等问题，都能归结为一种广义的教学环境，教学环境质量不高会引起学生正确价值观的扭曲，同时，长时间与家庭成员的疏远会使学生充满更多的疑虑，学生也会因为觉得家长完全不了解教学环境而放弃和家长交谈的想法，这会使困惑越发棘手。因此，无论作为家长还是学生个人，彼此之间的交流是必不可少的，这会使我们每个人在各自的位置找到最合适的做法。

附录

学校教育调查问卷（学生卷）

亲爱的同学：你好！

你的进步，与所受的家庭教育是息息相关的。为了加强学生和家庭间的交流，改进教育工作，请你配合我们的问卷调查，认真回答下面的问题，1 ~ 29 题是单项选择题，请将选项的序号填写在括号内。

1. 你的家庭经济状况在本地属于（　　）

A. 较差　B. 一般偏下　C. 一般偏上　D. 较好　E. 很好

2. 家里学费负担情况（　　）

A. 负担很重，不能支付，需借款读书

B. 能支付学费，但占家里收入的比例大

C. 能支付学费，占家里收入比例小

D. 家里没有小孩在上学

3. 据你对村里学校的了解，你对其教育环境是否满意（　　）

A. 十分满意　　B. 较为满意　　C. 勉强接受　　D. 不满意

4. 你所在学校的老师的学历大概是什么情况？

A. 硕士或以上　　B. 本科大学生

C. 高中或同等学历　　D. 初中或以下

5. 你认为学校最缺少的资源是（　　）（可多选）。

A. 教师资源　　B. 图书

C. 电教设备　　D. 教学资料

E. 美术音乐　　F. 体育器材

6. 当地老师的上课形式和讲课方式有哪些？(　　)

A. 有多媒体投影等多种方式　　B. 没有多媒体但是有光片投影

C. 基本以黑板板书为主　　D. 黑板资源也匮乏

7. 学生现阶段读书的情况（　　）

A. 热爱学习，积极性高　　B. 一般

C. 认为无所谓

8. 你认为在学习生活中，最让学生感到苦恼的问题是（　　）

A. 学习压力大　　B. 经济困难

C. 学校办学条件差　　D. 人际关系紧张

E. 对学习没有兴趣

9. 你在学习中的困难主要有哪些？(　　)

A. 对老师的内容不理解　　B. 得不到老师的指导

C. 不会与其他同学合作讨论　　D. 学习资料太少

E. 学习负担重，家务活太多　　F. 其他

10. 你认为15~18岁阶段应该怎样认为读书学知识和外出打工赚钱（　　）

A. 此阶段读书比赚钱重要　　B. 此阶段赚钱比读书更重要

C. 两者都无所谓

11. 你认为影响该地区义务教育发展的最主要的因素是（　　）

A. 教育观念
B. 教师的整体素质
C. 教育经费
D. 教育管理体制
E. 其他

12. 你认为目前农村义务教育亟待提高有哪些？（　　）（可多选）

A. 政府应重视农村教育并加大资金投入

B. 教室、教具等教学硬件有待加强和提高

C. 应加强学校周边环境和社会环境的治理

D. 家长的教育知识和意识有待提高

E. 教育质量的提升

非常感谢你的参与，谢谢！

家庭教育状况调查问卷（家长卷）

尊敬的学生父母（监护人），您好！

孩子的进步，与您平时的教育是息息相关的。为了加强和学生家庭间的交流，改进教育工作，进一步了解您的家庭教育状况，特制定本调查问卷。请您通过回答问卷告诉我们，让我们在家庭教育、家庭建设上共同努力。您的回答是对我们工作的最大支持。感谢您在百忙中完成以下问卷。然后把问卷交给孩子带回学校。谢谢合作！

1. “父母是孩子的第一任老师”，家庭教育从孩子出生时，乃至这以前就开始了，您认为：（　　）

A. 完全赞同　B. 赞同　C. 基本赞同

2. 您认为家庭教育是完全自发的，还是需要培训学习提高的？（　　）

A. 完全自发的，顺其自然，“树大自然直”

B. 有很多学问，需要学习培训，长进

C. 存在很多困惑问题，不知该怎么办

D. 其他

3. 您希望通过哪些途径学习了解到教育孩子的方法更好？（　　）

A. 看书
B. 电视广播媒体
C. 和朋友交流
D. 听专家讲座
E. 其他

4. 您认为孩子的教育问题应该是（　　）

A. 学校的事情，家长不需要管

B. 学校管学习，家长管生活

C. 家校共同协作

5. 您认为家庭教育的主要任务是（　　）

A. 教给孩子做人的道理

B. 帮助孩子把学习搞好

C. 兼顾 A、B 两项

D. 让他吃得好、穿得好、用得好，不受罪

E. 其他看法

6. 家庭教育上存在的问题，您认为主要是（　　）

A. 孩子不听话，越来越不好管了

B. 父母（监护人）和孩子之间很少有共同语言，很少沟通

C. 现在的孩子生活自理能力、解决问题的能力太差

D. 孩子太自私，什么事都以自我为中心，不关心他人

E. 孩子的学习是最大的问题，怎么帮助他提高成绩呢

F. 没有什么大问题，随大流吧

G. 家庭教育是门学问，父母得学习培训，来提高家庭教育水平，不能让孩子输在起跑线上

7. 在教育孩子方面，您最大的烦恼是（　　）

A. 没时间教育孩子　　　　B. 不知道教育方法

C. 夫妇意见不一

8. 您认为孩子读书的主要目的是什么？（　　）

A. 读书是为了挣钱

B. 读书是为了完成九年义务教育

C. 读书是为了学得一技之长

D. 读书是为了学知识、明道理

9. 您觉得男孩子和女孩子读书谁更重要？（　　）

A. 儿子　　B. 女儿　　C. 一样重要

10. 在您的家里谁承担教育孩子的工作？（　　）

A. 父亲

B. 母亲

C. 父母

D. 其他人（爷爷、奶奶、外公、外婆等）

11. 您对小孩买书是如何看的？（　　）

A. 浪费金钱，没有必要

B. 想买多少就买多少，全力支持

C. 会亲自帮他挑选，指导阅读

12. 您对孩子当班干部是怎么看的？（　　）

A. 会影响学习　　B. 可以培养能力　　C. 无所谓

13. 您对"只要孩子的学习好，其他什么都不重要"的观点（　　）

A. 完全同意　　B. 有一定道理　　C. 不同意

14. 您对"孩子有健康的身体、良好的情绪比学习还重要"的观点（　　）

A. 完全同意　　B. 有一定道理　　C. 不同意

15. 父母（监护人）与孩子的关系模式是各不相同的，您的状况是（　　）

A. 平等民主和谐的朋友关系

B. 父母的地位要高于孩子的关系

C. 溺爱娇惯型关系，事事以孩子为中心，孩子是"小皇帝"、"小公主"

D. 放任自发型关系，没有时间管孩子，他也会成人

E. 其他关系

16. 父母（监护人）同孩子多在一起相处，是一种天伦之乐，也是家庭生活的美好时光（　　）

A. 赞同，尽量抽时间和孩子说话、游戏、活动

B. 基本赞同，但父母工作事业很忙，很少有时间这样做

C. 不赞同，父母忙于生计，没有时间和孩子在一起相处

D. 其他

17. 父母（监护人）与孩子之间形成"代沟"是因为（　　）

A. 上下代之间都这样，没办法

B. 缺乏理解和沟通

C. 现在的社会环境不好，对孩子形成不良影响

D. 其他

18. 父母（监护人）最关心孩子哪一方面的事情？（　　）

A. 身体、心理是否健康

B. 学习成绩是否优秀、进步

C. 品德修养是否端正

D. 将来是否有出息

19. 关心孩子成长，父母（监护人）是否要以身作则，即要求孩子怎样，自己也要怎样？您的态度是：（　　）

A. 应该以身作则，如要求孩子努力、刻苦，父母（监护人）也要勤奋、敬业；要求孩子不要贪玩，自己就不要打麻将到很晚

B. 没有考虑过这个问题，孩子就应该听大人的话还搞什么条件

C. 两码事，父母就这个水平了，保证家庭的经济来源就行了，把期望寄托在孩子身上

D. 其他

20. 有时候孩子出现问题，往往是父母（监护人）出现了问题，例如离异、争吵、自私自利、心理有问题等。您认为（　　）

A. 赞同　　B. 不赞同　　C. 其他

21. 您的孩子的生活习惯怎么样？（　　）

A. 自己的事情自己做，如按时起床，做扫地、洗小衣物等小家务事

B. 总得大人督促提醒，很少做家务

C. 孩子时间很紧的，父母该多帮助孩子处理生活问题，家务不用做，孩子只管把学习搞好就行了

D. 其他

22. 您的孩子的学习习惯怎么样？（　　）

A. 自己知道学习，不用怎么操心，放学回家后先完成作业，然后才看电视或者玩

B. 需要大人提醒他先写作业，然后再看电视或者玩

C. 顾不上管他，反正作业他得写，有时会写到很晚才完成

D. 其他

23. 孩子需要一些零花钱，您一般是（　　）

A. 定期给他一定的零花钱，让孩子自由使用

B. 想起来或者高兴时就给他一些零花钱

C. 随大流，别人的父母怎么做，就怎么做

D. 注意让孩子自己管理自己的零花钱，压岁钱，用的时候跟父母（监护人）说明用项

E. 其他

24. 孩子看电视、上网的时间家里有明确的规定吗？（　　）

A. 有，孩子能执行　　B. 没有明确规定

C. 有，但孩子不能执行

25. 您与自己孩子的关系如何？（　　）

A. 很亲密　　B. 一般化　　C. 很紧张

（指导教师：高书文）

通州新区垃圾回收分类调查

调查时间：2013 年 3 月 24 日到 2013 年 4 月 8 日

调查地点：通州新城小区

调查目的：了解通州新城对垃圾分类的了解，并提出合理建议

调查对象：通州新城的活动人员

调查方法：调查问卷

调查人员：平萍　许倩　肖雪　蔡颖

调查分工：蔡颖、肖雪负责设计和整合调查问卷

平萍、许倩负责调研和调查问卷分析

我国是一个人口大国，每天都会产生许多垃圾。从保护环境，建设环境友好型社会的角度出发，实行垃圾分类，充分有效地利用垃圾、最大限度地降低污染是十分必要的。

（一）垃圾分类

从国内外各城市对生活垃圾分类的方法来看，大致都是根据垃圾的成分构成、产生量，结合本地垃圾的资源利用和处理方式来进行分类。如德国一般分为纸、玻璃、金属、塑料等；澳大利亚一般分为可堆肥垃圾，可回收垃圾，不可回收垃圾；日本一般分为可燃垃圾，不可燃垃圾等。

如今我国生活垃圾一般可分为四大类：可回收垃圾（包括废纸、废玻璃、废塑料、废金属等）、厨余垃圾、有害垃圾（包括电池、油漆、灯管、过期药品等）和其他垃圾。常用的垃圾处理方法主要有：综合利用、卫生填埋、焚烧发电、生物堆肥、资源返还。

（二）实行垃圾分类的原因

我国目前垃圾处理的方法主要为传统的堆放填埋方式，占用大量土地，臭气熏天，引来虫蝇乱飞，严重地污染环境。进行垃圾分类收集可以减少垃圾处理和处理设备，降低处理成本，减少土地资源的消耗，具有社会、经济、生态三方面的效益。

进行垃圾分类可以有以下几点好处：

1. 减少占地
2. 减少环境污染
3. 变废为宝

那么，在通州发展的历程上，居民是否进行了垃圾分类呢？

一、研究活动开展

进行通州新城小区的实地查看和发放调查问卷，我们看到小区垃圾分类工作已经开展了，在每个单元口门前都整齐规范的摆放着可回收和不可回收两个垃圾桶并且垃圾桶内都分别装着垃圾。

二、成果展示

1. 支持垃圾回收率达 100%

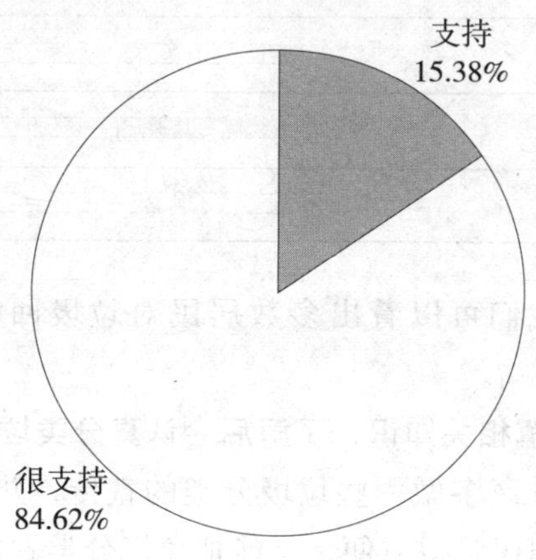

由此可见，居民对于垃圾回收工作还是很支持的！

分析：居民们对于垃圾回收都是很积极的，所以对于以后普及垃圾分类回收的知识有着极大的必要性。

2. 平时注意并重视垃圾分类情况

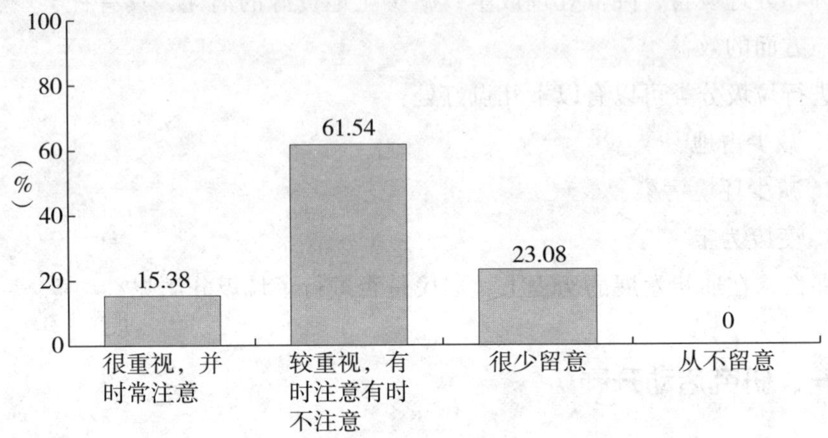

分析：大多数人还是比较重视垃圾，通过数据来看居民虽有着强烈的垃圾回收意愿，但是缺少的是对垃圾分类的意识，是从生活中一点一滴积累的意识。

3. 是否清楚地了解什么东西可回收，什么东西不可回收

选项	比例
是	38.5%
否	7.7%
有点了解	53.8%
不感兴趣	0

样本数据显示，我们可以看出多数居民对垃圾回收的分类都只是有点了解。

4. 如果原先不了解相关知识，了解后会认真分类垃圾以保护环境的情况

分析：我们建议社区多做一些垃圾分类的宣传，并能在垃圾桶的放置方面想想办法，既能让居民觉得方便，又能把垃圾分类做好。

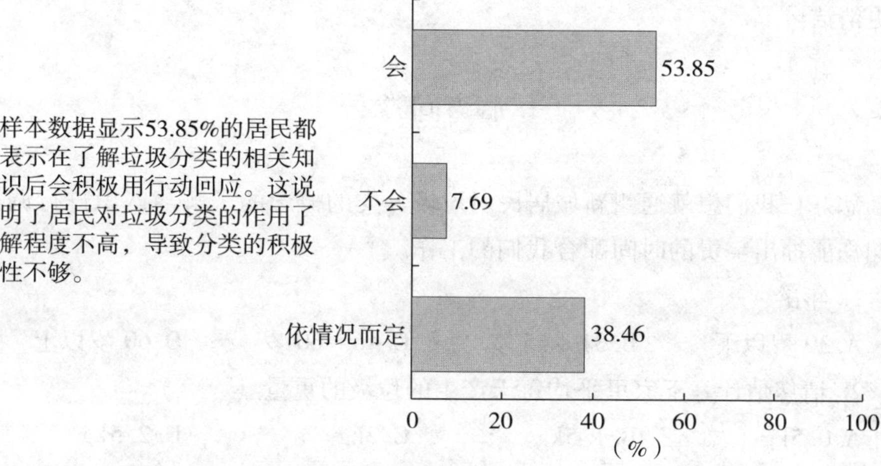

5. 对现在的垃圾桶分布的满意度

选项	比例
满意	7.7%
一般	53.8%
没注意	15.4%
不满意	23.1%

样本数据显示，53.8%的居民对目前垃圾箱分布的满意度一般，23.1%的居民表示不满，由此可见垃圾桶的分布状况有待改善。

分析：垃圾桶的正确分布对垃圾的分类回收有着必要的影响，先从垃圾桶的分布开始治理，才能让居民更好更便利地完成对垃圾的分类回收。

通过这次调查，我们发现，在居民生活垃圾分类回收的实施方面确实做得很不错，但还有比较大的努力空间。特别是年龄在20～30岁的年轻人，可能由于他们忙于学习和工作，在垃圾分类方面不是特别在意，但这部分人群也是居民的主体，我们还是希望他们能更注重从身边的小事开始环保行动。

居民们能多学习垃圾分类的知识，要知道这可是力所能及的环保行为。如果大家都这么做了，我们的城市、国家、地球将会越来越美丽！我们小队也会在以后的假日小队活动中经常性地开展垃圾分类知识宣传，让我们的家园更清洁。

调查问卷

您好！我们想就通州新城居民对垃圾分类的概念的了解与认识进行调查，感谢您能抽出宝贵的时间配合我们的工作。

1. 年龄

A. 30 岁以下　B. 31～45 岁　C. 46～60 岁　D. 60 岁以上

2. 请您估计一下家里平均每天产生的垃圾的重量（　　）

A. 0.5kg　B. 1.5kg　C. 2kg　D. 2.5kg

E. 3kg

3. 您是否了解什么东西可回收，什么东西不可回收？（　　）

A. 是　B. 否　C. 有点了解　D. 不感兴趣

4. 家里有对垃圾进行分类的习惯吗？（　　）

A. 有　B. 没有

5. 您知道哪些垃圾属于有害垃圾吗？（　　）

A. 废电池　B. 过期药品　C. 塑料袋　D. 废弃油漆桶

E. 玻璃瓶　F. 废弃灯管

6. 如果您家附近垃圾桶功能分类，您会将自家垃圾分类投入分类桶吗？（　　）

A. 愿意　B. 基本愿意

C. 别人怎么样，我就怎么样　D. 费事，不管它

7. 您对垃圾分类回收利用有何看法？（　　）

A. 是每位公民应尽的义务，要积极参与

B. 是环保部门的事，与我无关

C. 没必要，这样对保护环境并没什么帮助

8. 您对现在的垃圾桶分布是否满意？（　　）

A. 满意　B. 一般　C. 没注意　D. 不满意

9. 分类垃圾桶和传统垃圾桶，您比较喜欢哪一个？（　　）

A. 分类垃圾桶　B. 传统垃圾桶　C. 都不喜欢

10. 您想扔垃圾时，刚好附近有一个分类垃圾桶，您会（　　）。

A. 随手扔地上　　B. 随意扔在其中一个垃圾桶里

C. 将垃圾扔在相应的垃圾桶里

11. 您所在小区是否有设分类垃圾桶？（　　）

A. 有　　B. 没有

12. 您经常接受垃圾分类的教育或在社区看到宣传报吗？（　　）

A. 有　　B. 没有

13. 您认为垃圾回收后，垃圾会怎么处理？（　　）

A. 将可回收的和不可回收的放到在一起，进行处理

B. 会进行更系统的分类

C. 不会进行更系统的分类，直接处理

14. 您对自己周围垃圾分类与处理的现状满意吗？（　　）

A. 满意　　B. 不满意　　C. 没注意

15. 您认为垃圾回收实施过程中的困难有哪些？（　　）

A. 公众环保意识淡薄　　B. 设施不完善

C. 宣传力度不够　　D. 公众对垃圾分类回收了解甚少

E. 职能部门规划不力

谢谢您对环保的支持，请留下宝贵意见：________________

希望大家能踊跃的回答，为我们的研究性学习提供坚实的群众基础，在此我们感激不尽！

（指导教师：高书文）